着先烈血跡前進

隐蔽战线春秋书系·传记卷

钱壮飞传

杨敏瑞◎著

中共党史出版社

图书在版编目（CIP）数据

钱壮飞传 / 杨敏瑞著 . -- 北京：中共党史出版社，2022.4

（隐蔽战线春秋书系 . 传记卷）

ISBN 978-7-5098-5996-4

Ⅰ . ①钱… Ⅱ . ①杨… Ⅲ . ①钱壮飞（1895-1935）—传记 Ⅳ . ① K827=6

中国版本图书馆 CIP 数据核字 (2022) 第 027437 号

出版发行：中共党史出版社
责任编辑：李亚平
责任校对：申宁
责任印制：段文超
社　　址：北京市海淀区芙蓉里南街 6 号院 1 号楼
邮　　编：100080
网　　址：www.dscbs.com
经　　销：新华书店
印　　刷：北京盛通印刷股份有限公司
开　　本：170mm × 240mm　1/16
字　　数：259 千字
印　　张：17.5
印　　数：1—8000 册
版　　次：2022 年 4 月第 1 版
印　　次：2022 年 4 月第 1 次印刷

ISBN 978-7-5098-5996-4

定　　价：50.00 元

钱壮飞（1895—1935）

踏着先烈血迹前进——代序

在中国共产党成立100周年即将到来之际，《钱壮飞传》付梓出版，作为钱壮飞烈士后人，感到十分欣慰。钱壮飞是中国共产党的忠诚卫士，隐蔽战线的杰出代表。他短暂而光辉的一生，为保卫党中央安全、促进党和人民事业建立了不朽功勋。他的革命业绩、崇高精神和优秀品质，是中国共产党和中国革命历史上的一座丰碑，永远耸立于中国人民心中。

钱壮飞牺牲后，党和人民一直没有忘记他。在各个历史时期，不断地以不同方式纪念、追思和学习他的事迹、精神和品质。2009年他被评为“100位为新中国成立作出突出贡献的英雄模范人物”。他的事迹被改编成各类文学影视作品，他的牺牲地建立了事迹陈列室，家乡建立了纪念馆……但因为年代久远、历史资料散佚和隐蔽战线保密纪律等原因，长期以来都没有一部完整记叙钱壮飞生平的传记。

杨敏瑞同志创作的《钱壮飞传》，是首部关于钱壮飞的历史纪实传记。作者用了两年时间，深入挖掘历史资料，广泛走访查阅文献，做了扎实的考证研究工作，非常辛苦。这本传记资料丰富翔实，参考使用了大量当下能够找到并证实的历史资料，其中不少史料是首次披露；内容完整全面，较为系统地讲述了钱壮飞不同人生阶段在不同战斗领域的事迹，其中许多事迹是鲜为人知的；考证严谨扎实，对以往一些不尽准确的说法，根据最新材料作了进一步考证和澄清。在创作过程中，作者多次征求和听取我们家属的意见，我们也向他提供了一些掌握的资料和情况。总体上，这本传记较为完整、客观、准确地还原了钱壮飞烈士光辉的一生。在此，我谨向作者及所有宣传纪念钱壮飞的人们致以诚挚敬意。

钱壮飞的事迹已在历史长河中逐渐远去，但他为之奋斗献身的宏伟理想正在未来道路上愈加接近。80多年前，为了纪念在革命斗争中牺牲的红军烈士，钱壮飞设计了瑞金红军烈士纪念塔，毛泽东、周恩来、朱德等党中央领导都在塔基上题词纪念。毛泽东的题词写道，全中国工农劳苦群众，正在踏着这些同志的血迹前进；周恩来的题词写道，我们要继续烈士的牺牲精神，为苏维埃在全中国的胜利奋斗到底；朱德的题词写道，世界工农群众永远地记着，这是革命先烈血的遗迹。根据这些题词，钱壮飞在塔前草坪上设计了磐石铺就的八个大字“踏着先烈血迹前进”。

“踏着先烈血迹前进”，在中华民族伟大复兴正宏图徐展之际，仅以此纪念钱壮飞及所有为国家民族牺牲的烈士，并与广大读者共勉。

钱泓

2021年7月1日

目录

第一章　湖州——少年壮志

2015 年 10 月 16 日，钱壮飞纪念馆在浙江省湖州革命烈士陵园正式开馆。来自家乡社会各界的代表、系着红领巾的少先队员和身着警礼服的国家安全干警，肃立于巍峨的革命烈士纪念碑下，共同见证了这庄严的时刻。这一天，距钱壮飞牺牲在乌江之畔，已经整整 80 年；距钱壮飞出生在湖州吴兴，已经整整 120 年。

“江表大郡，吴兴为首。”湖州吴兴是古代吴地三吴之一，北依太湖千里烟波，南望钱塘万古潮涌，人杰地灵，民康物阜，有“鱼米之乡、丝绸之府、文化之邦”的美誉。舜帝后裔繁衍于斯，霸王项羽起兵于斯，吴越钱镠开国于斯。“江东子弟多才俊”，一代又一代江东男儿，在湖州土地上镌写了无数英雄事迹。特别是钱镠后裔，千百年长盛不衰，钱学森、钱三强等钱氏后人英才辈出，为中华民族发展作出了非凡的贡献。钱壮飞就是其中的杰出代表。

1895 年 9 月 25 日，钱壮飞出生在浙江湖州一个殷实家庭。父亲钱子如，据说是武肃王钱镠的后裔，祖上家传有一方古印，上刻“武肃王三十一世孙”。钱子如早年读过几年私塾，颇有文才，然而科举屡受挫败，便转而经商，在湖州城北门新桥堍的船埠头经营丝绸生意，收购当地乡亲的生丝，贩卖一些绸缎布匹。

当时，腐朽的大清王朝已经日薄西山，经历了鸦片战争、甲午战争的惨败，经济民生日渐凋敝。随着沿海城市特别是上海的开埠，湖州这座素以“丝绸之府”闻名的江南古城，一度也显现了短暂的生机。城乡一时遍布机杼，城内店铺林立，前来收购土丝的商贾云集，小手工业者尚能保持一时繁荣。因此，钱子如的小本生意倒也兴隆，靠着勤俭经营维持着小康家境。

钱家宅院坐落在湖州城内，西苕溪尾闾漕渎之上，仪凤桥北堍观风巷鸡塞弄，是一座清式宅院，有头门、二大厅、三楼房六开间，边有厢房，后有厨房、小花园。门厅悬挂着“文魁第”横匾，昭示着钱家曾是书香门第——先人曾在清朝中举。吴兴钱氏一门文脉兴盛，清末民初有名的钱恂、钱玄同、钱三强皆出自同一宗族[①]。

钱壮飞的母亲叫范莲真，是湖州城大户人家的女儿，娘家在下北街局前巷口经营丝绸。范莲真闺中读过诗书，文化程度高，字写得很好，擅绣花，能持家，在清末时是了不起的女性。和那个时代大多数妇女一样，她不事生意，一心操持家务，把家事打理得井井有条。

钱壮飞母亲范莲真

钱壮飞出生时，父亲钱子如32岁，母亲范莲真30岁——这在当时已经算是大龄得子。钱子如自己本身就是独子，到钱壮飞算是两代单传，钱家香火得以延续，夫妻二人喜不自胜，对儿子万分疼爱、寄予厚望。

钱壮飞出生的日子，正临近中秋，不远处的钱塘江大潮奔涌如雷，轰然贯耳。钱子如就给儿子起名“壮秋”，单字“潮”，希望他

① 邱鸿炘：《钱壮飞的祖屋和族亲——给钱壮飞烈士孙钱泓的信》，《湖州日报》2013年3月20日。

像钱塘江的秋潮一样，壮阔雄浑，奇崛天地，成就一番伟大事业。这个名字一直用到 32 岁，1927 年为躲避北洋政府通缉而改为“壮飞”。

在温馨富裕的家庭环境中，钱壮飞度过了自己的孩提时光。他自小聪颖伶俐，学习能力很强。从小母亲在家教他一些简明易懂的传统诗书，带着他临帖习字，有时还描花绘图，给他打下了很好的国学功底。1902 年，钱壮飞年满七岁，按照当时的惯例，应当入私塾拜师开蒙，读“四书五经”，习圣人之道，然后去考科举博功名。然而，钱子如却另有打算。

洋务运动以来的西学东渐，为我国沿海沿江地区带来了新的教育理念，教会学校和新式学堂遍布各地，读新式学堂已经逐渐成为民间风潮。同族钱恂作为清政府外交人员，出访欧美列国，钱玄同、钱稻孙等子侄已经到国外留学。这给钱子如树立了一个很好的榜样。他多年从商，在艰难的辗转中已经明白，只有接受新式的现代教育，才能在未来的时代里跟上潮流。因此，他毅然将钱壮飞送进了当地新开办的洋学堂，接受新式教育。之后，又转入一所官办新学堂就读[①]。钱壮飞学业优异，每次考试总是名列前茅。

1908 年，13 岁的钱壮飞小学毕业，以优异的成绩考入湖州府中学堂（今湖州中学）。湖州府中学堂是当时湖州启蒙教育的中心。它的创建发展，与近代中国的命运紧密相连。

鸦片战争之后，一代代有识之士苦寻救亡图强之道，教育强国终成社会共识。1902 年，清政府颁布《钦定学堂章程》，以法令的形式在全国推广新式学堂。湖州府中学堂就在这样的背景下诞生了。这家秉承“为国植贤”校训的新学堂，在社会懵懂未开之际艰难求索，在最初的四年里共换了五位监督（即校长）。当第五位监督沈谱琴接手的时候，在校学生只有三十多人。

沈谱琴是留日学生、同盟会会员，不仅有新式教育的亲身体验，且与社会贤达多有交往。他担任监督的五年多时间，聘请了一些著名学者前来执教。有多年旅欧外交经历的国学大师钱恂曾代理监督，他的弟弟、后来

① 褚当阳、刘爽编著：《钱壮飞》，吉林文史出版社 2011 年版，第 3 页。

新文化运动的猛将钱玄同，他的儿子、后来北京大学校长钱稻孙，都曾在湖州府中学堂任教。他们为学堂的新式教育带来了新的气象。

钱壮飞入学之时，湖州府中学堂已经颇具规模。钱壮飞的同级校友，著名文学家茅盾在回忆录《我走过的道路》中，详细记述了当时湖州中学的校园生活。我们可以从茅盾的回忆中，感受到新式教育给包括钱壮飞在内的学生所带来的种种变化。

在茅盾的印象中，校长沈谱琴从不到校，但他聘请的教员大都是有学问的人。他记忆中最难忘的，一个是教本国地理的，一个是教国文的。地理是一门枯燥无味的功课，但这位老师却能够形象地讲解山水古迹，以及历史上的名人、古战场等，同学们对此都很感兴趣。国文老师名叫杨笏斋。他教授的《古诗十九首》通俗易懂，在茅盾看来，这比从前所读的《易经》有味多了。杨老师还把《庄子》作为最好的古文来教，以至于茅盾在写回忆录时，还清晰地记得老师对庄子的评价："如龙在云中，有时见首，有时忽现全身，夭矫变化，不可猜度"。

湖州府中学堂的教学内容非常丰富，国文、英文、体育等应有尽有。体育课有"走天桥""翻铁杠"、踢足球，还有让学生兴奋的持真枪"洋九响"操练的枪操，每学期还例行一次被称为"远足"的急行军。此外，1910年6月，学校包租了一艘大型火轮，组织了200多名学生专程到南京，参观由两江总督和江苏巡抚举办的"南洋劝业会"展览。该展览展区占地700亩，有教育、工艺、器械、武备、卫生、农业等8个专业展馆，还有江南制造局出品馆和数个省馆。可以想象，这些从未出过远门的莘莘学子，第一次置身于繁华的秦淮胜地，第一次看到琳琅满目的各省特产和名胜古迹模型展陈，一定大开眼界。

据茅盾回忆，有一天，舍监发出布告：沈校长将于明日到校对全体同学讲话。第二天早上7时，全校教职员工和学生齐集操场。一会儿，沈校长和一位矮胖的老人来了。沈校长先说自己做校长多年，对教育实在是外行，旋即郑重介绍身边的老人：这位钱念劬（即钱恂）先生，是湖州最有名望的人，曾在许多国家做外交官，通晓世界大势，学贯中西，我以晚辈之礼恳请钱先生代理校长一个月，提出应兴应革的方略。

钱恂先生上任当天就听遍了所有教师的课。大部分教师都挨了批评，其中一位英文教师被批发音不准。钱恂先生上作文课不出题目，只叫大家就自己喜欢做的事，或想做的事，或喜欢做怎样的人，写一篇作文。茅盾作文的题目是《志在鸿鹄》。他借鸿鹄自诉抱负，得到钱老先生好多的点和圈，并批语："是将来能为文者"。

在时代剧烈动荡变革的阵痛中，湖州府中学堂聚集了一批有才识的优秀教师。他们背负着厚重的教育强国梦想，以各自的方式努力诠释新式教育，以期学生能够早日成才，成为国家和民族的栋梁。钱壮飞读书时的同学校友，如茅盾、沈泽民、胡宗南、徐恩曾等，日后均成为社会各界的名人。钱壮飞正是在这种环境的熏陶下，读书学习，增长才艺，关心时政，激励壮志，完成了六年的中学学业。

更为难得的是，他在读中学期间开始接触到了近代革命思潮。湖州府中学堂是湖州近代革命的策源地。校长沈谱琴先生是同盟会成员，平时十分注意对学生传播民主革命思想，积极培育发展革命力量，对学生施以严格的军事训练并采购枪支弹药，暗中组建了一支"学生军"。1911 年 10 月，辛亥革命爆发。平时持枪操练的湖州府中学堂"学生军"，在沈谱琴的率领下占领了衙门府，兵不血刃光复了湖州。轰轰烈烈的辛亥革命，摧枯拉朽的革命力量，在少年钱壮飞的思想深处种下了最早的革命种子。正是这深厚文化底蕴滋养的气度，新旧思想交融促成的才学，以及国难深重砥砺的情怀，成就了钱壮飞的少年壮志。

钱壮飞读中学期间，原本殷实富裕的家境开始走向衰落。帝国主义的坚船利炮打开了古老中国封闭的大门，工业产品如潮水般涌进中国的城市和乡村，中国沦为西方市场的倾销地，传统手工业受到了致命冲击。原本繁荣的湖州丝绸市场日渐萧条，缫丝绸缎各行各业无不亏损。钱子如的丝绸生意也每况愈下，虽然屡次振作想要重新发家，然而终究难以回天，一步步走向破产。

望子成龙的钱子如，竭尽全力操持着日渐惨淡的生意，勉强维持着钱壮飞的学业。然而，1913 年，就在钱壮飞即将中学毕业的前一年，钱子如苦心经营30年的丝绸生意最终破产，店面货款盘出之后，还欠下一身外债。辛苦半生，中年遭受如此挫折，钱子如心情忧悒，身染沉疴，一病不起。眼见丈夫病情每况愈下，范莲真连忙托人给钱壮飞订了一门亲事。旧社会久有“冲喜”的传统，家里有人病重难治，就办一场喜事来“冲一冲”，图个吉利。万一钱子如病重不治，能够在生前亲眼看着独子成家，也算是告慰。钱家在当地族群庞大，族人良莠不齐，如果钱子如不幸去世，留下孤儿寡母势单力薄，势必引起祖产房田争夺纠纷。早点让钱壮飞娶妻成家顶门立户，也好继承家业。

徐双英

亲事的对方是湖州城马军巷徐老板的女儿徐双英。徐家在上北街经营着一家三开间二层楼房的铺面，商号“永丰绸布店”，诚实守信，口碑甚佳。因为急于“冲喜”，双方决定就在当年成亲。18岁的钱壮飞就这样“成家立业”顶住了门户——此时他中学尚未读完。妻子徐双英是一位典型的旧式家庭女子，虽然从未读过书，但勤劳俭约、持家有方，深受婆婆喜爱。不幸的是，钱壮飞结婚后没过多久，父亲钱子如就病重而逝。

钱子如去世后，那些被欠着债款的钱庄派打手如狼似虎一般上门逼债，生意上有往来的绸布行、生丝店老板伙计也隔三差五前来索款。此时，钱家尚有临河宅邸一座，是钱子如留给他们孤儿寡母的唯一产业。家中器具物件几经典当还债，也很快成了一座空宅，真正是家徒四壁。这还不算，宗族里的泼皮无赖看到钱子如去世，独子年幼，遗孀老弱，竟然以索取祖上遗产为名，不惜强取豪夺，企图抢走母子二人遮蔽风雨的房屋。强取不成，无良族人又诉诸公堂，勾结赃官敲诈勒索，将家里搞得乌烟瘴气一团糟。经过这一连串的变故，钱壮飞家境一落千丈，孤儿寡母备受欺凌。不得已之下，将观风巷祖宅变卖，搬到孙衙河头一处居所相依度日[①]。第二年，也就是 1914 年，钱壮飞和徐双英的女儿出生，取名钱椒椒，小名阿婉，总算给这个饱经风雨的家庭带来些许欢乐。这年，钱壮飞刚满 19 岁。

钱母范氏是一位性格刚强而颇有见识的女子。丈夫去世后家产纷争终日不宁，令全家苦不堪言。她不愿意儿子就此被束缚在家务俗事中纠缠不休，力劝他离开家到外地继续读书求学，躲开家里所有的事情去奔个好前程，家里天塌下来由她们祖孙妇孺三个扛着。这时钱壮飞即将中学毕业，然而风霜刀剑步步紧逼，不得不逃、不得不走。可是，哪里才是容身立命之地？

举目四顾，神州大地暮霭沉沉。钱壮飞在短短几年中目睹了中华民族的衰落、大清王朝的覆灭，思想经受了深刻的洗礼。特别是经过湖州府中学的思想启蒙，让他有了最初的革命意识的萌芽。而父亲屡屡奋起挣扎而终究失败的经历，家道中落后备受欺凌、饱尝苦难的遭遇，又让他对社会现实产生了强烈的不满。他不仅要逃离这眼前的苟且不堪，更要去寻求振兴家国的光明道路。

江山北望，钱壮飞把目光放在了遥远的京城。北京作为北洋政府的首都，聚集了陈独秀、李大钊、鲁迅、胡适等一众时代先驱，他们办时报、开新学，提倡新文学，鞭笞旧道德，竭力为中华民族奔走，为救亡图存鼓呼。湖州府中学堂的老师、同族长辈钱玄同，也正在北京从事新文化运动。这些新文化的领袖像北斗星一样照亮了钱壮飞的道路。

1914 年夏天的一个清晨，钱壮飞告别母亲妻女，悄然从后门乘船离家，只身前往北京求学。一位生长于江南的青涩少年、儒雅书生，从此走上社会，最终成为挽狂澜于既倒、为新中国成立作出突出贡献的英雄！

---

① 2019 年 4 月，访问钱泓记录。

第二章　北京——京华壮行

1914 年夏，钱壮飞经历了他人生第一次远行。从杏花烟雨的江南景象到天地壮阔的北国风光，一路跋涉两千多里，最终来到了京杭大运河最北端的尽头。历经沧桑的北京城墙垣破败，街巷肮脏，已经没有了帝都的雄伟气象。目之所及，处处都是养尊处优的达官显贵，处处都是鹑衣百结的穷苦百姓，共同组成了一幅怪异的“世相图”。钱壮飞在宣武门外北半截胡同的湖州会馆住了下来，准备物色合适的学校，继续读书。

北半截胡同是当时南城的主要街巷之一，也是北京会馆集中的地方。短短几百米的胡同内，有江苏、吴兴、湖州、潼川、四川、浏阳等十多家会馆。钱壮飞下榻的湖州会馆，位于北半截胡同 25 号，是在京湖籍士绅官员筹资建造的同乡会馆，门庭宽大气派，前后三进，有房屋 63 间，供来京的湖州举子及其他谋事旅居者住宿之用[①]。

胡同内 20 号是潼川会馆，日后成为陈毅、贺诚等共产党人秘密从事革命活动的场所。胡同南端 52 号是极负盛名的百年老店广和居饭庄，是当时文人墨客聚会宴客、高谈阔论的地方，鲁迅也是这里的常客。广和居的对面，是北半截胡同 41 号浏阳会馆。戊戌变法六君子之一的谭嗣同一度住在这里，后院北套间是其书斋“莽苍苍斋”。1898 年前后，谭嗣同和住在隔壁 27 号伏魔寺里的杨锐一道，与康有为、梁启超等人为戊戌变法

① 北京市档案馆编：《北京会馆档案史料》，北京出版社 1997 年版，第 740 页。

奔走呼号[①]。变法失败后，谭嗣同坚决不肯撤离，决心以身殉法唤醒国人，被捕于浏阳会馆，继而在不远处的菜市口洒血就义，写就了近代中国变法图强的一曲悲歌。钱壮飞寄居半截胡同湖州会馆的时候，变法的六君子碧血犹存，杀人的清王朝却已土崩瓦解。

一条马路之隔的南半截胡同里，是浙江绍兴会馆。鲁迅先生住在那里已经一年多了。他应教育总长蔡元培之招，任教育部佥事，在宣武门内的民国政府教育部上班。他在教育部的一位下属，正是钱壮飞的远方堂兄钱稻孙。不过此时鲁迅醉心于文物碑帖搜集研究，还未开始他的文学创作。四年之后，他才在好友钱玄同邀约督促之下，在绍兴会馆里创作了他的不朽经典《狂人日记》。钱玄同是钱壮飞在湖州府中学堂的老师，也是他的同族叔叔。正是在这位族叔的帮助下，钱壮飞顺利进入北京医科专门学校。

(一) 医专求学

初到北京，钱壮飞终日为考学读书的事四处奔忙。这时的北京新式教育事业空前发达，北京大学、清华大学等高等院校已经渐成气候，农科、商科、工科、医科等专门院校如雨后春笋，让人眼花缭乱，钱壮飞一时不知如何选择。6月底的一天，北洋政府的公报上，刊登了一则招生信息：

国立北京医学专门学校招生广告[②]

（一）资格：中学毕业及与中学毕业程度相当者；

（二）试验科目：国文，外国语（英语或德语），数学（代数几何），物理，化学，博物，身体检查。

（三）报名日期：六月二十五号起，在京可至八角琉璃井本校；在沪可至西门内梅溪书院填写履历，并附四寸半身相片一张。试验费二元，无论取

① 党洁编著：《北京城旧影寻踪》，北京理工大学出版社 2012 年版，第 188 页。

② 中国第二历史档案馆整编：《政府公报（影印本）》第 32 册，上海书店 1988 年版，第 435 页。

否概不退还。

（四）试验日期：北京七月一日，上海七月十五日起，分场考试。

（五）入学章程在报名处领取。

国立北京医学专门学校是中国第一所国立西医院校，现今的北京大学医学部的前身。辛亥革命后，一大批仁人志士为了增强中华民族的身体素质，洗刷长期压在中国人头上的“东亚病夫”的耻辱，在留学学医回国后，矢志发展本国现代医学事业。1912 年，中华民国教育部指派留日医学博士、浙江人汤尔和，在极度困难的局面中筹建创立了国立北京医学专门学校。

国立北京医学专门学校校门（1912 年）

钱壮飞思考良久，最终决定报考国立北京医学专门学校。一方面，父亲钱子如因病早亡，让他立志有朝一日能够悬壶济世、治病救人；另一方面，也是受当时社会先进思潮的影响，改变中华民族“东亚病夫”落后面貌的思想使然。最直接最现实的原因，也许是因为医学院学费相对低廉，而且西医毕业后薪酬可观——当时他处境窘迫，急需钱来养家糊口。

主意拿定了，钱壮飞就去拜访了钱玄同。钱玄同是钱壮飞的叔辈同宗，年龄比钱壮飞大八岁。他思想激进、博学厚重，对钱壮飞影响很大。

新文化运动时期的钱玄同

1913年，钱玄同比钱壮飞早一年到达北京，任国立北京高等师范学校及附属中学国文、经学讲师。钱玄同和蔡元培、鲁迅等浙籍文化精英，在北京教育界有很大影响力。钱玄同的侄子，也曾在湖州府中学堂当英文教师的钱稻孙，当时正在北京教育部做事，是鲁迅的部下。钱稻孙与国立北京医学专门学校校长汤尔和是好友。受汤尔和之邀，他还在医专教授课程。

钱玄同、钱稻孙对钱壮飞选择学医的决定十分赞同，并给了钱壮飞很多指导和帮助。1914年7月1日，钱壮飞参加了国立北京医学专门学校的入学考试，考入了外科专业。

1914年9月，钱壮飞正式进入国立北京医学专门学校学习，是该校第三届本科学生。当年，学校“招录南北本科生”共计60人。即使算上往届，在校生也总共不到200人。校址位于和平门外八角琉璃井胡同。校舍原来是一座寺庙，叫兴胜寺，寺门外有一座八角琉璃井，胡同因此而得名。1903年，清政府在京师大学堂设立医学实业馆，将庙宇改建为馆舍。医学馆停办后，馆舍被施医总局（当时的卫生主管部门）买去。汤尔和创建学校时，此地被选为校址。教育部以价银一万两从施医总局购买了原医学馆馆舍，划拨给国立北京医学专门学校使用①。

学校初创时，条件极为简陋，仅有“旧屋数十间，旧显微镜一架，中国旧医书数十种”，汤尔和等三四名教授带着十来个留日归来的医学生从修缮校舍开始做起，困难情况可见一斑。到1914年秋天，钱壮飞等第三届本科生入学的时候，学校也仅有教员14人。由于人手太少，学校根本开不出北洋政府教育部1912年颁发的《医学专门学校规程令》中所规定

① 潘懋元、刘海峰编：《中国近代教育史资料汇编 高等教育》，上海教育出版社2007年版，第552页。

的48门课程，只有解剖学、生理学、病理学、外科学、组织学、国文、德文、画图、体操等十多门课[①]。

当时，我国的西医教育界，有“德日派”和“欧美派”两大分支。欧美派多是教会创办的医院和教育机构，如协和医院等。德日派多是近代留日、留德学生归国创建的医院和教育机构，如国立北京医学专门学校。

国立北京医学专门学校的外国教员授课讲的是德语，而钱壮飞和他的同学中学学习的外语大多是英语，有的甚至根本没有学过任何外语。学校为此专门聘请了德文专任教员教授德语。为了赶上学习进度，钱壮飞经常学习到深夜。进校第一年，春节照常上课不放假。

当时国内西医教材极少，学校教学使用的大多是教员们自己从德国、日本翻译过来的医学讲义。外籍教员均从德国和日本聘请而来。当时上课的主要形式是教员在上面讲授，学生埋头记笔记，下课以后相互再对笔记。钱壮飞字写得又快又好，图画美观，他的笔记是同学们下课后争相借阅的范本。

由于学校办学经费紧张，条件简陋，学生们能够实习实践的机会很少。特别是解剖课，头一两届学生只能“纸上谈兵”，从未真正解剖过一具尸体。虽然在校长汤尔和的力促之下，北洋政府颁布了我国第一部解剖法令《解剖条例》，但封建社会思想的禁忌一时还无法完全清除。直到1914年4月，钱壮飞入学前几个月，学校才搞到第一具尸体供师生解剖使用。当时社会舆论一片哗然，有的说医学校凌迟尸体，有的传医学校闹鬼。甚嚣尘上之时，如果向路人打听北京医专，或许不知道，但是如果问“割死人的地方”在哪里，他会马上详细而神秘地告诉你。社会的理解不够，可供医学解剖的尸体自然就不会多。有时候，好不容易领来了尸体，大家正在解剖时，亲属突然寻了来，跪地哀求，弄得教师们束手无策，只能让他们领了回去。尽管这样，毕竟能弄到尸体进行解剖教学了。为了表示对死者的感谢之情，学校专门在彰义门[②]外菜户营买了块

① 罗卓夫、孙敬尧编:《北京医科大学的八十年》，北京医科大学出版社1992年版，第14页。

② 即广安门。

墓地，专门用来安葬解剖过的尸体，并将每年的 4 月 30 日设立为学校的祭奠日，称“解剖祭”。由校长带领全校师生到墓地祭扫植树，举行公祭，以感谢死者为医学教育所作的贡献，同时也是借此平息社会舆论和家属情绪[①]。

1915 年 2 月，北京医专为了改变学生实践实习困难的局面，经北洋政府教育部批准并专门划拨房屋，在学校附近开设了诊察所。学校的医学教员在完成教学工作外，都要到附设诊察所坐诊看病，带领和指导学生实习。

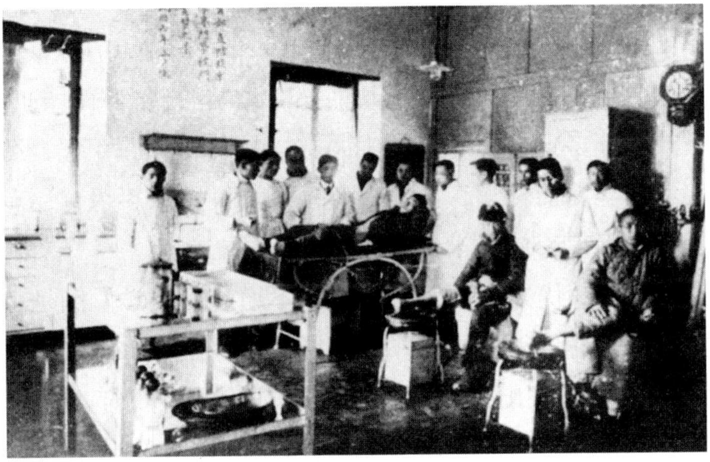

国立北京医学专门学校学生在外科门诊实习（1917 年）

诊察所刚开始时门可罗雀，第一天只接待了三位病人。坚持了一个多月后，在附近百姓口口相传下，前来看病的人便络绎不绝了，一天能有 70 多人[②]。特别是钱壮飞所在的外科专业，快捷有效的手术治疗有着中医无法比拟的优势，很受患者的欢迎和认可。日后，随着学校发展，学校附设诊察所的规模也日渐扩大，1930 年扩充为附属医院。近百年来不断发展壮大，终成如今北京大学医学部附属医院群。

① 罗卓夫、孙敬尧编:《北京医科大学的八十年》，北京医科大学出版社 1992 年版，第 9 页。

② 罗卓夫、孙敬尧编:《北京医科大学的八十年》，北京医科大学出版社 1992 年版，第 16 页。

国立北京医学专门学校的办学宗旨是“促进社会文化，减少人民痛苦”，教师们出于办好国家医学教育的爱国热情，对学生要求极为严格。学生们珍惜难得的机会，学得也非常刻苦。就在这样艰难困苦的环境中，钱壮飞日渐进步，医学、德文和画图等各科成绩非常突出。这些知识技能，不仅让他获得了战乱年代得以养家糊口的职业，也为以后从事的革命工作打下了坚实的基础。

钱壮飞所读的外科专业学制四年，加上第一年为预科，总共要学习五年。五年里，学生的淘汰率很高。往往是入学时招了六十人，等到毕业时，也就剩下二三十人。究其原因，第一是学校考试制度极严，课业繁重，很多学生难以跟上进度，就被迫放弃了。第二是学费每年要二十块大洋，分三次缴纳。虽然比起北京其他私立大学动辄上百元的学费，北京医专的学费并不算多，但是那个民生凋敝、兵荒马乱的年代，有相当一部分学生因交不起学费而辍学，甚至还有已经读到了四年级，还有一个学期便要毕业了，也不得不放弃学业。

钱壮飞各科成绩优异，不用担心考试不通过而失学。倒是一年二十块大洋的学费，总是让他颇费周折。家中境地已经山穷水尽，妻儿老小艰难度日，还要从牙缝里挤出钱来供他上学。因为学校规定“学生膳宿均归自理”，钱壮飞就一直住在宣武门外半截胡同湖州会馆内，好在距离八角琉璃井胡同的学校也不过一刻钟路程，平日里走着就能上下学。北京城日常吃穿用度开销不小，他只能省吃俭用，勒紧裤腰带过日子。

钱壮飞在北京求学期间，中国社会经历了跌宕起伏的巨大变化。辛亥革命后，软弱的中国资产阶级不敢和帝国主义及封建主义势力彻底决裂，将革命成果拱手相让。1915 年，袁世凯接受日本提出灭亡中国的“二十一条”，复辟帝制，倒行逆施。1916 年袁世凯死后，北洋军阀分成直系、皖系、奉系三大派系，各自割据一方，以不同的列强为后台，相互之间展开愈演愈烈的军阀混战。各派军阀、官僚、政客你方唱罢我登场。外有帝国主义列强虎视眈眈，内有军阀混战长期分裂动乱，中国陷入空前的民族危机，全国人民的思想陷于极度的惶惑苦闷中。

面对这残酷黑暗的现实，一批具有民主主义革命精神的先进分子逐渐认识到，要救中国必须寻找新的出路。他们逐渐从消沉、苦闷和彷徨中走出来，再次在心中燃起热切的期待，起来宣传新思想新文化，宣传民主和科学，一场巨大的革命风暴孕育在中华大地之上。陈独秀创办的《新青年》杂志，犹如黑夜中的一道闪电，掀起了一场空前的新文化运动的狂飙。这场运动，正是新的革命风暴到来的前奏。

国立北京医学专门学校和当时大多数新式院校一样，不仅仅是一个教授学术技艺的地方，更是一所开启民智、传播新思想的文化阵地。校方十分重视对学生的人文知识教育，邀请了沈尹默、马叙伦、钱稻孙等思想解放、学问精深的大知识分子到学校担任老师。鲁迅先生当时在教育部社会教育司工作，与校长汤尔和是一起留日学医的好朋友，经常到八角琉璃井来找校长和师生们谈天说地，这些在《鲁迅日记》中留下多处记载。

在马叙伦、沈尹默、钱玄同等人的影响下，钱壮飞的国文及书法水平有了很大进步，思想也变得更加成熟。这样开明的环境下，钱壮飞并未因课业繁重而闭门读书不问世事，反而坚定地抱着救国济世的志向，时刻注视着国家前途和民族命运。

1916 年，陈独秀在上海创办《新青年》杂志，高举科学与民主的大旗，号召青年崇尚自由、民主、进步、科学，新文化运动由此兴起。很快，《新青年》杂志就开始在国立北京医专的师生中间广为传阅。新文化的思想犹如一阵清新的南风，让钱壮飞等一大批学生的目光从书本上抬起，眺望新的未来。

1917 年初，陈独秀应邀到北大担任文科学长，《新青年》编辑部迁到北京。俄国十月革命后，《新青年》成为革命运动的号角。1918 年 1 月，李大钊、鲁迅、钱玄同、刘半农、周作人、胡适、沈尹默参加编辑部，每人一期轮流编辑，由陈独秀负总责。

通过族叔钱玄同和老师沈尹默引荐，钱壮飞有了近距离聆听李大钊、陈独秀、鲁迅等进步人士思想言论的机会。钱玄同对这位勤奋好学的远房侄子颇为器重。他虽然辈分比钱壮飞高，但其实年龄只大八岁。钱玄同对钱壮飞从不自恃长辈身份，说话和颜悦色，见面高谈阔论，二人关系甚为密切。钱玄同经常与鲁迅、陈独秀等人聚在家里开编辑会并谈论时局。钱壮飞经常去钱玄同家里，听他们论道，思想上受到了进一步的启蒙。也正是在这里，钱壮飞首次通过李大钊接触到了共产主义思想。1917 年，列宁领导的俄国十月革命开辟了人类历史的新纪元，也让处在苦闷和黑暗中的中国人民看到新的出路和光明前景。李大钊颂扬俄国十月革命是“世界人类全体的新曙光”，并充满激情地预言：“试看将来的环球，必是赤旗的世界！”这些话语如点点星火，点燃了钱壮飞的内心。

1919 年上半年，第一次世界大战中取胜的协约国一方在巴黎举行和平会议，中国政府也派了代表参加。会上，帝国主义列强决然不顾中国作为战胜国的权益，决定将德国在山东的特权全部转让给日本，而北洋军阀政府却准备签字接受这个丧权辱国的“和约”。消息传回国内，激起各阶层人民的强烈愤怒，以学生斗争为先导的五四运动火山爆发般地开始了。

5 月 4 日，北京 13 所高校代表在国立北京法政专门学校开会，决定下午在天安门集会和游行示威。北京医学专门学校学生派代表参加了这次会议。下午 1 时，北京医学专门学校学子们和 3000 多名北京各校学生一道，在天安门前集会游行示威，掀起了一场伟大的爱国主义运动。运动虽然遭到了北洋军阀政府的严厉镇压，但最终取得了重大的胜利。在这次时代的暴风骤雨中，钱壮飞受到了深刻的教育。

经过新文化运动的浸染和五四运动的洗礼，钱壮飞从国立北京医学专门学校毕业了。这一年，他 24 岁，走出狭小的校园，投身广阔的社会，开始用自己所学的医学专业，探索救国救民的道路。

（二）辗 转 谋 生

1919 年 10 月 26 日，钱壮飞以优异的成绩毕业。和他同时毕业的还有一位叫张振华的女同学，此时已是他的妻子。

张振华，字兢卿，1893 年出生，安徽桐城人。1915 年，国立北京医学专门学校开设了产科专业——产婆养成所，专门培养妇科、产科和医护

20 世纪 20 年代的张振华

人员，学制 2 年[①]。1917 年 9 月，产婆养成所招收了第三批 24 名女生，张振华名列其中。因为考学较晚，张振华入学时已经 24 岁。

张振华出身桐城望族，家中世代文脉兴盛。她的九世祖张杰是清朝文华殿大学士张英（桐城人称“老宰相”）的三哥，康熙年间任苏州府学训导，《桐城县志》称他“教士修学，卓有声迹”。这支张氏世居桐城北乡，虽不及“父子宰相”张英、张廷玉一门显赫，却也是诗书相承。

张振华就出身于这样一个书香门第。父亲张传寿，官至清廷参将，后回乡行医。母亲为同乡监生姚仲垲之女。张传寿虽然出身封建地主家庭，但思想较为开明，膝下育有五男七女，都接受了新式教育，有的还赴海外留学读书。其中，大哥张家仁（字爱公）留学日本，明治大学商学学士，回国后供职南京铁路局，曾获交通部二等一级奖章；二弟张家晔（字暹仲）毕业于北京中法大学，中共早期党员，张振华、钱壮飞、胡底等人的入党介绍人，大革命失败后脱党回乡；三弟张家昽（字昺叔），日本早稻田大学政治经济科毕业，曾跟随钱壮飞在敌内工作。大姐嫁总统府内史吴世洵、晚清广东水师提督之孙；二姐嫁同乡候选州同马振声、世袭云骑尉马星曙之孙；三姐嫁书法家潘学固。张振华在姐妹中排行第四，幼时曾被左姓亲戚抱养，因性格倔强不肯裹脚，被戏称为“左大脚”[②]。

张振华在同学中年龄较大，思想进步、成熟稳重，温文尔雅、落落大方，对谦和幽默、多才多艺的钱壮飞非常关照。张振华家境富裕，时

① 潘懋元、刘海峰编：《中国近代教育史资料汇编 高等教育》，上海教育出版社 2007 年版，第 554 页。

② 卢赟秋、程堂义：《“红色特工”钱壮飞的桐城情缘》，《合肥晚报》2014 年 11 月 7 日第 7 版。

常在生活上帮助照顾钱壮飞，甚至一度资助他的学费。在张振华帮助下，钱壮飞才得以坚持完成学业而没有中途辍学。二人志同道合，经常一起从事进步活动。在共同追求进步的过程中，钱壮飞和张振华日渐加深了解，产生了深厚的感情，最终结为夫妻。

北京医专毕业之后，钱壮飞和张振华在北京西城六铺炕附近的一所小四合院里安家落户，开始了独立谋生打拼的日子。钱壮飞在长兴街租赁下了几间门面，挂牌行医①。张振华在天坛附近的中央防疫处附属医院工作。由于穷人生病没钱医治，富人生病都在大医院治疗，钱壮飞的诊所生意并不太好。但凭借过人的医术和对待贫苦大众的赤诚之心，他很快成为街坊邻里交口称赞的钱大夫，微薄的收入也能勉强养活一家老小。

当时的中国积贫积弱，北洋政府腐朽无能，根本无心无力顾及社会的卫生防疫等基础建设。军阀混战兵祸连天，各地卫生防疫状况处于崩溃状态，抵御灾害的能力极低。防控不足，则灾患肆虐。一旦天有不测，百姓便深陷水深火热。因此，社会各界的有志之士，纷纷组织民间慈善救济机构，广泛筹款集资，救护灾难面前无能为力的贫苦百姓。钱壮飞作为中国较早的西医专门人才，多次应征参加了抗击瘟疫、战场救护等工作。

1919 年底，钱壮飞担任山西全省防疫局医官②。

1918 年初，山西境内暴发了严重的鼠疫。起因是山西的皮草商人在内蒙古收购皮草，携带着沾染了蒙古草原鼠疫病毒的皮毛货物，沿着京绥铁路回到内地，致使鼠疫在山西迅速传播。鼠疫所过之处，“风凄雨愁，无天无日，白昼相逢，人鬼莫辨，则回视自身，亦莫知是生是死也”，而且有沿着京绥铁路蔓延京津的趋势。北洋政府立即成立了中央防疫委员会，派知名鼠疫专家伍连德等赶赴西北调查疫情。山西省长阎锡山成立了全省防疫局，聘请协和医学院校长杨怀德为顾问，组织社会各界力量，

① 《钱壮飞传略》，中共湖州市委党史研究室编：《钱壮飞》，中共党史出版社 2013 年版，第 2 页。

② 《钱潮履历》，北方交通大学档案馆藏：《全国铁路职员录 · 京绥线》，1924 年 1 月编。

抗击鼠疫。直到 1918 年 4 月，各地大规模鼠疫才陆续平息。

在这场疫情中，国立北京医学专门学校派病理教员黄振亚、细菌教员严智钟、病理研究生洪式闾和外科研究生刘兆霖前往山西疫区调查[①]。当时正值山西全省防疫局筹建之时，西医防疫人才急缺，国立北京医专师生调查组在扑灭疫情中出色的表现，给山西卫生当局留下了深刻印象。1919 年 10 月钱壮飞毕业后，一度前往山西全省防疫局担任医官，从事检疫、种痘等卫生防疫工作。但时间不长，很快就回到了北京。他的学长——外科专业第一届毕业生、赴山西调查组成员刘兆霖，日后成了山西大学医学院的外科主任。

1920 年底，钱壮飞担任北五省灾区协济会医员[②]。

1920 年，直、鲁、豫、陕、晋亢旱成灾，赤地千里，因灾死亡人数 50 万，饥民达 3000 万之众。北洋政府前总理、民国慈善家熊希龄邀集北京各慈善团体，组织北五省灾区协济会，以北京金鱼胡同中国红十字会总会驻地为会所，组织救灾活动。大灾之后必有大疫，为防止疫病发生扩散，北五省灾区协济会和中国红十字会组织了数支救济队分赴灾区调查和救济疫情，并在灾民聚集的通州、大名等交通要冲设立临时诊所[③]。

钱壮飞参与了北五省灾区协济会的赈灾行动，在救济队和临时诊所担任医员，每日除诊治灾民从事救济以外，还要为灾民植种牛痘，预防瘟疫。因灾民罹病者甚多，工作极为紧张、稍无停歇，日夜勠力救治。在此期间，钱壮飞还深入到灾区一线，在河南新乡县担任红十字会卫生事务所代理所长。沿途目之所见，"鬻衣卖物者成其市，闭门逃荒者不计数，老少旋转，壮年离散，饥寒困苦之状，男女啼哭之声，到处皆是"。巨灾面前，北洋政府腐朽不堪、赈济不力的情形，让钱壮飞对这个落后腐朽的社会更加深恶痛绝。

---

① 潘懋元、刘海峰编：《中国近代教育史资料汇编 高等教育》，上海教育出版社 2007 年版，第 555 页。

② 《钱潮履历》，北方交通大学档案馆藏：《全国铁路职员录・京绥线》，1924 年 1 月编。

③ 郝如一、池子华主编：《红十字运动研究（2010 年卷）》，安徽人民出版社 2010 年版，第 102 页。

1922年4月28日，第一次直奉战争爆发。奉系军阀张作霖与直系军阀吴佩孚投入20多万兵力，在河北马厂、固安、长辛店一带激战。烽烟燃处，生灵涂炭，大量士兵在混战中伤亡，无数百姓在战火中流离失所。中国红十字会及保定分队迅速组织了数支战场救护队开赴战场，钱壮飞担任其中一支救护队的队长[①]。救护队到达时，恰逢两军开战。钱壮飞带领救护队队员，冒着枪林弹雨，在战场划设安全区，设立临时医院。凭借红十字会标志，交战双方皆可谅解。钱壮飞和救护队同仁不顾个人安危，冒着炮火硝烟救护了数百名伤兵。6月底，奉军溃败，战争结束，各救护队又负责清理战场、掩埋尸体、消毒善后，防止战后暴发瘟疫。

此后，钱壮飞回到北京，先是在京师学务局学校医院担任了一段时间的医员。1923年5月，钱壮飞应聘在北京京绥铁路局附属医院当外科医生[②]。

京绥铁路是我国第一条自建铁路，由著名爱国工程师詹天佑亲自倡导、设计并筹资修建。1905年始建，分北京到张家口、张家口到归绥、归绥到包头三期。为满足数量庞大的铁路工人卫生就医需求，应对铁路通车带来的卫生防疫问题，京绥铁路工程总局曾于1906年在阜成门外成立了阜成门医院，开创了中国近代铁路卫生事业。1910年京张铁路通车后，该医院迁至西直门附近，正式称为京张铁路总医院[③]。1923年京绥铁路全线通车后，改称京绥铁路局附属医院，由铁路局总务处管理。京绥铁路医院规模不大，医务人员并不算多，院长、医师、帮医员、看护、事务员加起来共有三十多人。

钱壮飞在京绥铁路局附属医院的职务是帮医员，相当于现在的助理医师，月薪60元大洋——这在当时已经算是不错的工资了。据史料显示，钱壮飞此时还被授予了八等嘉禾勋章。嘉禾勋章是北洋政府授予那些有勋

---

① 《钱潮履历》，北方交通大学档案馆藏:《全国铁路职员录·京绥线》，1924年1月编。

② 《钱潮履历》，北方交通大学档案馆藏:《全国铁路职员录·京绥线》，1924年1月编。

③ 黄华平著:《近代中国铁路卫生史研究（1876—1949）》，合肥工业大学出版社2016年版，第23页。

劳于国家或有功绩于学问、事业的人，授予等级按授予对象的功勋大小及职位高低酌定。说明此时钱壮飞的医德医术在行业内受到了普遍认可，并且作出过一定社会贡献。

钱壮飞在京绥铁路局附属医院的工作很顺利，从事着自己钟爱和擅长的医师职业，身边还有很多的师友同乡。他在北京医专的同班同学刘兆吉，此时正在京绥铁路局总务处担任办事员，兼职医官。还有一位浙江吴兴的同乡也在医院工作，是一位叫朱璞的老大哥，原是前清的巡警，大概是因京绥医院归铁路局总务处的警务科管理，这位前巡警就当了铁路医院的办事员，还挂着四等嘉禾勋章，拿着 90 元大洋的高薪。钱壮飞的后人保存有一枚钱壮飞在京绥铁路医院工作时的胸牌。胸牌上有钱壮飞的半身照。那时的钱壮飞正值青年，西装革履，风华正茂，有着体面的职业和美满的家庭，享受着人生中难得的一段平静。

钱壮飞在京绥铁路医院工作时的胸牌（1923 年）

然而，他的人生注定不会止于这一时的风平浪静。几年来辗转行医的经历为他打开了走向中国社会广阔现实的道路。他目睹北洋军阀的连年战乱、穷兵黩武，亲身体会了中国人民在苦难中的绝望挣扎，这使他逐渐深刻地认识到，医学只能救助百姓躯体之疾苦，只有国家的强大和振兴，才能解救人民于水火。国家的强盛，不仅在于身躯之强健，更在于人民心智的开启。只有发动唤醒广大人民，中华民族才有希望。

时代的洪流已经滚滚而来，他不会袖手旁观，他把目光转向了新闻教育界。

当时，中国社会思潮激荡，百家争鸣。报纸杂志作为最主流的社会媒体，是宣传各种思想主张的重要阵地。以陈独秀的《新青年》杂志、李大钊的《晨钟日报》为代表的现代报刊业空前繁荣。各地各派纷纷兴起办报之风。北京作为当时的政治中心，一时间报社风起云涌，蔚为大观。据统计，当时全国共有 500 多家报纸，北京就有 100 多家。

1920 年 4 月，北京的社会活动人士方梦超筹建创办了一家白话报纸《北京晓报》。该报用白话文传播新学新知，“日出一大张，以灌输国民常识，维持社会风纪为宗旨”。钱壮飞参与了该报的创办工作，并担任报纸的印刷人①。

方梦超，字毋我，安徽桐城人，民国政学界闻人。1915 年曾与黄毅起草《上大总统书》《国民对日同志会电》，编著《中国最近耻辱记》。1923 年与周作人、沈尹默、坂西利八郎、土肥原贤二等人合办中日学术协会。1924 年参加反帝国主义运动大同盟，任宣传部书记委员。1925 年与周作人、沈尹默、马幼渔、土肥原贤二、大内江藤等人合办中日教育会。1926 年前后任北洋政府教育部秘书。1927 年，受蒋介石密派，以“奉天招抚使”身份潜入东北活动，秘密策动东北地方势力反对张作霖。

钱壮飞与方梦超颇有渊源。方梦超是钱壮飞老师沈尹默的妹夫，方梦超的夫人沈毓珏是沈尹默二妹。沈尹默也是浙江吴兴人，著名书法大家。钱壮飞酷爱书法，读书时勤习不辍，深受沈尹默喜爱。钱壮飞具有深厚的美术功底和文学素养，既可承担报纸版面设计，又能担任文字编辑，是办报最需要的人才。沈尹默是否有引荐之功，不敢断言。但是毫无质疑的是，钱壮飞在《北京晓报》工作期间，与方梦超结下了较好的个人关系。这段不错的关系为以后钱壮飞深入龙潭虎穴取信于敌、爬高钻深起到了重要作用，这是后话。

---

① 周芳、李继华、宋彬编注：《李大钊书信集》，中国文史出版社 2015 年版，第 137 页。

钱壮飞作为《北京晓报》印刷人，是方梦超办报的主要助手。报社发行所设在西单报子街 31 号。当时北京的报社，除《晨报》《新北京》等大报以外，一般人员规模并不大，寥寥十来人即可包办一份报纸。按照北洋政府《报纸条例》之规定，社长（举办人）之下设编辑人、营业人、印刷人，负责采、编、印、发各项工作。当年小型报纸一般没有自己的印刷厂，都是委托北京为数不多的几家印刷厂承印。《北京晓报》亦是如此，因社长方梦超与日本人土肥原贤二交好，故委托了具有深厚日本背景的《顺天时报》馆印刷所印制，印厂位于北京正阳门化石桥（一说宣武门内顺城街）。钱壮飞每天晚上将本日定版的新闻稿和画好的版样带到《顺天时报》馆印刷所，看着工人做好铅版开印后，才能下班，往往已是深夜。

北京晓報
Peking Hsiao Pao
新年啓事
方夢超謹啓

《北京晓报》报头

《北京晓报》内容聚焦于城市平民，文风朴实新潮，既不同于时政大报的高高在上，也不同于黄色小报的低俗淫秽，是当时报界的一股清流。《北京晓报》在发行上更是别出心裁。一般报纸往往依托各类报刊发行所，而《北京晓报》则是通过报社自建的工读学校学生来发售。方梦超在宣武门附近开设了两家“《北京晓报》附设工读学校”，每年免费招收贫苦儿童五六十人，旨在救济寒门学子。工读生每日上午沿街叫卖《北京晓报》，下午在校学习《国文》《算数》等高小课程，卖报所得用于维持日常生活。工读生夏天头顶大草帽，冬天头戴黄色毡帽，帽檐儿上钉一条白布，上书“工读”二字。他们有的走街串巷叫卖，有的在茶坊酒肆兜售，每日可卖出报纸近千份。这个发行数量，在当时北京的报纸里，算是很高的了[①]。

在方梦超和钱壮飞等人的努力下，《北京晓报》在北京上百家报纸中占据了一席之地，不仅市井平民购买，连紫禁城内逊帝溥仪的订阅目录里，也有《北京晓报》，可见其当时在北京颇具影响力[②]。当时新闻评论者这样评价：

印刷虽没有新式标点，却也非常整洁；而且开栏标目，分外清楚；居然是一种大报的缩影。从前有些人疑惑他是某要人办的，后来又有人疑惑他是某国人办的，犯疑就在这一点，究竟如何，不经决定；但这报可以代大报看，实是一件飨事。因他不但外表好，内容也是很丰富的[③]。

1921年9月9日，《北京晓报》发行所和编辑部迁往南池子冰窖胡同13号，印刷人也改由大兴人周坤担任（1924年停刊）。钱壮飞的新闻生涯就此暂告一段落，但是，这个时期练就的娴熟的新闻业务能力，却为日后的大放异彩埋下了伏笔。

1922年前后，钱壮飞开始在国立北京美术专门学校做兼职教授。国立美术专门学校由蔡元培倡议建立，位于西单牌楼京畿道附近，原名国立北京美术学校，1922年改名为国立北京美术专门学校，开设中国画、西洋画、图案三系，是我国最早的现代美术教育专门院校。在蔡元培的号召下，各地最优秀的美术人才汇集于此，成为全国的美术教育中心。陈师曾、齐白石、林风眠、李苦禅等美术大家多与此校有深厚渊源。国立北京美术专门学校是今天中央美术学院的前身。

---

① 简恩霈：《记七十年前的北京晓报附设工读学校》，《古都艺海撷英》，北京燕山出版社1996年版，第27页。

② 秦国经著：《逊清皇室秘闻》，禁城出版社2014年版，第189页。

③ 陈顾远：《北京城内之小报》，《新闻学论文集》，光华书局1930年版，第251页。

钱壮飞在学校教《解剖学》。这门课是中国画系和西洋画系的必修课。他原本就酷爱美术，并且在书法、绘画和设计方面有相当不错的功底。能在这所大师云集的高校里执教，对他来说不仅是一份谋生的职业，更是一个学习深造的机会。他以高昂的热情投入到这份事业中，一边如饥似渴地向学校里的名师学习，一边孜孜不倦地认真教课育人。女儿黎莉莉曾回忆道："他对医用解剖很熟悉，对美术又有研究，把这门课程教得很实用，既讲授了人体解剖的科学知识，又符合艺用解剖的要求。"

钱壮飞在国立北京美术专门学校任教期间，西洋画系有一名叫张式沅的河北籍学生，是从事进步学生运动的积极分子。当时，她在同学邓鹤皋的带领下，毅然脱离封建家庭，积极投身革命洪流。1927 年大革命失败后，钱壮飞被迫离京南下上海继续斗争，张式沅则奉命赴莫斯科进修学习。1929 年前后，师生二人又几乎同时加入了中国共产党的情报保卫机构中央特科。钱壮飞深入龙潭潜伏敌营，给国民党调查科负责人徐恩曾做机要秘书。张式沅被组织派到国民党调查科驻上海办事处负责人鲍君甫身边，以秘书身份从事情报工作。1931 年后，钱壮飞转移江西中央苏区，在从事情报保卫工作之余，积极投身红色文艺工作，在苏区革命戏剧、美术建筑等方面大放异彩。张式沅则改名安娥，从隐蔽战线转战文艺战线，在白区坚持左翼文艺斗争，写下了《卖报歌》《渔光曲》《打回老家去》等不朽名篇，与丈夫田汉一起谱写了一曲曲民族壮歌。安娥的代表作《渔光曲》的演唱者王人美，是钱壮飞女儿钱蓁蓁（黎莉莉）一起拜师学艺的同门师姐。也许在国立北京美术专门学校时，师生二人并不一定熟识，在中央特科期间因为工作纪律也未必能有相遇的机会。但在时代洪流中，师生二人高度重叠的人生经历和斗争领域，亦是隐蔽战线历史上的一段佳话。

（三）天 伦 之 乐

从 1914 年北上求学到 1927 年南下转移，钱壮飞在北京度过了 13 个春秋。在北国故都的风霜雨雪里，他从一个求学少年成长为无产阶级革命者。13年里，他历经贫寒的学生时光，饱尝乱世生存的艰难，最能给他慰藉的，是家庭的温暖亲情。

钱壮飞拥有一个温暖欢乐的大家庭。1919年医专毕业之后，钱壮飞和张振华在北京定居并生下长子钱江。远在浙江湖州的母亲范氏，是到北京看望儿子时，才知道钱壮飞已经另有所娶。老太太对这位“自由恋爱”的儿媳印象不错，看到张振华知书达理、文雅贤惠，与钱壮飞志同道合；特别是看到孙子钱江后，老太太也就没有意见了。很快，范氏就返回浙江湖州，将老家的房屋财产全部变卖，带着徐双英和孙女钱椒椒来到北京，与钱壮飞团聚。

那时候，旧的封建习俗尚未完全打破，新的社会风气正在逐步形成，新旧社会观念、秩序和现象共存，“包办婚姻”的结发妻子和“自由恋爱”的精神伴侣在一起生活的现象很普遍，彼此也都能理解包容。因此，徐双英和张振华二人也能以礼相待，一家人和睦相处。

张振华是一个热爱生活的人，居家勤劳节俭、干净利索，将六铺炕租住的小四合院打扫收拾得窗明几净，布置得温馨宜居。她带着孩子们四处去捡五颜六色的小石头子儿，在院子里铺了一条一米多宽的人行道，不仅可以防止雨天滑倒，还洁净美观。在院子四周，栽满了矮矮的翠柏，翠柏间种了太阳花，盛夏期间，院子里鲜花琳琅满目，万紫千红，美丽极了①。

在孩子们的印象里，钱壮飞总是很忙。不是忙着去医院上班，就是忙着去外面见人。回到家里也很忙，街坊邻里都知道钱大夫医术高明、乐善好施，大人有个头疼脑热，小孩哭闹拉肚，都愿意就近上门找钱大夫看病，讨个方子、打上一针，说说笑笑就治了病。钱壮飞交游广泛、朋友众多，时常有客人登门拜访。因此，家里不是坐着病人就是坐着朋友。人来人往，热闹极了。张振华还是周边一带有名的“产婆”，医院下班回家后，经常为附近的孕妇上门接生，赚些外快。那时候，普通百姓家生孩子不兴上医院，都是喊产婆到家里接生。张振华是北京医专产科专业毕业

---

① 黎莉莉著：《行云流水篇：回忆、追念、影存》，中国电影出版社2001年版，第2页。

的专科医生，比那些世代相传的“稳婆”更受人们信任。不管刮风下雨还是严寒酷暑，只要产妇家里来人敲门请人，张振华就背起医药箱匆匆而去。

1926年，钱壮飞家人在一起

在孩子们的记忆里，钱壮飞是个传统的“严父”，感情不会轻易流露，对子女要求严格。据钱蓁蓁回忆，父亲钱壮飞平时在家里沉默寡言，一脸严肃，除了和朋友交谈，很少和孩子们说话，对儿女很少表露感情，只看到他偶尔抱一下刚满周岁的小儿子钱一平，不一会儿就放下做他的工作去了——这个沉默严肃的钱壮飞，和李克农等人回忆中幽默风趣的钱壮飞截然不同。

钱壮飞对艺术一直有着非常广泛的兴趣，非常专注且极具创造性。平日闲暇时，喜欢写字画画，偶尔还会刻图章，心情好时，会画一些彩蛋给孩子们玩儿。有一年过春节写对联，钱壮飞不用毛笔写，而是别出心裁地用外科夹剪夹起一块药棉，饱蘸浓墨，一挥而就。笔锋气势与普通毛笔写得不一样，别有韵味，张贴出去以后受到大家的称赞。有时，他还会画一些讽时劝世的漫画。他曾画过一幅炭笔画，画了一个骨瘦如柴的人在抽大烟，生动地反映了吸毒的危害，劝诫大家远离毒品。这幅画还在一次展览会上获得了奖项。

钱壮飞遗存的印章

钱壮飞家里孩子众多，钱椒椒和钱蓁蓁大一些，钱江和钱一平略幼，虽然有几岁年龄差距，但都正是淘气的时候。有时清早大人们还未睡醒，几个孩子就把门板、窗板、椅子、板凳搬出来，搭建起“工事”，乱哄哄地玩打仗的游戏。结局往往是有谁一不小心碰塌了“工事”，其他人一哄而散藏起来，剩下围困在“工事”里的那位，只好接受家长的惩罚。一般是钱壮飞出来，弯曲食指在脑门儿上敲几下，吃个“爆炒栗子”了事。

大人们白天都忙于工作，祖母范氏在家照顾这些精力旺盛的小家伙，钱蓁蓁和钱椒椒两个姐姐也能帮着祖母带弟弟们。钱蓁蓁回忆：

二弟（钱一平）小名大毛，小我十岁。小时候我经常带着他，喂他吃饭、替他穿衣。会走路以后，只要我在家，他就成天跟着我转……攥住我的上衣襟跟着我，所以我的上衣下角总是打褶的[①]。

① 黎莉莉著：《行云流水篇：回忆、追念、影存》，中国电影出版社2001年版，第30页。

黎莉莉（钱蓁蓁）

祖母范氏当时已经50多岁，孩子们都按照浙江习俗称她为娘妈。她对待孩子们的态度很严肃，脸上少有笑容。像那个时代大多数祖母一样，范氏在众多孩子中，特别钟爱长孙钱江。钱蓁蓁曾在回忆录中写道，我经常看着弟弟围着娘妈膝前膝后转，心里暗暗羡慕。钱江晚年时曾撰文回忆道：

我是奶奶培育长大的，她对我的爱，已经到了溺爱的程度。奶奶是浙江湖州的一个书香门第的大家闺秀，旧的观念很强，总认为街坊四里都是些粗人，而孩子们也是没有教养的，怕我跟这些孩子学坏了，不许我出门和街坊的小孩一块儿玩，把我困在家里……①

后来，随着孩子日渐长大，原来的房子不够用了，加之钱壮飞工作的原因，他们全家搬到了平安里13号一所三层的灰色小楼中居住。这座楼房一直到90年代平安大街建设时才被拆除。从当时仅存的几张照片上看，这个居所条件相当不错：有时髦的西式立柜，柜门镶嵌着大块的镜子，橱内摆放着精致的物件，玻璃上贴着数张家人的照片，案子上摆放着繁茂的绿植。坐在藤椅上的男主人钱壮飞西装革履，手中香烟缕缕，神情平和安逸——多么宁静幸福的生活状态！

他们当时的生活虽谈不上富裕，却也不再窘迫。医院的工作并不紧张，革命形势还不像后来那样严峻，一大家人生活在一起，衣食无忧，其乐融融。钱壮飞热衷文艺，摆弄些棋琴书画作消遣，也喜欢时髦的东西，流行照相就去学摄影，流行电影就去开电影公司——一方面是革命工作掩护需要；一方面也是真心喜欢，有天赋和兴趣，愿意投入和付出。闲暇之余，他会带全家去逛公园，畅游于山水之间。在中央公园，

① 钱江：《走上艺术创作的道路》，《艺术的召唤》，中国文史出版社1986年版，第231页。

1926年，钱壮飞在北京平安里13号家中

留下了他们一家珍贵的照片，照片上是他深爱的妻子、孩子和母亲，照相的是钱壮飞自己，他在照片上写着：壹玖贰陆年寒食节，阖家遨游中央公园——这是钱壮飞仅存于世的几幅书法之一。这张珍贵的照片随着它的主人历经颠沛流离，始终被妥善地保存着。镜头后面的拍摄者早已为国捐躯，镜头前的亲人们眼神却一如当日，始终含情脉脉地注视着，凝望着，期待着——那离别后再未相见的亲人和那段永不再回来的天伦之乐。

1926 年，钱壮飞在中央公园为家人拍摄的照片

（四）好 友 胡 底

钱壮飞为人谦和，待人诚恳，结交了许多好朋友。有浙江的同乡故旧，也有医院红会的侪辈同事，还有文化界的同好、艺术界的宾朋，家中经常高朋满座。在钱蓁蓁、钱江等孩子们的印象里，平安里 13 号的家中永远都有客人，其中与钱壮飞交情最深、关系最好的，当属胡底。

胡底（1905—1935），原名胡百昌，生于安徽省舒城县新街乡松园村的一个地主兼小商人家庭。父亲胡绪章，是个精明强干、善理生计的人，早年间靠着贩卖生丝发家立业，置下田产 50 余亩、房屋 40 余间，还在县城新街杭埠河边的筏口处开设了米行和竹木行，生意很好，家庭比较富裕。母亲胡尹氏，育有五男二女。胡底是长子，下面有胡梓昌、胡元昌、胡其昌、胡少昌四个弟弟，还有一个妹妹叫胡莲昌，一个姐姐姓名不详①。

胡底天资聪颖，四岁时就开始在大伯胡继章执教的私塾开蒙。胡继章对这位聪慧过人的侄子十分钟爱和器重，对其督课甚严。胡底能过目成诵，五岁即读完《三字经》《百家姓》、“四书”等传统蒙学经典，打下了坚实的国文基础。

在那个新旧交替的年代，胡底像当时多数富家子弟一样，读了几年传统私塾后，选择了接受新式教育。1911 年，刚满六岁的胡底离开伯父家的私塾，进入舒城县城关私立植民小学，读起了“洋学堂”。

植民小学是清末民初六安士绅、律师沙相培与其子沙宜禄于 1911 年创办的私立新学，是当地几所新学堂中的佼佼者，舒城县早期民主主义知识分子多出自该校②。学校位于舒城甘蔗巷口，规模较大，有 8 个班 320 多人。不仅设有修身、国文、算学、历史、地理、几何课程，还开设

① 徐能珍、廖远飞：《我党初期情报工作战线三杰之一胡底烈士》，政协舒城县委员会文史资料研究委员会编：《舒城文史资料》第 1 辑，1986 年，第 23 页。

② 宋象乾、魏祥慎：《清代至民国时期的舒城教育》，政协六安市委员会编：《六安文史资料》第 2 辑，中国文史出版社 2006 年版，第 288 页。

体操、画图、音乐等文体类课程，教学条件优良，各类器材完备，有风琴、口琴、胡琴、军鼓、军号等各种乐器。胡底的艺术天赋在这里极大地释放出来，文化知识学习之余，对各种乐器无不爱好，无不娴熟。

1929 年在杭州拍摄电影时的胡底

1919 年小学毕业后，胡底以优异的成绩考入安庆省立第一中学校（一说合肥省立第二中学）。在中学期间，他博闻强识，勤学苦读，如饥似渴地吸收新的知识，以敏捷的才思、出众的文笔而被称誉为“舒城才子”。他一如既往地痴迷于文艺，不仅精于各种乐器的演奏，更娴于文艺节目的创作编演。在京剧的戏院里，在话剧的舞台上，都有他英俊潇洒的身影。他还注重体格的培养，体魄强健，身手敏捷，是学校有名的运动健将，据说还曾专门练习过传统武术，造诣颇高[①]。

读中学的四年时间里，胡底真切地看到当时积贫积弱的中国，外有列强欺凌，内有军阀混战，百姓饱受剥削压迫，民不聊生的悲惨现状。正值五四运动浪潮席卷全国，给社会带来新的思想。胡底深受启迪，对中华民族的光明前途有所憧憬，立志要寻求一条救国救民的道路。面对神州大地山河破碎的艰难时局，他常常忧心忡忡，以“天下兴亡，匹夫有责”来策励自己。

胡底虽然家境富裕，但毫无纨绔子弟的样子，为人慷慨大度、豁达

① 姚永森：《战斗在敌人心脏的英杰——胡底传略》，徐承伦、萧志远编：《民族英烈》，中国文史出版社 1991 年版，第 175 页。

不羁，待人不看贫富贵贱，都能相处融洽。对劳动人民极为同情，经常解囊相助。对丑恶不公的世道非常憎恨，立志要改变现状。他经常劝诫祖母和父亲说："你们一天到晚就是讲搞钱。把钱看得那么贵重干什么？田要买那么多干什么？告诉你们，今后你们送给人，人家都不会要。"邻居芦家因屋界问题与胡家产生纠纷，赌气放火烧了胡家后屋，将胡绪章的多年积蓄毁于一旦。胡底却并不以仇相见，而是劝解要去县城告状的父亲说："人家穷，赔不起，不要告了。"并抽回了状纸，托人转告舒城县长不要再审理这个案件。一次放假回家，胡底看见几位乞丐来到村上讨饭，连忙将他们带到家中，给每人盛了一碗白米饭。祖母事后责备道："你这样做，我们迟早会败家。"而胡底却笑着说道："有饭总要大家吃，有田总要大家种。"他还曾对邻居说道："现在的世道太不平了。我叫我父亲有钱可供给弟妹们念书，或是赠给贫苦乡亲。要钱要田干什么？这个世道迟早要翻过来的。"一年春节前夕，家人要他给家里商铺门口写副对联。胡底提笔一挥而就，对联竟是："庶政日非，怎无人革命去；商业萧瑟，谁有空过年来？"父亲和祖母大吃一惊，指责他为"傻孩子"。

1923年秋，刚满18岁的胡底考取了北京私立中国大学。中国大学是孙中山在辛亥革命后为培养中国革命和建设人才，与宋教仁、黄兴等人联合创办的一所以文科为主的综合性大学。学校始建于1912年，1913年4月13日正式开学，开始称国民大学,1917年改称中国大学。校址先是位于前门内西城根愿学堂，1925年迁至西单北大街大木仓胡同25号郑亲王府的新校址办学。中国大学旨在"培养中国青年，发展中国教育"，要办成培养"模范国民"的民主共和国建设人才的基地。

20世纪20年代的中国大学大门

这时的北京虽然仍处于北洋军阀的反动统治之下，但进步的力量已经如春潮涌动。在李大钊的领导下，北京成为共产党在北方地区的革命活动中心。党在工人、农民、学生中发展建立了基层党组织，大力宣传党的思想主张，十分活跃地开展革命运动。胡底就是在这种形势下来到了北京。

中国大学是北京较早宣传共产主义思想，建立共产党组织的高校。李大钊、陈独秀、李达等人都曾在该校任教或讲学，传播马克思主义思想和革命理论。1918 年，中国大学学生王光祈和李大钊共同创建了少年中国学会，后成为五四时期影响最大、分布最广、持续时间最长的全国性青年社团。通过李大钊的介绍，王光祈认识并介绍毛泽东加入了学会。1920 年，李大钊建立北京共产主义小组，成员就有中国大学学生宋介、吴可。1921 年 12 月，中国大学在建党后不久就成立了党支部，有冯雪峰等十多名党员。中国大学为中国革命培养了很多优秀的人才，如白乙化、李兆麟、冯雪峰、冯基平等，还有与胡底同在中央特科的高原等人。他们在中国革命的不同时期都作出了重要的贡献[①]。

在这种浓厚的革命环境影响下，原本就思想进步的胡底，充满激情地投身到时代的潮流之中。他一面努力学习文化知识，一面如饥似渴地阅读《新青年》《少年中国》《新潮》《曙光》等进步书刊。特别是经济系教授李大钊开设的《史学思想史》《社会学》等课程，和他宣传马克思主义和苏联十月革命的文章和演讲，给了胡底很大启迪。他的思想得到了丰富，政治视野有了开拓。他在寄给亲戚张九皋的两首诗中写道：

一年容易又深秋，惆怅乡关独倚楼。
弥漫烟云生眼底，万千愁绪起心头。
茫茫神州起逐鹿，同胞何事苦相仇？

① 中国大学校友会编：《中国大学历史资料》，1993 年 10 月。

金风飒飒感新凉，关塞萧萧木叶黄。
岭上孤松撑夜月，眼前丛菊傲秋霜。
几时欲归归未得，莼鲈风味忆家乡[①]。

“茫茫神州起逐鹿，同胞何事苦相仇”，胡底对军阀连年混战、百姓民不聊生悲惨局面极为不满，他开始寻求一条救国救民的道路。

胡底在学业上非常勤奋刻苦，在文学和艺术方面有着超乎常人的天赋，经常撰写发表文章，创作戏剧作品。1922 年，北京大学的周作人创办了中国首个民间文学期刊《歌谣》杂志，以此为阵地开展了中国首次大规模的方言调查。胡底入学后，积极参与其中，搜集整理了六七首流传于安徽舒城、桐城一带的民谣，发表于 1924 年 4 月出版的《歌谣》杂志第 50 期上。这些民谣，是目前可考的胡底最早的文艺作品。

胡底性格刚毅独立、崇尚自由，不愿做被家里供养、吃喝玩乐的纨绔子弟，也不愿继承家业做一个收租子买田产的土财主。到北京后，他开始一步步争取独立，不依赖家里经济供养，不要父母的钱财，明确向家里表示不愿打理经营家业。为了让最聪明伶俐、全家寄予厚望的长子胡底“改邪归正”，父亲胡绪章还曾亲自导演了一出“骗婚”闹剧。

1924 年，正在读大学二年级的胡底突然接到家中急电：“祖母病危，速归”。胡底对祖母感情深厚，立即启程赶回家乡，却发现祖母身体健康、平安无恙。原来，家人为了拴住胡底，事先未打任何招呼，由祖母和父亲做主包办，已经将同县阙店乡横山村的表妹张氏娶进家门，只等他回来完婚。

胡底痛心疾首，坚不允诺。他断然拒绝的态度激怒了父亲，胡绪章怒斥他说：“一天不结婚，一天别想离开家”，还派人将胡底看守拘禁起来。祖母和母亲则哭泣吵闹，以死相逼。僵持多日后，胡底脱身返校心切，只好假意应允。几天后，胡底伺机离家径自北上，从此再不肯返归故乡，也

① 徐能珍、廖远飞：《我党初期情报工作战线三杰之一胡底烈士》，政协舒城县委员会文史资料研究委员会编：《舒城文史资料》第 1 辑，1986 年。

不和家中通信[①]。

胡底为人豪侠仗义，家里给的生活费充足富裕的时候，他都用来接济贫困和有需要的同学。后来他和家里断了往来，便自己设法谋生，挣不到钱便典当度日，无物可当时干脆就住到安徽会馆里去，处境艰难却泰然自若，丝毫不以为意。在五四运动精神的感召下，在马克思主义的熏陶下，胡底勇敢地投身进步学生运动，积极参加革命活动，成了学校的活跃分子。

1924 年，经同学吴鹿鸣[②]介绍，胡底在安徽会馆结识了钱壮飞。胡底比钱壮飞小 10 岁，但意气相投、一见如故。他们都是文采出众的才子，都喜爱文学艺术。胡底文章写得流利，字也写得漂亮，谈吐生动而幽默，善于交际，能克己待人，乐于帮助朋友。这与钱壮飞极为相似。二人互相引为知己，成为终生不渝的挚友。

注：关于胡底大、中、小学入学及毕业的准确时间，目前尚未见一手权威史料记载。安徽地方党史机构和文史部门编写的资料，以及作家撰写的传记文章中，对此各有不同说法。一说胡底 1911 年（6 岁时）小学入学，因为连续跳级，于 1913 年毕业考入省立第二中学校（合肥），1919 年高中毕业考入北京中国大学。一说 1919 年小学入学，1921 年高小尚未毕业就考取合肥省立第二中学，1923 年中学未毕业即考取中国大学。一说 1920 年小学入学，1922 年考取合肥省立二中，1923 年考入北京中国大学。

据中国大学校友会有关资料记载，胡底于 1923 年至 1926 年期间在中国大学学习。按照《安徽教育史》中记载的北洋军阀时期安徽执行的学制规定，胡底适学年龄期间（1911 年至 1923 年，即 6 岁至 18 岁），安徽地区初等小学修业期限为 4 年，高等小学修业期限为 3 年，中学校修业期限为 4 年。但是根据《六安文史》植民小学有“8 个班 320 人”的记载推断，该

---

① 董昭山：《我党初期情报战线上的三杰之一——胡底烈士传略》，中共六安市委党史研究室：《皖西党史资料辑要》第 2 册，2012 年，第 177 页。

② 吴鹿鸣，浙江海盐人，胡底中国大学同学，钱壮飞浙江同乡，曾任海盐中学首任校长。

校实施的应该是8年制。结合胡其昌等多处均提及胡底6岁即读小学的信息推断，胡底应是在1911年入植民小学就读，1919年小学毕业，升入安庆省立第一中学（一说合肥省立第二中学），1923年中学毕业考入北京中国大学，1926年毕业。

（五）革 命 之 路

钱壮飞所经历的年代，旧的封建社会迅速崩塌但却未彻底消亡，刚刚诞生的先进力量尚在襁褓还不够强大——真正的黎明远没有到来，中华民族依然苦难丛生。

为了谋生养活一家老小，寻求救国救民的道路，年轻的钱壮飞在毕业之后的几年时间里，一直奔波在这片满目疮痍的土地上。他的双脚曾踏足过关外疫区的寒冷街巷，也曾奔走于中原灾区的饿殍荒野。他那双医术高明的手，曾安抚过河南骨瘦如柴的灾民，挽救过山西垂死的瘟疫患者，也曾在炮火连天的直奉战争中医治过伤兵。在活生生的人间疾苦面前，北京医专读书时“悬壶济世”的理想，李大钊、陈独秀那些振聋发聩的呼吁呐喊，愈加清晰地回荡在他的脑海里。他不再满足于用医术挽救一个个生命，自然而然地，他的思想逐步倾向于共产主义，开始探索一条用革命挽救中华民族的道路。

这时候，中国共产党已经成立三年多了，北京建立了李大钊为书记的中共北京地方委员会，是党在北方最重要的地方组织。在李大钊、高君宇等人的领导下，北京党组织在重要厂矿和高等院校内建立了基层组织，掀起了京汉铁路罢工、三一八斗争等革命运动，沉重打击了帝国主义及反动军阀的统治。到1925年前后，北京地委有北京大学、北京师范大学、中国大学、中法大学等数十个支部几百名党员。

共产党就在钱壮飞的家里，正是他的小舅子张家晔。

张家晔，字暹仲，张振华二弟，人称“张老二”，1923年考入中法大学，是中国共产党北京中法大学支部的党员。

中法大学是蔡元培、李石曾、吴稚晖等人在1920年筹备成立的一所私立大学，前身是北平法文预备学校，蔡元培任首任校长。中法大学在中国革命史上具有非常重要的意义。作为赴法勤工俭学的预备学校，中法大学输送了一大批热血青年走出国门，到欧洲去寻求革命的真理。其中的先进分子在强烈的爱国主义和马克思主义思潮的影响下，逐步走上为共产主义事业奋斗终身的道路，许多人成为著名的共产党人、社会活动家，甚至有的成为日后党和国家的领导人。

20 世纪 20 年代的张暹仲

中法大学是北京党组织活动的一个重要阵地，自建校起就继承五四运动光荣传统，1922 年下半年就建立了中共秘密党支部，因校址一部设在西山，故又称西山支部，有党员十多人，是海淀区第一个党组织，也是中共三大召开前，全国 28 个基层党组织、7 个高校党组织之一。中法大学党支部活跃在北京高校师生和知识分子群体内，是一支很有战斗力的革命力量。肖明、颜昌颐、陈毅先后担任党支部书记。

肖明（1896—1959），原名肖鸣，湖南新田人。1919 年与蔡和森、肖三等人出国赴法勤工俭学。1921 年参加进占里昂大学的斗争而被法国政府拘禁，后与颜昌颐、陈毅等一起被押送回国。同年冬，进入中法大学读书，积极参加中国劳动组合书记部的工作，领导工人运动。1922 年，他由陈为人、邓中夏介绍加入中国共产党。在中法大学，他担任陆漠克学院中共党支部书记、学生会主席。1924 年秋，赴苏联中山大学学习，回国后受党组织派遣，到冯玉祥部任总司令部政治部副部长。历任中共渭南县委

肖明

书记、渭南地委组织部长、华北特委（华北政治保卫局）组织部长、北方局委员会书记、晋察冀边区工委书记、张家口市委书记、察哈尔省委城工部长、华北城工委员会委员等职务。肖明是华北政治保卫局创始人之一，长期从事党的隐蔽战线斗争，为联络吉鸿昌、宋哲元等人作出重要贡献。

颜昌颐

颜昌颐（1898—1929），湖南安乡人。1919年12月赴法国勤工俭学，因参加学生运动，在1921年底被押送回国。1922年经邓中夏、陈为人介绍，加入中国共产党。1923年10月，由党组织安排，进入中法大学学习，后担任中共中法大学党支部负责人，曾介绍陈毅、贺果等从中国社会主义青年团转为中国共产党。1924年9月，中法大学结业后，进入莫斯科东方大学学习，次年被调入苏联红军学校中国班学习军事。回国后主要从事党的军事工作，协助周恩来等组织领导了上海工人三次武装起义、南昌起义等重要军事活动。1928年11月到上海，担任中央军委委员兼江苏省军委委员、江苏省军委秘书。1929年8月24日因叛徒白鑫告密，颜昌颐与彭湃、杨殷、邢士贞一起被捕。1929年8月30日在上海英勇就义。颜昌颐的表弟刘杞夫，也是中法大学的学生党员，后与钱椒椒结婚，成为钱壮飞的女婿。

陈毅（1901—1972），四川乐至人。1919年赴法国勤工俭学。1921年10月因参加中国留法学生的爱国运动，被武装押送回国。1922年回到四川家乡，加入中国社会主义青年团。1923年到北京中法大学文学院学习，并经颜昌颐、肖明介绍加入中国共产党。1924年担任中法大学党支部书记。1925年毕业后，走上职业革命者的道路，为中国的革命事业作出了突出的贡献。

张暹仲于1923年考入中法大学，受当时高涨的革命氛围影响，在校期间就加入了中国共产党，是北京较早的一批共产党员。读书期间，在党支部书记颜昌颐、陈毅等人的带领下，从事宣传工作、发展党的组织、开展群众运动等秘密工作。张暹仲对张振华、钱壮飞、胡底等人的思想进步有着潜移默化的影响，不仅使他们逐步接受了马克思主义的世界观，而且直接引导他们走上了革命道路，介绍他们入了党。

1924年，张振华在张暹仲的发展介绍下，首先加入中国共产党。1925年，在张暹仲和张振华的介绍下，钱壮飞和胡底一起加入了中国共产党。党组织给他们分配的任务是利用医生、报社编辑和文化人士的便利身份，开展党的地下工作。和他们一起入党的，还有一位叫董锦章的同志，是钱壮飞在北京医专的同学，也是浙江人。

钱壮飞和张振华入党以后，利用医生职业作掩护，从事党的地下工作。他们身背医药箱，光明正大地走街串巷，进出杂院，往来城乡。漆着红十字的大医药箱里面，底下暗格里就装着党的秘密文件，悄无声息地就完成了文件传递任务。平日里，就着看病出诊的工夫，随时随地向穷苦百姓宣传党的政策和主张，给他们讲革命道理。哪怕半夜出急诊或者接生，也要在往来路上悄悄地将传单塞进人家门缝里，或者张贴在路灯杆上。

他们经常需要到党的秘密机关所在地和同志们的隐蔽住所“出诊”。有的同志暴露了，或者要调走了，必须要化装行动。所需的行头衣物，只要开个单子来，张振华就及时买好了装进医药箱送过去。如果带着秘密文件材料，那就更加危险了。北京反动统治森严，对往来行人盘查严密，进出城门的时候，站岗的警察要搜身检查。张振华就利用女性的便利，趁着检查女性的女警人手较少而且比较松散敷衍，就将文件或者密信塞在棉衣的棉絮里，加上她胆子大，心理素质好，每次都能平安过关，从未出过任何差错。

有时候，干脆出动全家老小做掩护。大家都穿着漂亮衣服，俨然是富裕家庭出游。去北海公园划船闲逛，趁机散发传单。张振华晚年曾回忆道：

记得有一天，壮飞、胡北风、钱双英和我，都穿着很漂亮的衣服到北海公园划船。将船划到湖心，就把卷成小卷的传单拿出来，大家就分头贴到公园的各个地方去了。当时撒传单经常在夜里出去，悄悄放在人家门缝里。有时被敌人跟踪了，就马上把手里的传单找个地方放下，很快地跑掉[①]。

20岁就入党的胡底，更是全身心地投入革命事业，经常负责编写标语，散发传单，撰写文章，进行党的宣传鼓动工作。1926年，胡底从中国大学毕业后没有去工作，住进了钱壮飞的家中，与钱壮飞和张振华一起从事党的地下工作。

这时候，钱壮飞因为革命工作掩护的需要，已经从六铺炕的小四合院搬到兴盛胡同，最终搬到了平安里13号。这幢有着灰色瓦顶的三层洋房，是当时北京较为阔气的西式住宅。因为钱壮飞夫妇、家人和好友都有党员，北京的党组织就将他家作为党的秘密据点之一。为了避免引起反动警察的注意，需要装扮成一个奢侈豪华的上层人家。

这一家外表看起来相当阔绰。钱壮飞每天出入乘坐的都是叮叮当当的包车，按照旧社会"老爷"的派头，家里其他人是不许乘坐这辆车的。家里还雇有听差和老妈子，伺候往来客人。门口车水马龙，客人来往不绝，有时请客，有时赌钱，整日里热闹非凡。但有一点，从来不许小孩子进屋里听大人说话。家里一来客人，就把孩子们都支到门口去，还让大一点的孩子注意观察周围有没有"穿灰大褂的人（特务）"。钱蓁蓁后来回忆道：

父亲和朋友们时常打牌，但又叫我在大门口守着，实际上他们的工作很紧张，好像是在开什么会……我当时还是一个黄毛丫头，还不懂事，但也不是什么都糊涂，当他们聚会时，经常叫我守在平安里家门口，注意陌生的人。妈妈还不时到门口来。我蒙昧的觉得有些神秘。遇到这种情况，我总是严守岗位，不敢疏忽的。

实际上，打牌也好吃饭也罢，都只是工作掩护，实际上是党组织在这里秘密开会。让小孩去望风，不惹眼而已。张振华回忆道：

---

① 穆欣：《胡底：隐蔽战线的英烈》，《党史文汇》2003年第3期。

1926 年，钱壮飞在平安里住所楼顶

当时来过的人很多，都按各人的特点叫，如拿扇子的、胖子、戴眼镜儿的等等，我都不知道他们真实姓名。有时也让我到别人家去了解情况，回来向党组织汇报。有人要求入党，有时让我去谈话①。

遇上外出谈话这样的工作时，张振华就会带着女儿钱蓁蓁一起去，扮作带着孩子走亲访友的样子。到了地方，张振华在屋里工作，钱蓁蓁就坐在外面黄包车上一边玩耍一边望风。钱蓁蓁比较听话，既不会乱跑也不会乱问大人说话，更不会说出去。但是，孩子毕竟是孩子。有些时候，这些“小哨兵”也会淘气一下，让钱壮飞和张振华受点惊吓。

有天晚上，钱壮飞和张振华在家里说明天要去中央公园来今雨轩开会的事情。正在一边玩儿的钱蓁蓁听者有意，心想中央公园一定很有意思，便想着偷溜去看看。第二天吃过中午饭，钱蓁蓁按住电话假装在和母亲说话，大声说我们马上就来。然后对家里保姆张妈说，母亲叫我和弟弟去公园，她在那里等着我们，还要了二十个铜板，拉着弟弟钱江就出了门。姐弟二人坐了一辆黄包车直奔中央公园，路上姐姐还给弟弟买了糖球吃。可是到了中央公园却傻眼了，怎么也找不到来今雨轩。姐姐背着弟弟把整个公园前后都走遍了，因为年纪太小还不识字，最终也没找到来今雨轩。眼看天黑了，只得往回走。钱江年龄还小，天一黑心里害怕就哭，钱蓁蓁就塞一个糖球给他，背着他一路从公园走回家，已经是晚上10点了。

钱壮飞和张振华工作完回家没见着孩子，问了张妈，说是你们打电话让他们去公园的，这下全家都慌了。钱壮飞和张振华赶紧跳上电车就往中央公园跑，满园子都找不到。有个管事儿的说看见两个孩子在筒子河边玩儿，不知道哪里去了。他们在公园到处找不到两个孩子，正着急的不行，打电话回家问，却听说她俩已经回家了。这件事惹得奶奶勃然大怒，一定要责罚姐姐。张振华虽然也生气，但还是心疼孩子，用鸡毛掸

---

① 穆欣著：《隐蔽战线统帅周恩来》，中共党史出版社2018年版，第64页。

子往椅子上打，钱蓁蓁假装哇哇哭，就这样哄过了奶奶[①]。

钱壮飞一家的生活表面上富裕阔绰，但那只是为了和上层人物交往，便于掩护党的秘密工作。实际上，家里的生活十分拮据。党组织只能发给少量的经费，大多数时候是自己掏钱干革命。钱壮飞和张振华夫妇俩当医生、做教授的工资收入，远不足以维持如此的排场和巨大的支出。多数时候，钱壮飞一家七八口和胡底都得背着人偷偷地吃棒子面窝头，喝白菜疙瘩汤度日[②]。钱壮飞除了在京绥铁路医院做医生外，还要兼着国立北京美术专科学校的解剖学教授，下班还为街坊四邻上门出诊，很大原因也是因为经济紧张。家里最困难的时候，连给儿子钱江上小学的学费都拿不出来，钱江经常穿着漏脚趾头的鞋子去上学。为了减轻家庭负担，女儿们有的早早就出嫁了，有的辗转寄人篱下好多年，很小就改名送到歌曲团去学跳舞，备受凄苦动荡。革命者的生活十分艰苦，但是为了党的事业，钱壮飞以苦为乐，乐此不疲。

（六）燕 山 侠 隐

1926年冬，钱壮飞、胡底和徐光华、赵续廛共同创办了光华影片公司。钱壮飞因为掩护革命工作需要，加之自己也非常热爱文艺事业，毅然拿出家中积蓄400块大洋——这笔钱是当初钱壮飞母亲范老太太和徐双英到北京投奔钱壮飞之前，变卖了老家浙江吴兴所有的家产所得——全部投资给了徐光华，一同创办了电影公司[③]。

光华影片公司是北京第一家电影公司，位于北京西城西四牌楼北，平安里和护国寺之间，太平仓附近一所很大的宅院里，宅院大门顶上有一杆

---

① 黎莉莉著：《行云流水篇：回忆、追念、影存》，中国电影出版社2001年版，第9页。

② 钱江：《战斗在国民党最高情报机关里——回忆爸爸钱壮飞》，《红旗飘飘》第23集，中国青年出版社1981年版，第51页。

③ 张振华：《忆壮飞》，中共湖州市委党史研究室编：《钱壮飞》，中共党史出版社2013年版，第50页。

旗杆，旗杆上悬挂着一面十分醒目的黑旗，上书两个白色大字“光华”①。这里既是摄制电影的公司，也是钱壮飞、张振华和胡底他们从事地下工作的掩护场所。电影摄制工作动用人员众多，每天人来人往，动辄通宵达旦，装设备、服装、灯光、道具的大箱子搬来搬去。不知不觉之间就将党组织的文件、信件甚至武器弹药、秘密物资转移运送到其他地方了。

钱壮飞经常用不同的职业来掩护革命工作。有时是医术高明的钱医生，背着医药箱行色匆匆地走在出诊的路上。有时是风度翩翩的美术学校教授，活跃在高校师生之间。在北京媒体界、政学界里，他也算是小小的头面人物，经常与各界人士觥筹交错，议论时局。影戏业兴起后，他又是影片公司董事，还是知名演员、导演和编剧。正是这些变化多样的身份，让他隐蔽在鱼龙混杂的北京城里，在日渐严峻的环境中仍然坚持斗争，每每都能化险为夷。

光华影片公司是北京地区最早的电影公司（未产影片者不计），拍摄了北京地区第一部电影《燕山侠隐》，这部电影创造了中国电影史上多个第一。钱壮飞作为光华影片公司的主要发起人之一，担任公司董事和绘题主任。同时，他和胡底还在公司内担任编剧和演员②。

《燕山侠隐》又名《燕山豪侠》，编剧崔理筠，导演徐光华，摄影张玉亭，主演钱壮飞、胡底、雍柳絮、张振华、钱蓁蓁等，钱江和钱一平也在影片中扮演了角色。影片主要内容是恶少马醒非（钱壮飞饰）早年丧父，因觉得在城里上学又苦又远，便与恶霸杨七等人为伍，横行乡里。马醒非的母亲（张振华饰）和妹妹马慕英（钱蓁蓁饰）虽然知道此事，对他也毫无办法。一日，马慕英在田野上骑马摔倒，被一个奇装侠客（胡底饰）救起，二人从此相识，过从甚密。又一日，清道台余景廉（徐光华饰）之女余爱华（雍柳絮饰）与弟弟（钱江饰）同游万寿山之时，受到马醒非的尾随，余爱华虽有功夫，但终抵抗不住前来接应马醒非的杨七等人。这时，那个奇装侠客又出现了，当余爱华询问他叫什么名字时，该

① 钱江：《走上艺术创作的道路》，《艺术的召唤》，中国文史出版社 1986 年版，第 231 页。

② 聂传学编著：《影坛趣闻录》，中国青年出版社 1987 年版，第 457 页。

人立即策马而去。回到家中，余爱华详细地将自己遭遇说了一遍。马醒非在杨七等人的怂恿下设计将余爱华骗出来，余虽有好友张某刘某相助，但均遭马醒非的抗击。这时（余爱华）又被奇装侠客救出。马醒非获释后颇有悔改之意，但又在杨七的挑唆下对余爱华下毒手，结果被奇装侠客和另一化装成奇装侠客的马慕英擒获。余爱华为表示谢意，将大家请到家里，余景廉夫妇见到大家很高兴，马醒非也前来谢罪并请求宽恕。这时，忽见奇装侠客长跪不起，当他申述往事之后，才知道他就是 12 年前因赌博而被父亲余景廉逐出家门的儿子余镜吾。余镜吾对已经觉悟的马醒非说道，我们之所以这样，是因为没有受到良好的教育。此后，马醒非创办了平民学校，学校成立那天，大家感激马醒非所做的善事，马醒非却将此功归于余镜吾。会后，奇装之人余镜吾离去，马慕英也随余镜吾隐居于燕山深处[①]。

《燕山侠隐》共 12 本，是北京地区中国影片公司出品的第一部电影，也是我国最早的武侠片之一，具有开创先河的历史意义。目前影片拷贝已经散佚难寻，仅存一张彩色海报、一幅黑白宣传广告和一张主演剧照传世。由钱壮飞设计并亲手绘制的这幅 2 开《燕山侠隐》海报，是我国现存最早的电影海报。

这部意义非凡的电影，其创作和拍摄团队堪称当时的豪华阵容。

徐光华，影片导演兼演员，是光华影片公司总经理，全国有名的新剧家。原来是天津北方影片公司（天津地区最早的电影公司）的导演，拍摄了该公司第一部作品也是天津地区第一部作品《血手》。1925 年，在北京与雍柳絮（雍竹君）、张炎高等人一同在西城创立了模范影片公司，已经录取了男女演员四十人，刚准备大干一场时内部发生问题，公司未能拍片即告解散。1925 年冬，徐光华在公司基础上创办惠群影剧学校，是北京最早的电影教育机构。1926 年冬，徐光华与钱壮飞等人东拼西凑筹措了约六七千元资本，在惠群学校的基础上，组建了光华影片公司并自任总经理。

---

① 中国电影艺术研究中心、中国电影资料馆编:《中国影片大典故事片 · 戏曲片 1905—1930》，中国电影出版社 1996 年版，第 1926 页。

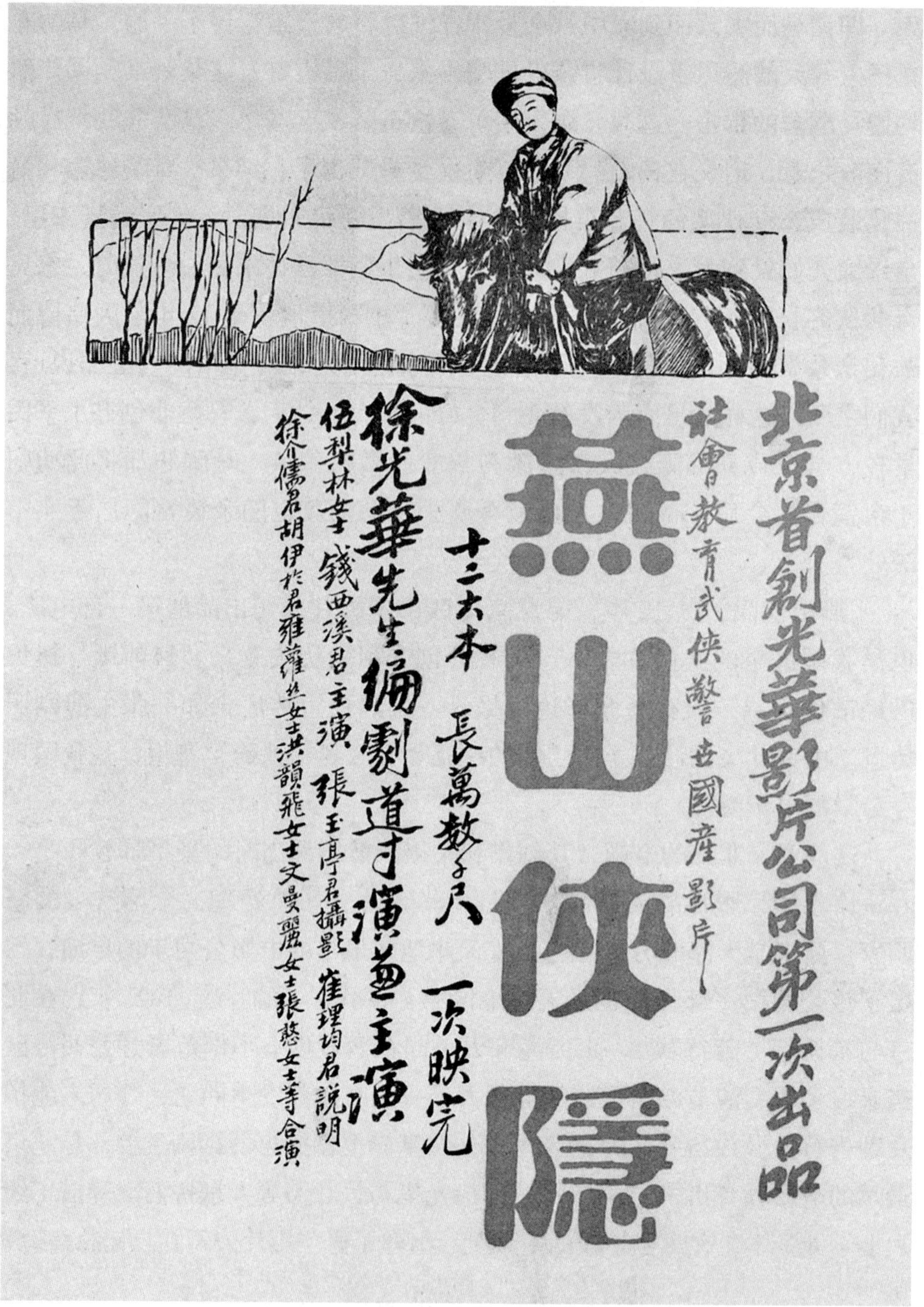
北京首創光華影片公司第一次出品
社會教育武俠警世國產影片
燕山俠隱
十二大本 長萬數千尺 一次映完
徐光華先生編劇 劉道才演兼主演
伍梨林女士 錢西溪君主演 張玉亭君攝影 崔理均君說明
徐介儒君胡伊於君雅蘿絲女士洪韻飛女士文曼麗女士張慈女士等合演

《燕山侠隐》海报

张玉亭，影片摄影师，北方地区早期无声电影的创始人，北京最早的电影新闻摄影师。1914 年，在法国电影百代公司驻津办事处学习电影放映、摄影和发行业务。1915 年，担任新闻摄影记者。1919 年夏，张玉亭拍摄了天津北洋大学、汇文中学等学校师生响应声援北京五四反帝运动上街游行的场面，为五四运动留下宝贵的实况电影资料。1924 年 10 月起，张玉亭以新闻摄影师的名义，跟拍了孙中山先生抱病抵京、病逝、出殡、灵柩南迁中山陵等珍贵历史画面，并制作成新闻纪录片。

雍柳絮，即《燕山侠隐》海报上写着的合演之一“雍萝丝”（Rosajung），又名雍竹君，是长居北京的德国人，民国传奇人物。雍柳絮曾在北京的德国学校读书，通晓中、德、英、法四国语言，能说一口地道的京腔。她是有名的京剧票友，师从关广智，工青衣花旦，会的戏有四五十出，老伶工陈德霖、律佩芳、吴富琴都曾教过她，后来经梅兰芳、程砚秋等名师指点，演技更为精湛。她不但扮相俊美，而且唱腔亦韵味十足，曾在天津、武汉等地巡演，以《法门寺》《四郎探母》《红鬃烈马》等剧目闻名梨园。《燕山侠隐》是这位外籍京剧票友的首部电影作品，此后她又参演了德国拍摄的中国题材电影《琵琶记》《北京警报》等。据说她后来回了德国，在下萨克森州的希尔德斯海姆开了一家中餐馆，1995 年去世。

除了有徐光华、张玉亭、雍柳絮这些名家巨擘参与，《燕山侠隐》最重要的历史意义在于它是中国共产党人参与创作摄制的第一部电影。剧中有钱壮飞、胡底、张振华三位共产党员。这比党的第一代左翼电影工作者们从事电影事业要早很多。钱壮飞一家四口在电影中扮演了角色，成为我国第一个登上荧幕的革命家庭。

海报上的主演“钱西溪”即钱壮飞，他除了在片中担任主演之外，还设计并亲手绘制了电影海报。电影片名及影片字幕也都是由他亲手设计和书写的。光华公司第一期特刊的黑黄蓝三色远山、丛林、飞鸟的封面也是出自他手。他扮演的马醒非形象逼真，舆论赞誉他“对角色表演的甚合身份”①。

当时光华影片公司资金极为紧张，为数不多的经费都用来购买了设备和胶片，在演员的聘请方面就大打折扣。不仅总经理亲自上阵自导自演，董事钱壮飞也亲自出演男主角，还动员了妻子张振华、女儿钱蓁蓁、儿子钱江以及好友胡底一道扮演角色。海报上张憨女士即张振华，扮演恶少之母。胡伊于即胡底，这位才华横溢的革命青年，别出心裁地化用了《诗经·小雅》中的名句“伊于胡底”，将胡底之名化作艺名“胡伊于”，在片中是位神龙见首不见尾的侠客，身着奇装，跨着骏马，行侠仗义之后携美人归隐燕山。潇洒俊秀、性格豪爽的胡底将这一角色扮演得活灵活现，令人过目难忘。胡底由此踏上电影之路，转移上海之后，还以演员身份活跃于上海滩，拍摄了多部武侠作品。

这部电影还诞生了日后中国电影事业两位举足轻重的人物，就是片中最不惹人注目的两位儿童小配角，钱蓁蓁（饰马慕英）和钱江（饰余爱华之弟）。钱蓁蓁后来改名“黎莉莉”，与王人美、胡蝶并称“歌舞三杰”。她主演了《火山情血》《体育皇后》和《大路》《热血忠魂》《孤岛天堂》《塞上风云》等红极一时的电影作品，以活泼、健康、富有时代性的形象征服了广大观众，颇受当时学生及青年人的欢迎。新中国成立后，她到北京电影制片厂当演员，参加了《智取华山》的拍摄。1955年，她进入北京电影学院专修班学习后留校任教，成为表演系教授。1991年，中国电影表演艺术学会为她颁发了“学会特别荣誉奖”。《燕山侠隐》是她的电影处女作。

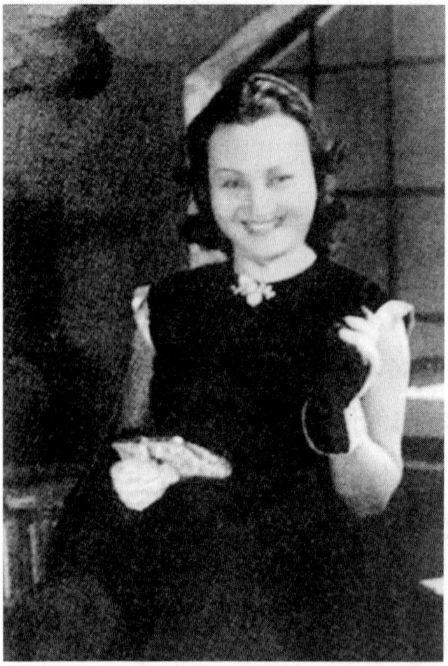

黎莉莉主演的电影《孤岛天堂》剧照

① 聂传学编著：《影坛趣闻录》，中国青年出版社1987年版，第457页。

80年后，已经成为中国电影耆宿的钱蓁蓁，以黎莉莉的艺名写下了回忆纪念文集《行云流水篇》。书中她充满感情地回忆了人生第一次参演电影的经历：

就在我家附近（北京平安里），有一个红色大门的露天电影摄影棚，里面是一家电影公司，主人叫徐光华，那时爸爸和他正筹拍一部电影，名叫《燕山侠隐》，在这部片子中我妈妈扮演爸爸的母亲，我扮演爸爸的妹妹。记得有一场戏，爸爸的父亲赶他出门，爸爸的母亲舍不得儿子，只是哭，我演的妹妹要拖住哥哥（我爸爸）不放，不让他走，也要哭，但是我根本哭不出来，反而笑。因为我觉得我拖的是爸爸。可嘴里偏要叫哥哥，很可笑。这场戏拍了多次都不行，我妈妈生气得使劲打了我一巴掌，我真的哭了，最后拍成了。大家那时都夸我，没想到以后真的就和电影结了缘。

弟弟钱江受父亲和姐姐影响，也走上了艺术创作的道路。1931年，在明月歌舞团隐蔽躲藏期间，即开始接触文艺工作。1935年，进入上海新华艺术专科学校美术系学习。1938年后，任中国电影制片厂录音员。1941年，进入延安鲁艺美术系学习，后在延安电影团洗印新闻片。1945年加入中国共产党。1946年后，任香港大光明影业公司美工师、华凤摄影场摄影助理。新中国成立后，任东北电影制片厂、上海电影制片厂摄影师。1954年赴苏联莫斯科电影制片厂实习。1956年回国后，任北京电影制片厂摄影师、导演，拍摄有《中华儿女》《白毛女》《祝福》《林家铺子》《海霞》等著名影片。导演了以钱壮飞为原型的电影《金陵之夜》。钱江是党培养的新中国第一代摄影师和导演。参演《燕山侠隐》也是他电影人生的开端。钱江晚年回忆说：

当时（光华）电影公司规模很小，设备十分简陋。拍摄的场地，就是后面的大院子。露天地面铺上两百平方米的地板，上面搭上布景。拍戏的时候，用白布搭成棚子，不让阳光直接射入。又在胶合板上糊一层银纸，做成反光板；反光板高三米，宽两米，能把大面积的反射光投射到布景里，演员就在这样的布景里进行表演。我还记得当时是从天津百代公司请来的摄影师担任摄影，用的是手摇的摄影机。

这个影片公司摄制的第一部影片名叫《燕山侠隐》。我父亲在影片中扮演一个恶少，母亲扮演恶少的母亲，胡北风（胡底）扮演侠客，而我扮演一个良家妇女的小弟弟，还有我的姐姐、小弟弟也都上了银幕。

有一场戏，记得是在颐和园拍摄的，内容是恶少调戏良家妇女，侠客路见不平拔刀相助，恶少遭到一阵毒打后仓皇逃窜。拍摄时，导演徐光华叫我狠狠地瞪爸爸一眼。当时我只有七八岁，事隔将近六十年而记忆犹新。这是我第一次接触到电影，真没想到从此就把电影当成了终身事业[①]。

说来也巧，《燕山侠隐》拍摄最后一场戏时，需要一位扮演学校教师的群众演员。光华影片公司的一位员工刘振兴，外号叫刘大骆驼。他的父亲是北京汇文一小的老师，帮忙从学校里找了一位相貌英俊、口才出色的年轻教师去客串。这位年轻教师对演电影很感兴趣，想去见识见识，看看新鲜，凑凑热闹，就去了。六十多年后，这位年轻教师已经 90 岁高龄，在报纸上看到钱壮飞和《燕山侠隐》的报道，勾起了自己的回忆：

一个星期天，刘振兴带我到了一家客店，据说这就是“光华影片公司”。大屋子里人可真不少，有男有女。刘振兴把我引荐给徐光华。徐光华是这个公司的总理剧务部主任兼导演，他还在《燕山侠隐》里演主角。徐光华对我还挺客气，说公司刚成立，希望多多支持。我也说了些表示祝贺的话。

徐光华打量了我一番，然后对我和刘振兴说：“这样吧，孙先生既是学校教师，我们电影里有个平民学校开学典礼的镜头，孙先生给我们当个临时演员吧！”

我听了，真是喜出望外。

据说，这个电影是由钱壮飞编剧的，拍电影的时候见过，可我根本不

---

① 钱江：《走上艺术创作的道路》，《艺术的召唤》，中国文史出版社 1986 年版，第 232 页。

知道他是共产党员。电影说的是一个叫马醒非的男青年，他不好好上学，和一些坏人在乡里横行霸道。马醒非看中了一个女孩子，伙同那些坏人一起，想把这个女孩子强弄到手，可是每次都被一个蒙面侠客救了。这个蒙面侠客还救过马醒非的妹妹，以后他妹妹也蒙着脸、穿着奇怪衣服和那个侠客一起行侠仗义。后来，那个侠客把马醒非的那些狐群狗党全收拾了，在那个女孩子的家里，揭下蒙面哭了。原来，这个侠客正是那个女孩子的亲哥哥。他在十二年前因为赌博，被女孩子的爸爸轰出了家门。那个侠客哭着说："咱们这些人所以走上错路，全因为国家的教育不普及，你要是想学好，不如以身作则，为教育做些事吧！"马醒非悔悟了，创办了一个"平民学校"，得到了乡里众人的支持和帮助。

钱壮飞就扮演这个马醒非。我呢，演"平民学校"成立会上一位来宾。

要拍"平民学校"成立会的那一天，我早早来到拍摄现场。这是我第一次看到拍电影的场面，也第一次看到电影是怎么拍出来的。拍摄现场都用的实景，没搭什么特别的布景，也好像没有灯光，就用的是自然的太阳光。摄影机架在一个普通的三脚架子上，摄影机是用手摇的。在一面山墙上，写着"平民学校成立会"的字样，山墙前面有个木头台子，台子上摆着一个小桌子，桌子前边挂着当时的国旗——五色旗。我演来宾，站在台下，周围还有几十个孩子和大人，扮演学生和家长。台上站着"校长"和"马醒非"几个人。我们这些人全没化装，身上就穿着平时穿的衣服。我穿着长袍马褂。

等导演徐光华喊一声："开始！"摄影师就用手摇开了摄影机，"校长"报告请来宾讲话，我就上去了。我讲了几句感谢先生们的话，又向孩子们祝贺，勉励孩子们要好好学习。讲了大概两分钟，反正也不录音，我指手画脚"吹"一通，专拣好听的说。

电影拍完了，在北京没演几次。据说我在台上讲话，演得不错，后来还被当成这部电影的广告用了。刘振兴给我送来四块大洋，说是拍电影的演员费。

导演徐光华托人用四块大洋请来的这位青年群众演员，正是日后以讲故事闻名全国的孙敬修老爷爷。那年他26岁，在北京汇文小学当教师。

然而，这部颇具历史意义的电影在当时并未引起太多反响。虽然光华影片公司在当时北方最主流的《北洋画报》上连续一个月刊载预告。可是，当时北京的时局已经非常紧张，军阀张作霖开始反共，大肆搜捕屠杀共产党人。社会上一片风声鹤唳，人人自危。公司主要成员钱壮飞、胡底都是党员，也受到了通缉，被迫隐蔽起来不能活动。影片在京津地区公映时观众反响很好，“一部惊险侠义的《燕山侠隐》，受社会十二分的欢迎”[①]。但是由于形势动荡，没能放映几场就匆匆下映，连公司正在拍摄的电影《西太后》，原计划拍摄30本，拍了20多本的时候也就此停工，最终没有完成上映。为了收回成本，光华影片公司派人拿着《燕山侠隐》的拷贝去日本放映，想开辟国外市场。结果赚的钱都被办事的人拿去吃喝玩乐用完了，唯一的一份拷贝也丢在了日本，不知去向。钱壮飞革命家庭集体出演的这部珍贵电影，就此难寻踪迹，成为电影史和革命史上的遗憾。

《北洋画报》刊登的《燕山侠隐》宣传海报

---

① 沈子宜:《电影在北平》，冯沛龄编:《电影月报》，上海社会科学院出版社2011年版，第166页。

（七）越 鸟 南 飞

1927 年北京的春天，格外寒冷。

早在一年前的三一八惨案后，段祺瑞政府就以“假借共产学说，啸聚群众，屡肇事端”等罪名，下令对中共北方区委书记李大钊及国民党北方主要领导人实行通缉。李大钊和国共两党的北方领导机关一起迁入东交民巷苏联驻华大使馆西院的旧兵营里，在敌人的包围阻挠和破坏下坚持斗争。

1926 年 4 月 26 日，奉系军阀张作霖以“宣传赤化”罪名查封《京报》馆，逮捕并枪杀了该社社长邵飘萍。8 月 6 日，《社会日报》主笔林白水因文章触犯张宗昌，也被扣上“宣传赤化”的罪名惨遭杀害。

在越来越凶险的形势下，中共北方区委仍然继续坚持革命统一战线，英勇地开展反抗帝国主义和封建军阀的斗争，在艰难的环境中不断发展壮大组织。到 1926 年 7 月，中共北方区委所辖党员 2069 人。李大钊带领北方区委，联合国民党冯玉祥部，在华北开辟新的战场，牵制北方军阀的力量，配合了南方国民革命军的北伐战争。

面对蓬勃发展的大革命，帝国主义一面唆使老军阀顽抗，加紧对革命力量进行血腥镇压；一面分化革命阵营，寻找新的代理人。在帝国主义和国内反动势力的策划煽动下，张作霖和蒋介石之间“南北妥协”“共同反赤”的图谋一拍即合。新旧军阀在一致反共的目标下达成妥协，血腥镇压南北两地的共产党人和革命群众。

张作霖通过多种渠道，包括法、日驻华公使提供的情报，确认国共两党领导机关迁入东交民巷苏联大使馆后，即派京师警察厅侦缉队负责监视大使馆，派暗探化装成工友打入机关内部，侦察李大钊等人所住房间号码，绘制成图。

1927 年 3 月 20 日，北京军警以搜捕党人名义，逮捕各校进步学生。29 日，京师警察厅继续逮捕学生，并声称已查明各校有国民党员约万人，共产党员六七百人，开列出市党部重要人物名单，勒令北京各校校长交人。

山雨欲来风满楼。

4 月 6 日，《北洋画报》头版刊登了电影《燕山侠隐》外籍女主角雍柳絮女士的大幅海报，为电影上映预热宣传。同日，张作霖在得到帝国主义与驻华公使团的默许和支持后，派出军警和便衣侦探 200 多人，把东交民巷东、西、北三方围堵起来，袭击了苏联大使馆西院以及附近的远东银行、中东铁路办事处、庚子赔款委员会等，逮捕了李大钊、范鸿劼和国民党左派邓文辉等 80 余人。蒋介石闻讯立即密电张作霖“将所捕党人速行处决，以免后患”。22 天后，张作霖在社会各界舆论的谴责声中，对李大钊等 20 位革命者处以绞刑。

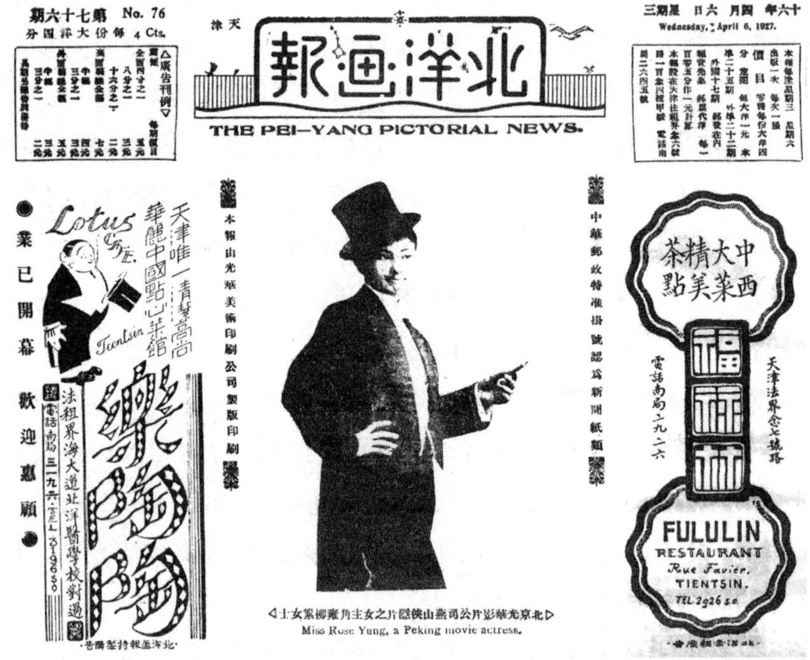

1927 年 4 月 6 日，《北洋画报》头版刊登的《燕山侠隐》
外籍女主角雍柳絮的大幅海报

4 月 12 日，蒋介石在上海发动反革命政变。7 月 15 日，汪精卫在武汉叛变革命。第一次国共合作至此全面破裂。

中共北方区委和北京地委遭到严重破坏，工作受到极大限制。革命形势已经转入低谷。但是北京地区党的组织和党员队伍仍保存着相当的力量，在艰难的环境中继续工作。他们怀着对帝国主义和新老军阀的无比仇恨，踏着烈士的足迹，领导人民群众继续战斗在古城北京。

白色恐怖笼罩大地。李大钊等人牺牲后，钱壮飞和胡底的共产党身份也被敌人察觉，遭到反动当局的通缉和搜捕，他们当即巧妙隐蔽起来，在党组织领导下继续坚持战斗。这时，胡底老家舒城县国民党“清党”委员会也派出鹰犬监视胡家，并威胁胡绪章到北京召回胡底，前来自首。胡绪章跑到北京，劝说儿子回乡，从此不干共产党。胡底一口回绝：“儿的志向已定，宁可掉头颅，也不作孬种。”胡绪章气得大骂：“你现在不跟我回去，以后你永远也不要回家。”胡底默不作声，坚持不回。胡绪章也没办法，只得独自返回安徽[①]。

战斗仍在继续，形势日益恶化，几乎每天都会传来有同志被捕遇害的噩耗。钱壮飞和胡底能够活动的空间越来越小。此前他们为了开展党的工作，在教育界、文艺界以及媒体界活动频繁，交游广泛，知晓他们党员身份的人比较多，隐蔽起来困难重重。钱壮飞家里人口多、目标大，惹人注目，警察署对这栋门庭若市的豪宅，早就充满好奇，不时上门盘问查看。转移已是迫在眉睫的问题。

1927年底，北京党组织考虑到钱壮飞、张振华和胡底在北京已经完全暴露身份，不具备继续工作和隐蔽的条件，随时有被逮捕的危险，决定让他们转移至上海工作。由于反动派的联手镇压，原来的名字也不能再用了。于是，胡底将原名胡百昌改为胡北风，取自“胡马依北风”，以示对北京的恋恋不舍。钱壮飞将原名钱壮秋改为钱壮飞，暗合“越鸟巢南枝”，表示来自吴越之地的他，又要飞回江南。

不知他将“壮秋”改为“壮飞”之时，是否想到了初到北京时住过的半截胡同——先烈谭嗣同曾经住在那里为戊戌变法奔走呼吁。这位为了中华民族流尽碧血、断头不惜的先驱，别号也叫“壮飞”。

为了安全起见，钱壮飞和胡底决定分头行动，先各自安全到达上海后再会合。他们约定好了每月逢五在上海外滩接头，然后各自出发。

---

① 姚永森：《战斗在敌人心脏的英杰——胡底传略》，徐承伦、萧志远编：《民族英烈》，中国文史出版社1991年版，第175页。

从1914年盛夏只身来到北京，到1927年残冬拖家带口潜往上海，钱壮飞在北京度过了13年时间。从弱冠少年到而立壮年，从懵懂无知的学生到坚定勇敢的共产主义战士。而今就要告别这一切，告别学医济世的国立医专和美术学校可爱的师生，告别六铺炕温馨的小院和平安里“阔气”的洋房，告别流血牺牲的烈士先驱，告别坚持战斗的战友同志。

风雨如晦，鸡鸣不已。告别不是结束，是奔赴一个新的战场。

第三章　上海——龙潭壮士

(一) 上 海 立 足

1927 年寒冬，黄浦江上朔风如刀。钱壮飞根据党组织命令，秘密转移到上海工作。

这时的上海也不是平安之地。这个被称为“冒险家乐园”的远东第一都市，早已笼罩在严酷的白色恐怖之中。就在几个月前李大钊被杀害、钱壮飞遭到北京当局通缉的前后，上海的革命力量也遭受了一次巨大的劫难。

1927 年春夏之际，正当国共合作的大革命轰轰烈烈开展，北伐战争势如破竹取得辉煌胜利的时候，蒋介石等国民党反动派相继叛变革命，阴谋发动了武装政变，疯狂搜捕戕害共产党人、国民党左派及进步革命群众，掀起了一场血雨腥风的大屠杀，大革命就此走向失败。

面对背叛与屠杀，中国共产党发动八一南昌起义，打响了武装反抗国民党的第一枪。八七会议确定了开展土地革命和武装斗争的总方针，在中国革命的紧急关头，及时地向党组织和全国人民指明了革命的方向。之后，党中央从武汉重返上海，转入地下秘密活动，继续领导全国革命斗争。

上海具有开展秘密工作的优势条件。作为中国最早的租界之一，域内华洋杂处、政出多门，户口管理漏洞较多。租界内帝国主义和国民党当局等敌人之间矛盾重重、嫌隙丛生，给党的活动以很大空间。码头城市外来人口众多，人员流动性大，房屋租售方便，旅舍店铺多，便于党组织隐蔽、掩护和转移。因此，大革命失败后的党中央就隐蔽在上海租界内。

但是危险依然重重。各派反动势力以旷古未闻的残暴手段，在上海实行白色恐怖。国民党军警宪特机构林立，青红帮会地痞流氓肆意横行，叛徒工贼为虎作伥四处叛卖，帝国主义统治下的租界巡捕房也助纣为虐，几股反动势力勾结起来，企图联合绞杀共产党等革命进步力量。钱壮飞就是在这种情势下来到了上海。

刚到上海，钱壮飞立足颇为困难，生活上非常窘迫。这些年来，他家里的收入多数用在补贴党的秘密工作和掩护事业上了，手头并无多少积蓄。到达上海之时，身上除了蔽体衣服之外，几乎别无他物。

好不容易找到了勉强落脚的地方，钱壮飞立即跑遍周边大大小小的医院、报馆、学校、银行去找工作。然而，四一二反革命政变后的上海局势紧张，风声鹤唳。需要用人的单位，一看外地来的年轻知识分子找工作，不是借口推托就是需要殷实铺保，生怕一不小心收留了共产党，无端引来灾祸。一时间，一份养家糊口的工作竟然难以找到，钱壮飞不得不依靠在上海的亲戚们接济度日。

几经周折，钱壮飞凭借在绘画书法方面的一技之长，总算在上海市公用局找到了一份绘制黄包车牌照的临时差事，有了稳定薪水，才把全家人接到上海。上海市公用局是当时国民党上海市政府直属的公共事业管理机构，主要职责是管理南市、浦东、闸北一带的城市给水、码头仓库、煤气、电话、广告、供电、水陆交通以及执照颁发等公共事业。公用局下设车辆登记所，负责管理城市车辆事务，包括发放和取缔车牌。当时上海的车牌还没有工业化生产，全靠工人用油漆手绘图案号码再打钢印防伪。钱壮飞就在上海市公用局下设的车辆登记所临时办差，专为黄包车绘制车牌。然而，仅靠公用局这份微薄的收入，要养活一家七八口，相当拮据。因此，钱壮飞业余时间还得东奔西跑，做些杂七杂八的临时活计。有一段时间，甚至还在挑花厂画过窗纱桌布的图案。虽然日夜操劳，但也难以解决一家人的温饱问题。

1928 年春的一天，钱壮飞在报纸上看到冯玉祥的国民革命军第二集团军开封军医院在招聘医生，月薪 80 块大洋——这相当于他在京绥铁路局附属医院的工资了——此外还有安家费若干。如果张振华和他一起去，两人的薪资足够养活一家人了。而且冯玉祥的西北军是李大钊同志和北方地区党组织长期开展兵运、争取工作的对象，曾派遣过许多同志前去该军内部开展秘密工作。如果去了，说不定还能就此接上党的组织关系。商量之后，钱壮飞和张振华决定去河南走一趟试试。但是在走之前，得先安顿好家人老小，其中最为紧迫的是女儿钱蓁蓁的学业问题。

因为受父母革命工作的影响，钱蓁蓁的童年大多在动荡中度过，曾几次被寄养在别人家做养女和使女，饱受欺凌，备尝艰辛。她性格大胆外向，自小就表现出在舞蹈、音乐艺术方面的热爱和天赋。钱壮飞深思熟虑并认真询问了女儿的意见之后，决定将她送入上海有名的中华歌舞团，去学习歌舞表演。

中华歌舞团是黎锦晖先生创办的新式歌舞团体，主要创作和表演的方向是儿童音乐。黎锦晖是当时中国著名的新型歌舞文艺开拓者、中国流行音乐的奠基人、儿童歌舞剧的创始人，也是流行歌舞学校的最早创办者。他的艺术态度积极向上，所创办的歌舞团体也都开明健康，和当时的旧戏班子大不一样。

黎锦晖向往进步、同情革命，在革命战争年代，收留过许多革命志士的家属，如革命遗孤王人艺、王人美兄妹，革命志士张其琴、张其瑟兄弟，进步音乐家聂耳等。钱壮飞和黎锦晖还有一层关系，黎锦晖的哥哥黎锦熙，与钱壮飞族叔钱玄同是挚友，关系深厚。出于这几个原因，钱壮飞和张振华才放心地将女儿托付给黎锦晖，加入中华歌舞团。

黎锦晖

出发去开封之前，钱壮飞亲手将女儿交给黎锦晖。钱蓁蓁后来回忆当时的场景说：

到上海后不久，他们又要到别处去，没有安定的家。父母亲为了革命奔波，无暇照顾子女，急于要找一个地方能够将我安顿下来，此时从报纸上看到黎锦晖正为筹备中华歌舞团招考新学员，准备去南洋群岛巡回演出，简章上写明供膳食、免学费、有中外舞蹈专家指导，父亲同一位贺先生便带我去报考。我们走进萨波赛路（今淡水路）一幢楼房，只听得叮叮当当的钢琴声，黎锦晖先生正在忙碌着。他把我从上到下打量了一番，没有考问我什么，便点点头对我父亲说，今天就留下吧！我正在纳闷，父亲已经一边感谢一边告辞了①。

黎锦晖之子黎遂也曾提到这段历史：

钱（壮飞）和父亲会面，相谈甚欢。钱壮飞剑眉朗目，英俊儒雅之中，又有着勃勃英气。通过交谈观察，钱壮飞深信父亲的人品和艺术水平，决定托幼女于父亲。父亲是隐约知道钱壮飞的真实身份的，虽知此举风险巨大，仍毫不迟疑地答应了下来。父亲虽是一介手无缚鸡之力的文人，骨子里却有着湖南人特有的倔强和英雄情结。钱壮飞内心非常激动，紧握着父亲的双手，说："黎兄，大恩不言谢！"父亲没说什么，只是更用力地握紧了钱壮飞的双手。在这一刻，两个男人完全信任了对方，以至于生死相托！②

1928 年 5 月，在上海学习了两个月后，钱蓁蓁就跟随歌舞团赴南洋巡演。为了演出生活方便和安全，她认黎锦晖作义父，并改名黎莉莉。

中华歌舞团所演唱的歌曲大多出自黎锦晖之手，黎锦晖创作的儿童音乐，寓道德教育于儿童音乐教育之中，普遍被采作小学音乐、唱游教材，风行全国。代表作《可怜的秋香》《老虎叫门》《好朋友来了》等歌曲综合吸收了中国民歌和西洋音乐的特点，能唱能跳，易学易唱，受到儿童乃至成人的普遍欢迎。《可怜的秋香》曲调动人，曾被改编为早期工农红军歌曲。而《老虎叫门》中的"小羊儿乖乖，把门开开……"已经成为

① 黎莉莉著：《行云流水篇：回忆、追念、影存》，中国电影出版社 2001 年版，第 45 页。

② 黎遂著：《民国风华——我的父亲黎锦晖》，团结出版社 2011 年版，第 81 页。

脍炙人口的儿歌，至今都在传唱。黎锦晖带领的中华歌舞团培养了大批流行音乐和电影艺术人才，黎莉莉在歌舞表演、电影表演方面潜心耕耘多年，和周璇、王人美等成为闻名全国的电影明星，创造了中国电影的一段辉煌时代。

黎莉莉出演街头剧
《放下你的鞭子》剧照

几十年后，晚年的黎莉莉回顾自己的艺术人生时深情地说道：如果说我一生还没有虚度年华，总算还做出一些成绩的话，那是我的父亲给我确定了目标，是我父亲给我指明了方向和道路。

暂时安顿好家里，钱壮飞夫妇二人立即启程赶赴河南应聘军医。他们是院校科班培养的专业医生，而且从业经历丰富，因此顺利地在开封军医院当上了医生。可是没过多久，就发现部队根本不给发饷，不仅原本答应的每月 80 块大洋工资迟迟不发，连说好的安家费也不见踪影，一个钱都不给。原来，冯玉祥军中此时欠饷严重，连前线将士的卖命钱都发不出来，更何况后方医生的钱了。更令人失望的是，大革命失败后，冯玉祥军内也开始清查共产党员。西北军内党的地下组织都小心地隐蔽了起来，在这里找到党组织的可能性很小了。刚好此时张振华因为长期奔波艰辛而突然生病，二人就借着回乡养病的理由，返回了上海。

比起艰难的生活境遇，更令人煎熬的是他们一直没能和党组织接上关系。上海党组织在大革命失败后全部转入地下隐蔽了起来，钱壮飞匆忙转移过来，一时难以找到组织。南下之前，钱壮飞和胡底曾经约好每月逢五在外滩公园接头。可是一连等了好几个月，都没有看到胡底的踪迹。他像一只落单的孤雁，心里无比煎熬，急切地想找到组织，重回党的怀抱。直到从开封返回上海之后，大概在 6 月份前后，钱壮飞和胡底才最终接上了头。

原来，胡底自己独身一人行动迅速，从北京出来后经天津转了一圈，确认安全后径直乘船南下，在钱壮飞之前一个多月就到达了上海。他按照约定的接头方式，几次在外滩久等钱壮飞不至，无奈之下，只得先去找份工作以解决生存问题，于是就跑到影戏公司当了演员。当时，上海是中国电影事业的中心，正值快速发展时期，数十家影片公司大张旗鼓，各自坐拥几位知名导演和大牌明星，热火朝天地拍摄武侠、爱情、滑稽等各类影片。胡底很快就在但杜宇创办的上海影戏公司找到了演员的职位。当时，最受观众喜爱的电影题材当属神怪片和武侠片。上海影戏公司为了迎合观众的口味，也在策划拍摄武侠电影。胡底为了谋生，大力迎合老板的生意经，卖力地在武侠片中扮演各类角色。

没多久，胡底就凭借矫健的身手、俊朗的外形、出色的才华以及丰富的表演经验，从众多武侠演员中脱颖而出，在好几部影片里担纲男主角。这一时期，胡底出演了上海影戏公司出品的电影《敌血情花》和沪江影片公司出品的电影《昆仑大盗》。《敌血情花》是一部传奇爱情片，导演陆汉萍，主演林美如、胡北风（胡底）、贺志刚，主要讲述了古代瑶族少女朝霞与苗族青年贴木端相爱，却因两族积怨不能成婚，直到两族头领死后，瑶族宣布和平，两族可以通婚，二人才结为连理的故事。《昆仑大盗》是一部武侠片，导演叶一声，演员郑联芳、钱雪凡、胡北风、孟丽君，剧情不详[①]。在拍戏谋生之余，胡底仍坚持接头，每到逢五之日，总是一个人等候在外滩公园，直到与钱壮飞相遇。

就在电影公司工作期间，胡底遇见了早年间在安徽一起从事进步文化活动的共产党员李克农。李克农此时正在中共沪中区委担任宣传委员，负责文艺战线的工作，经常出入电影拍摄场地，结交电影界进步人士。

通过李克农，胡底和钱壮飞找到了党组织，接上了关系[②]。当时钱壮飞住在法租界甘司东路新兴顺里附近，与胡底一起被编入中共法南区委所属法租界党支部过组织生活。法租界支部书记是张沈川，同一支部还有孟超、徐德、王师亮等人，还有一位姓金的朝鲜人。

---

① 中国电影资料馆编：《中国影片大典　故事片·戏曲片：1905—1930》，中国电影出版社1996年版，第232、246页。

② 李强：《关于钱壮飞烈士的一些情况》，中共湖州市委党史研究室编：《钱壮飞》，中共党史出版社2013年版，第91页。

张沈川

张沈川（1900—1991），湖南慈利人。1922年考入湖南省立法政专门学校。1923年到北京参加补习，准备报考大学，结识了因相同原因来到北京的湖南同乡罗荣桓。1924年同罗荣桓一起考入私立青岛大学预科，张沈川读商科，罗荣桓读工科，与王师亮成为同届同学。读书期间，张沈川担任青岛学生联合会主席，积极参加和领导学生反对军阀和帝国主义的爱国活动，并因此被反动军阀张宗昌通缉。1926年，张沈川南下广州考入中山大学学习，不久离校参加北伐，并秘密加入中国共产党。南昌起义后回到老家开展党的秘密工作，因身份暴露遭到通缉，被迫前往上海，找到党组织后担任中共法租界党支部书记。张沈川后来在周恩来指派下加入中央特科无线电通讯科，参与研制了党的第一部收发报机，成为我党历史上第一位报务员，是中国共产党无线电事业的创始人之一。

徐德（1904—1933），四川大竹人。1925年考入黄埔军校四期，其间加入中国共产党。次年5月，参加北伐战争，转战湖南、湖北。大革命失败后，返回家乡开展秘密工作。1928年7月，辗转来到上海，在中共江苏省委宣传部长（法南区委书记）李富春的领导下从事宣传工作，参加了特别宣传队，支持法租界电车工人大罢工。他热情奔放、老练沉着、认真负责、平易近人，深受工人同志爱戴。1930年，受党委派赴苏区红十四军领导武装斗争，发动了黄桥暴动。同年底，转赴香港，与蔡和森、李富春、蔡畅等在中共香港特委工作。1931年又返回上海，在秦邦宪、刘伯承领导下工作。1933年在安徽苏区牺牲，时年29岁。

孟超（1902—1976），山东诸城人，著名左翼作家。与中央特科情报人员李宇超是同乡好友。1924年，孟超和李宇超结伴到上海，考入上海大学中文系。1926年加入中国共产党，1927年在武汉全国总工会工作，1928年在上海从事进步文化活动，与蒋光慈、阿英等人组织太阳社，创办春野书店及《太阳月刊》，参加左联，与冯乃超、夏衍等人创办艺术剧社。1930 年 4 月起，相继任中共上海市闸北区行动委员会宣传委员、上海市总工联宣传部长。1932 年 3 月，组织沪西纱厂工人罢工被捕。次年 7 月保释出狱，自此与党组织失掉联系。辗转北平、山东等地，以教书撰稿谋生。1948 年 11 月重新入党。

王师亮（1905—？），江西安福人。张沈川在青岛大学时的同学。1927 年加入中国共产党，1928 年前后到上海，以复旦大学讲师等身份为掩护从事党的地下工作。1929 年因白色恐怖远赴新加坡，自此脱离组织（一说被开除出党）。后在南洋做华侨工作，一度在粤系军阀陈济棠部工作。抗战期间投靠军统，在张圣才领导下从事对日情报工作。抗战胜利后以华侨身份回国，任国民党行政院善后救济总署烟台办事处主任。1946 年，张沈川受党委派，打入烟台办事处担任副主任，暗中为党工作。王师亮在远离革命队伍十几年后，兜兜转转又和张沈川聚在了一起，却已是敌我分界。更加令人唏嘘的是，钱壮飞牺牲后，幼子钱一平在党的抚养下长大成人，受党委派到国统区开展工作，正是在王师亮的介绍下进入烟台办事处工作。不知王师亮面对昔日并肩战斗的战友张沈川，目睹长大成人的故人之子钱一平，回想自己在上海干革命时的年轻无畏，心中作何感想。

钱壮飞刚一找到组织，就立即满怀热情地投身于新的战斗。当时，上海基层党组织的工作任务主要是宣传党的思想、开展群众运动、发展党的组织。钱壮飞主要从事宣传工作，主要任务是撒传单、贴标语和举办飞行集会。有一次，法商电车公司的中国工人开展罢工斗争。为了支援工人运动，法南区委书记李富春布置法租界支部成立一个特别宣传队，专门负责散发传单，张贴标语。钱壮飞参与了这次斗争，负责制作印刷标语和传单，做了不少工作。特别是他设计的微型传单，大小只有两指宽，方便隐秘携带和快速张贴，受到同志们的称赞。钱壮飞也去发传单。他事先将传单藏在衣服底下，坐电车专往繁华热闹的地方去，专找人多处从窗口抛撒出去，靠飞驰的电车躲避巡捕追拿。有时，他们甚至将传单秘密带到闹市商场的顶楼，推开窗户往下撒，撒完就跑，混在商场人群中消失不见。因为工作出色，钱壮飞担任了法租界支部委员。

后来，钱壮飞不仅从事党的宣传鼓动工作，还负责接待和掩护外地来沪的同志。那时候，上海的巡捕房追查共产党，一般会注意单身男性青年，如果是租住在亭子间，家里没有多余家具的，那就更加怀疑了。钱壮飞的家人都在上海，妻子儿女加上老母亲七八口人住在一起，孩子们大大小小都在念书，妻子还是克美医院的产科医生，怎么看都是一户小康富裕人家，一般不会引起敌人的怀疑和盘查。家里平时人就多，偶尔来几个陌生人也好以亲戚探访、好友借住等名义应对过去。因此，党组织将钱壮飞家作为一个秘密联络和临时安置的据点。有刚到上海还没有安排工作的同志，或者临时来上海向中央汇报工作的地方同志，就以亲戚、朋友等名义在钱壮飞家住下，过一段时间找到了工作，或者汇报完了工作，就又悄悄地消失不见。甚至党组织有一些会议，也安排在钱壮飞的家里召开。

新中国成立后曾任最高人民法院副院长的郑绍文同志，在上海从事地下工作时，曾短暂地隐蔽在钱壮飞家里。他回忆道：

1928 年夏天，我到上海法政大学找到了在北平认识的一些同学。不久，刘作抚和唐在刚也到上海来了。我们几个人住在法租界甘世东路四号一个亭子间里，等候组织上分配工作。这里的主人是钱壮飞，当时他正设法打入国民党的特务组织。后来，上海中央的顾顺章叛变，企图出卖党组织。钱壮飞得到这一消息后，立即通知了上海党组织，使上海中央机关安全转移了。

我们在钱壮飞家里住了一个多月。直到中央第六次代表大会（在莫斯科召开）结束后，我才被分配到河南担任新乡县委书记。

郑绍文到新乡上任的途中，护送的交通员不慎暴露身份。他因为同行，也遭到了警察的盘问：

警察就盘问我，从哪里来？来干什么？我说从上海来找差事做。警察又问找谁。我说找郑州军医院的张伯华（应为张振华，原文如此）医生。因张伯华是钱壮飞的妻子，我是在上海认识她的。警察立即打电话查问郑州军医院。随后就说，郑州军医院确有此人，但现在她到上海去了。警察问我还有别的熟人没有，我说没有。于是警察就把我拉在一边，叫我等下一趟车回上海去。

1928 年 10 月，我回上海后又去找钱壮飞。他把我的情况写信报告中央，请中央给我安排工作。中央回信叫我在上海等一等，暂时找点别的工作干。不久，我就搬到徐家汇海格路 1054 号一个朋友家里，一直住了六七个月①。

新中国成立后曾任湖南省副主席、青海省省长、中纪委副书记的老革命家袁任远同志，在上海工作期间，与张沈川和李强等人搞无线电工作，曾在钱壮飞家里开会。他回忆道：

党组织非常需要搞无线电的干部，要我准备在两个月后去报考国民党办的一所无线电技术学校。这时我已从张沈川处搬出，住在一间亭子间里。党组织还将我编入一个支部。这个支部有十多个人，我现在记得的只张祐一个同志了，都是没有分配工作的。支部开会很简单，一二十分钟就结束了，小组会有时在街上开，几个人边走边谈，有时在钱壮飞家里开。钱家有一副麻将牌，我们常以玩牌作掩护②。

不论是北京门庭若市的平安里 13 号，还是上海人来人往的甘司东路小洋房，钱壮飞的家里一直是党组织安全可靠的秘密据点，也是党内同志们放心舒适的临时居所。这既是党组织对钱壮飞忠诚、精干的高度认可，也是同志们对钱壮飞一家热情、忠厚的衷心认同。

（二）三 杰 聚 首

转移到上海工作之后，钱壮飞又结识了许多志同道合的战友。特别是胡底介绍认识的安徽人李克农，更是意气相投。胡底与李克农早年间在

① 顾大椿主编：《郑绍文回忆录》，国防大学出版社 2000 年版，第 18 页。

② 袁任远著：《征途纪实》，湖南人民出版社 1985 年版，第 45 页。

20 世纪 30 年代初的李克农

安徽时即相熟。他们都是当地进步文化运动的领袖人物，在同仇敌忾的斗争中结下了深厚的友谊。在上海会合后，胡底将李克农介绍给钱壮飞，日后在中国革命历史上写下浓墨重彩一笔的“龙潭三杰”，就此聚首。

李克农（1899—1962），安徽巢湖人，生长于芜湖。少时聪敏好学、勤奋刻苦，1905 年至 1908 年，在私塾读旧学三年，接受了较为完备的传统基础教育。1909 年，转入安徽巢县初等小学，次年重返芜湖，在芜湖市米捐局巷内的安徽公学附属小学就读。班上有一位叫钱杏邨的同学，与李克农四年同窗，成为终生密友。钱杏邨后来改名阿英，长期从事革命文艺活动，是我党著名的左翼文学家。

1914 年，李克农考入教会开办的芜湖圣雅阁中学。圣雅阁中学是安徽辛亥革命的发源地之一，李克农在这里受到了进步思想的熏陶，逐步接受了民主主义思想。芜湖临近南京，水陆交通便利，又是对外通商口岸，江上时常游弋着列强的商船兵舰，外国兵和商人趾高气扬的跋扈和中国人民艰辛谋生的穷苦，深深地刻在了李克农的脑海中。他对外国列强的侵略行为和北洋军阀的腐败统治深感痛恨，萌发了强烈的反帝反封建意识。

到了 1917 年李克农高中毕业的时候，家里的经济状况已经不能供他继续读书了。他想自己也该独立了，于是就决定退学，跟随族兄李克贤来到北京城谋生，在通俗周报社做发行工作[①]。

《通俗周报》是一份具有激进思想、反映时代潮流的进步刊物，创办

① 开诚著:《李克农——中共隐蔽战线的卓越领导人》，中共党史出版社 2021 年版，第 46 页。

于1917年春。经理是李蕴初，即李克农的堂兄李克贤。创办人李辛白任编辑主任，谢郁华任发行主任[①]。

李克农负责报纸的发行工作。每周的报纸编印出来后，要由发行人组织人员送到城内外数十个发行点，还要邮寄到上海、南京等国内大城市。第一次来到北京的李克农对古都的一切都感到好奇，充满激情地奔走在大街小巷。然而，这也注定是一份短命的报纸。就在1917年7月，军阀张勋搞"宣统复辟"的把戏，北京形势急转直下，革命党人纷遭坐牢杀头的厄运，北京陷入一片混乱之中。才刚刚出版了三个多月的《通俗周报》属于鼓吹"民国"的查禁书刊，被迫关门。李克农也被迫离开北京，星夜乘车南下，绕道上海返回芜湖[②]。

1917年9月，李克农从北京返回芜湖没多久，就在父母的安排下，与芜湖"光华照相馆"老板女儿、二女师学生赵彩英结婚。赵彩英后改名赵瑛，成为李克农终生革命爱侣，为家庭和革命作出了重要贡献。

1919年，五四运动的狂飙席卷全国，也波及到了芜湖。从五四运动的浪潮中，李克农看到了北洋军阀的腐朽卖国，看到了帝国主义欺凌下的屈辱，更看到了中国人民奋起反抗的力量，他决心参加革命运动，刻小报、发传单、作演讲，成为芜湖地区有一定影响的"激进人物"。他同高语罕、阿英、宫乔岩、周范文等一起领导芜湖革命运动。这些进步青年经常在芜湖的科学图书社后楼碰面，研究决定问题。他们后来都成为共产党员。同年6月，经高语罕和教师刘希年的介绍，李克农赴省府安庆任《国民日报》副刊编辑。不久，因写文章反对安徽督军倪嗣冲准备推行实施的搜刮百姓的"二五附加税法"，被北洋政府御用参议会议员、皖省议长，人称"安徽议霸"的晋恒履控告，关进了安庆的牢狱中。当地的学生组织和群众团体愤愤不平，与李克农报社的同仁纷纷出面请愿保释，加之当时安徽省兴起反对"二五附加税法"风潮，反动政府受到压力，在关押一周之后最终释放了李克农。出狱后，李克农于1920年就任省政府

① 刘永文著：《民国小说目录（1912—1920）》，上海古籍出版社2011年版，第230页。

② 刘润生、李征、林聪：《李克农》，中国中共党史人物研究会编：《中共党史人物传》第59卷，中国人民大学出版社2017年版，第1页。

秘书。1921 年 11 月，堂兄李克贤任六安县知事，李克农调任六安县政府第二科科长（一说县衙秘书）。任职期间，李克农巧妙开展进步运动，支持六安学联夺取了全县教育的掌控权，彻底打垮了反动教育团体“十三公团”，扩大了六安的进步力量，使教育面貌大为改观[①]。

1925 年 5 月 30 日，上海工人和学生到租界内举行大规模反帝示威活动，声援上海纱厂工人斗争，遭到了英国巡捕血腥镇压，死亡 13 人，伤者不计其数。这就是震惊全国的五卅惨案。

惨案的消息传来，芜湖民愤沸腾。在恽代英、张秋人等共产党员的鼓动下，芜湖地区爆发了声势浩大的罢工、罢市、罢课“三罢”斗争，教育界则是开展“反对奴化教育、收回教育权”的斗争。李克农和阿英、宫乔岩等一起组织芜湖各界人士成立了五卅惨案后援会，积极参加和领导了反对帝国主义的群众运动。这是李克农投身党领导的革命运动的开始。

在革命斗争中，大批学生因反对帝国主义而被教会学校开除，反动当局勒令公立学校对这些学生一律不予录取。失学的青年无处安身，成为当时芜湖的社会问题。这引起了芜湖党组织的关切，认为有必要创办一所中学，来收容这些进步学生，也吸纳一些贫困家庭的孩子。

1925 年 8 月，李克农与宫乔岩、阿英等人根据党的指示，创建了私立民生中学。民生中学由李克农命名，以“陶成坚洁人格，激发国家观念”为宗旨；校址位于长江之滨、大观山顶，芜湖萃文书院和圣雅阁两所教会学校之间，校舍原是李鸿章后裔的一座洋行。

民生中学于 1925 年 9 月 10 日正式开学，宫乔岩任校长兼训育主任，李克农任事务主任。宫乔岩（1892—1955）又名王少春，安徽芜湖人，同盟会早期会员，早年间留学日本，参加过辛亥革命、反袁起义和五四运动。后被芜湖圣雅阁书院聘为教师，在反奴化教育斗争中，支持学生，率先退教。在李克农的引领下，成为中共隐蔽战线情报人员，长期潜伏战斗在敌人内部，新中国成立后任政务院情报总署副署长。

李克农在党组织的领导下，担负着学校繁重的日常工作。身兼事务

---

① 政协六安市金安区委员会编：《朱蕴山传》，安徽人民出版社 2007 年版，第 233 页。

主任的他除了忙学校日常庶务外，还要亲自登台授课，给师生们讲三民主义，讲十月革命，讲中国社会与政治等。在宫乔岩、李克农的带领下，民生中学摒除了教会学校的奴化教育，校风清正。全校上下团结友爱，艰苦朴素，追求进步。学校开设的中文、历史、地理、数学、英文等课程，文化教育水平很高；非常注重体育教育，请行伍出身的军人王振伍担任体育教员，体育课按照军事训练的标准开展，全校学生分为三个大队，统一着装，进行队列、投掷、劈刺等军事基础训练，当地人称赞他们是一支训练有素的学生军，将学校誉为“水泊梁山”。

李克农在学生中威信很高，学生们组织反帝反封建的斗争，总要请教他。他总是热情支持。在他的亲自导演下，学生们排演了《李克用卖国》《荒山泪》《兵匪交易》《春闺梦里人》等话剧，宣传反帝反封建思想，在芜湖引起了轰动。根据党的方针，李克农带领学生举办夜校，帮助附近的码头工人、纱厂工人和农民识字学文化，向他们宣传革命道理。在李克农的领导支持下，民生中学师生积极配合当地农协的斗争，打倒土豪劣绅和贪官污吏。

在李克农等人的领导下，民生中学成为芜湖党组织的一个重要革命据点，在传播革命思想、培养进步力量和团结进步人士方面起了很大作用。在芜湖历次政治示威游行队伍中，民生中学的师生纪律严明，敢打敢冲。一大批学生参加北伐军、黄埔军校和武汉军校，为革命输送了有生力量。

1926 年，经杨士彬、余昌炯介绍，李克农加入了中国共产党[①]。此时，国共合作的国民革命军北伐军势如破竹，一举攻克武汉三镇，革命风暴席卷大江南北。李克农积极参与迎接和支援北伐军的准备工作。

根据国共合作的方针，按照中共芜湖党组织的具体指示，李克农以个人身份加入了国民党，帮助国民党建立组织、开展工作。1926 年 10 月，国民党芜湖市党部成立，共产党员李克农担任国民党市党部执行委员。

① 刘润生、李征、林聪：《李克农》，中国中共党史人物研究会编：《中共党史人物传》第 59 卷，中国人民大学出版社 2017 年版，第 1 页。

1927年3月，北伐军到达芜湖。李克农组织万余名群众，举办了隆重的欢迎大会。国民党芜湖县党部正式挂牌办公后，李克农担任宣传部长和农民部长，并参与前敌工作团筹备工作，组织谍报队[1]，不分昼夜地奔波于工人、农民和学生中间，发动群众，支持革命，为北伐军提供资财和情报[2]。

当时驻扎安徽的皖军总司令陈调元，横征暴敛无恶不作，被百姓称为"票匪"，民愤极大。李克农组织民生中学学生军走上大街，打出了"打倒票匪陈调元"的标语。他们抬着一个纸糊的棺材，棺内伸出一双枯瘦的黑手，上写"陈调元"大名，讽刺他是"棺材里伸手——死要钱"。另外举着一块大黑板，写着陈调元在皖三年来通过抢劫搜刮来的财产统计表，总数达两千万元。百姓观者如潮，"票匪"陈调元被弄得臭不可闻。

就在大革命节节胜利之时，蒋介石叛变革命，密谋发动反革命政变。在芜湖，反动派勾结帮会流氓和土豪劣绅，以图镇压革命。蒋介石任命青帮头目高东澄为芜湖市公安局长，并提供枪支弹药，武装流氓队伍。

芜湖的党组织察觉到了危险，急谋对策，决定派人打入青帮内部，了解内幕，进行反击。李克农和阿英政治立场坚定，在芜湖熟人多、关系广，具备打入条件。中共芜湖特支负责人余昌炯秘密召见二人，向他们布置了任务。李克农和阿英慨然受命，通过巢湖老乡引荐，拜到芜湖青帮老爷子马遇伯门下，经过"开香堂""呈束脩"等仪式，顺利打入青帮团伙。李克农熟知青帮的"江湖规矩"，巧妙地与大小头目周旋接近，探听着敌人的动向[3]。

4月12日，蒋介石在上海大开杀戒，共产党和革命群众血流成河。芜湖反动组织也蠢蠢欲动。14日，李克农向组织报告了青帮要配合警察局一起对付"共党分子"的情报。15日，芜湖特支决定疏散身份公开的

① 姚永森著：《中共秘密战线首脑——李克农传奇》，安徽人民出版社1989年版，第81页。

② 开诚著：《李克农——中共隐蔽战线的卓越领导人》，中共党史出版社2021年版，第52页。

③ 开诚著：《李克农——中共隐蔽战线的卓越领导人》，中共党史出版社2021年版，第55页。

党员。16日，芜湖公开的党员紧急疏散到江北和武汉。17日，芜湖反动派建立“清党委员会”，决定武装抓捕共产党，李克农紧急预警，芜湖特支决定全部党员转入地下。18日，芜湖发生反革命政变，反动警察和青帮流氓大肆搜捕共产党人和革命群众。由于事先得到李克农的报警，芜湖市身份暴露的党员基本安全撤离，组织未受到破坏。

就在此时，陈调元密电芜湖当局，悬赏五万元大洋通缉李克农、阿英等“眼中钉”。李克农早已得到情报，和同时被通缉的宫乔岩、阿英等人共乘一条小船，趁夜幕锁江之际，潜离芜湖去了江北。不久，敌探侦知他们的藏匿地点，连夜派人马过江围捕。此事恰好被一位在公安局工作的亲戚听到，赶紧告诉了赵瑛。当时赵瑛正患病在家，且怀有身孕。为了丈夫的安全，她冒雨过江，赶在敌人的前面报信，使李克农等脱离了险境，隐蔽在江北地区坚持斗争。

1927年8月13日，蒋介石宣告下野，陈调元被挤出安徽，形势稍有好转。李克农又返回芜湖，以民生中学为据点，继续开展斗争。年底，形势再度恶化。在群众和亲友掩护下，李克农躲过了敌人的搜捕，潜入南京后奔赴中共中央的秘密所在地——上海，开始了新的更为惊心动魄的战斗。

1928年春，李克农到上海后与阿英接上了关系，被编入中共春野支部。这个支部基本上由当时的左翼作家团体太阳社成员和原芜湖民生中学师生组成，隶属于中共江苏省委上海闸北区委领导。李克农先是负责文化宣传工作，后来又去做小市民工作，还曾在电车工会开展工运工作。1928年秋，李克农在时任中共文化工作者支部书记潘汉年的领导下，先后创办了《铁甲车》《老百姓》等小报，宣传进步思想，抨击反动当局，不久便被军警查封。李克农风趣地说：“铁甲车开到阴沟里去了。”1928年底，李克农调到中共沪中区委任宣传委员。恶劣环境下，李克农的斗争精神更加高涨，写文章、办小报、编剧本，联系进步文化人士，出入左翼文学阵地，在复杂紧张的环境中坚持斗争[①]。

① 姚永森著：《中共秘密战线首脑——李克农传奇》，安徽人民出版社1989年版，第47页。

1928 年夏的一天，李克农去片场看望正在拍摄电影的胡底，遇见了同样来看胡底拍电影的钱壮飞。胡底介绍钱壮飞与李克农认识。三人中钱壮飞居长，时年 33 岁，久经生活和革命的磨炼，成熟稳重；李克农 29 岁，已经有着丰富的斗争经验，灵活机警，风趣幽默；胡底年纪最小，才 23 岁，有着游侠般的气质，率性坦诚、活泼开朗。他们有着很多共同点，对文艺的热爱，对理想的忠诚和对敌人斗争的坚定，让他们迅速成为生活中的挚交好友、斗争中的亲密战友。

李克农、钱壮飞、胡底（左起）是中共情报战线上的杰出代表，被誉为“龙潭三杰”

三人都是刚到上海，钱壮飞拖家带口，刚开始没有固定职业，生活颇为紧张。李克农也没有工作，全靠给报纸写些文章挣稿费；胡底在影戏公司拍电影，刚开始的时候只能跑龙套，也就勉强糊口；组织上经费又很短缺，三人的处境都十分艰难。为了安全，得经常搬家转移，过着“悬脑袋、饿肚皮”的生活。钱壮飞家里是大家经常来玩的地方，有时没有吃的，就用酱油、葱花、白开水做的“三鲜汤”充饥。李克农一件御寒的呢子大衣不时被送进当铺应急。偶尔有谁想方设法弄来一笔钱，赶紧买了饭菜大家一起吃，还兴高采烈地说是“打土豪”。

革命的年代就是这样，生活虽然清苦，但每个人都斗志昂扬。

注：关于李克农和钱壮飞初次见面认识的时间，许多出版物都是采信

1929 年初冬或者 11 月的说法。作者认为这个时间有误，实际应为 1928 年六七月份。一是据李强回忆材料记载，1928 年底，张沈川按照组织要求带着李强去钱壮飞家，钱壮飞当场介绍李克农给李强认识；张沈川回忆材料记载，1928 年下半年，钱壮飞在上海无线电管理处找到了职业，八九月间，无线电管理处招考报务员，组织让张沈川前去报考，并要他和已在里面工作的李克农取得联系；据此，可知钱壮飞和李克农最晚在 1928 年 8 月就认识，并且此时钱、李已经进入无线电管理处。二是钱壮飞去开封之前没有接上组织关系，走之前将钱蓁蓁托付给黎锦晖学艺；钱蓁蓁在上海培训两个月后，于 5 月下南洋巡演。据此，可知钱壮飞去开封时间应为 3 月以后。三是据郑绍文回忆，1928 年夏天他到达上海，组织安排住在钱壮飞家里，说明此时钱壮飞已经从开封返回上海，并且接上了组织关系。据此可知钱壮飞与胡底是在 1928 年夏接上关系的。四是胡底 1928 年 7 月下旬随陈云到松江做农民运动，直到 1929 年 5 月暴露转移至杭州。钱、李、胡同时在上海的时间只有钱壮飞从开封回到上海至胡底到松江之前，即 1928 年六七月间。三杰聚首应在此间。

（三）取 信 于 敌

1928 年，蒋介石政权的反动统治更加严密，在各大城市建立了军警宪特机构，日夜捕杀共产党人，不断地制造血案。为了保护自身安全，更好地开展斗争，中国共产党组织活动更加隐蔽秘密。在上海等大城市，要求党员最好有公开的社会职业，既便于掩护革命斗争，也可以解决生存问题。

钱壮飞从北京转移至上海后，一直没有找到合适的工作。不仅一家七八口人生活难以为继，而且长时间没有差事，也会引起反动当局的注意，容易暴露身份。当时，李克农也是“无业游民”，成天面临衣食无着的困扰。他们经常在报纸上浏览各种招工信息。

有一天，一则无线电训练班的招生广告吸引了钱壮飞的注意。当时，中国无线电事业刚起步，商业电台和官办电报局正在不断建立，电讯报务人才奇缺。掌握无线电这门“新技术”，很容易在上海谋得一个高薪水的好职位，同时也是一个比较体面的掩护职业，有利于更好地开展革命活动。在报请党组织同意了以后，钱壮飞就去报考了这个训练班。经过精心准备，他以优异的成绩被录取。经过大约三个月的专门培训后，他被分配到国民政府建设委员会下属的无线电管理处驻上海营业处工作。因为在美术方面拥有过人的专长，他负责绘制广告画和招揽生意。

无线电管理处上海营业处旧址

无线电管理处是南京国民政府建设委员会下属的官办对外营业机构，成立于1928年6月，主要职能是经营国内国际电报业务，培养电讯人才，发展无线电事业等[①]。无线电管理处在上海市老北门附近设立营业处，主任是徐恩曾，兼任无线电管理处营业科长[②]。

---

① 张忠民、朱婷著：《南京国民政府时期的国有企业》，上海财经大学出版社2007年版，第114页。

② 政协文史资料委员会编：《中华文史资料文库第13卷 经济工商编》，中国文史出版社1996年版，第882页。

国民党中央调查科主任徐恩曾

徐恩曾（1896—1985），浙江湖州人，毕业于湖州府中学堂，是钱壮飞中学同级校友。南洋公学电机科毕业后，自费留学美国，取得工科硕士。留美期间，徐恩曾参加了陈立夫、曾养甫创办的中国留美学生联谊会“健社”，并与二人结下了较为深厚的关系。回国后，徐恩曾一度在上海一家私营自来水厂当总工程师。四一二反革命政变后，徐恩曾投靠陈立夫，被引荐为建设委员会无线电管理处营业科长，主持筹建国民政府中央广播电台，创建了中国第一座无线电台和国际无线电台。1928年8月1日，中央广播电台筹建完成开始播音，徐恩曾担任首任电台主任。陈果夫、陈立夫兄弟奉命为蒋介石扩充重组特务机关调查科后，于1929年底委任徐恩曾具体负责。此后，徐恩曾随着国民党特务机关的膨胀，一路官运亨通，把控中统系特务组织15年之久，成为恶贯满盈的特务头子。

钱壮飞考入无线电管理处上海营业处后，工作勤勉，业务精熟，接人待物很有分寸，很快就进入徐恩曾的视野。他觉得这位吴兴同乡不仅是自己在湖州府中学堂的校友，而且聪敏过人才华横溢，为人谦和从无矜色，因此甚为赏识，常常另眼看待。不久，徐恩曾担任主任的中央广播电台招收广播新闻编辑。钱壮飞趁机推荐了李克农。李克农才思敏捷、古文扎实，突击背了几天三民主义、科学常识等考试科目条文之后，顺利通过了三门考试，进入无线电管理处当上了一名广播新闻编辑。

就在钱壮飞和李克农先后顺利进入国民党无线电管理处时，胡底也开始了一段全新的革命旅程——在陈云的领导下从事农民运动。

1928年，江苏省委贯彻中央八七会议精神，动员在上海的党员到农村发动农民起义，组织秋收暴动。陈云从上海回到家乡青浦领导农民运动，被江苏省委任命为松江地区党的负责人。在陈云的领导下，当地党组织、农民协会和农民武装都得到了一定程度的恢复和发展。

1928 年 7 月下旬，为了了解掌握农民运动现状和党组织发展情况，推动金山浦南地区革命斗争的继续开展，陈云专门来到该地进行巡视。胡底随同陈云前往，并携带了一台印刷机、三支短枪，准备在当地开展宣传鼓动工作，发动农民暴动。陈云 1969 年回忆：我 1928 年到过李新民家里，还派一位同志叫胡北风住在李新民的家里，准备开展工作①。

陈云和胡底受到当地农民的热情接待，住在李新民家里时正值酷暑，但每天有西瓜吃，每餐是用高脚菜碗装了三碗菜，这在乡间是很客气的②。

这是胡底第一次从事农民运动。在巡视的一个多月的时间里，陈云很快帮助浦南区委健全了党的组织，培养了一批干部，组建了赤卫军和红军，恢复了农运、盐运、工运等群众运动组织，当地革命活动发展迅猛。8 月上旬，陈云结束巡视离开浦南，胡底继续留在当地，从事宣传党的思想、发动革命群众的工作。

胡底在金山县委的安排下，住到一户农民家里，为农民协会撰写和印刷宣传品，配合县委向农民宣传革命道理，号召他们起来推翻国民党的反动统治。由于当地组织发展迅速，不断开展焚烧地主庄园、镇压恶霸劣绅的斗争，引起了反动军警搜捕镇压。1928 年 10 月，金山县委机关转移至两县交界“三不管”的转角湾地区，“陈云同志派来的胡北风等也先后来到转角湾，并将胡带来的一台油印机也带了来”③。当地农民运动领袖颜书坤安排胡底隐蔽在农民颜阿友家里，继续负责印制文件和宣传品。“会议一直在颜阿友家里开，都是夜里九十点钟开始，第二天凌晨二三点钟结束，开起会来人蛮多。开会的同志，用蜡纸刻印，派可靠人员秘密传送。”

---

① 中共中央文献研究室编：《陈云传》，中央文献出版社 2015 年版，第 59 页。

② 中共中央文献研究室编：《陈云文集》第 2 卷，中央文献出版社 2005 年版，第 302 页。

③ 平湖史志办编：《中国共产党平湖地方史略（1919—1949）》，中共党史出版社 2001 年版，第 31 页。

平湖一带多盐商盐民，与国民党政府有深刻的矛盾。因为在斗争中表现突出，胡底被反动当局悬赏缉拿，四处隐蔽躲藏，在松江一带和盐商以及私盐贩子厮混在一起，发动他们和缉私人员斗争。胡底豪侠仗义，很快就与他们打成一片，深入浅出地给他们讲授革命道理。经过宣传发动，金山群众革命情绪高涨，搜集枪械，组织武装，不断爆发打土豪劣绅的斗争，甚至敢于同国民党反动派直接斗争。1928 年 11 月 6 日《申报》平湖通讯报道："与江苏交界之区的金山嘴，时有盐匪出没，近竟将缉私三营官兵七名掳去，一时空气紧张。"

钱壮飞进入无线电管理处工作之后，党支部就不再让他参加撒传单、贴标语等行动，目的是让他顺利地隐蔽在这个机构里，不要暴露身份。这里虽然不是什么核心要害部门，却是一个借以隐蔽藏身的好地方，不仅可以学习掌握无线电技术，还能利用无线电报业务及时了解国民党内部动态。徐恩曾天天忙于钻营投机，游走在陈立夫、曾养甫等政要显贵之间，根本无心具体业务，上海营业处的业务慢慢地就交给钱壮飞处理。

徐恩曾除了热衷于钻营取巧之外，还有一个嗜好，便是好色。不论花街柳巷还是良家女子，一旦被他看上，或金钱收买或强取豪夺，毫无道德底线。当时，有一位友人将要去美国留学，将妻子王素卿委托徐恩曾照顾。谁知友人刚走，二人就在上海公开双宿双飞。后来友人归来，二人已经育有儿女，眼见事已至此，慑于他这个特务头子的权势又不敢过问，只得含恨离去。后来，徐恩曾又和王素卿的妹妹王素元搞到了一起。徐恩曾在南京已有家室，又姘上了这位王素卿，一时无处藏娇。为了更加方便幽会，还要躲避正房夫人的耳目，徐恩曾便让钱壮飞帮他想办法找个房子。

钱壮飞将情况向党组织作了报告，支部书记张沈川认为，这是一个和徐恩曾进一步搞好关系的机会，建议钱壮飞将自己家二楼的前楼让给这个姘妇居住。这样既可以使钱壮飞得到徐恩曾的信任好感，又能让钱家获得一个特别安全的政治保护，更好地担当党的秘密联络点和开会场所。就这样，钱壮飞家前楼一度成了徐恩曾在上海的行宫别院。徐恩曾每次来上海，就住在钱家二楼。李克农也经常过来周旋应付，和钱壮飞一起陪同徐恩曾到处游玩。钱壮飞夫人张振华回忆说：

那时我们住在法租界甘司东路拉菲德路新兴顺里四号，与徐恩曾的姘头“密斯王”同住一幢楼房。记得“密斯王”后来大了肚子，进医院打胎。她从医院出来后，就住在我家里，睡在我床边。

张振华是专业的产科医生，对王素卿照顾得无微不至。徐恩曾因此对钱壮飞更加信任了，越发地引为知己，视作亲信。

钱壮飞协助“金屋藏娇”这一举动，既取得了徐恩曾的高度信任，也抓了徐恩曾的把柄在手里。有徐恩曾做靠山和掩护，钱壮飞家成为最安全的地方。党支部经常在他家开会，根本不会有人来查。不过为了保险，还是让五六岁的幼子钱一平搬着板凳坐到后门口，他们在屋里摆开麻将桌子，只要有人经过，就敲几下门，里面马上开始搓麻将，人走了就接着开会。

1928 年底，浙江省政府决定在杭州西湖举办一个大型的博览会，“提倡国货，奖励实业，振兴文化”，时任浙江省政府主席、国民党元老张静江亲自担任筹备委员会会长，浙江省建设厅负责具体筹办。西湖博览会筹备展览历时八个多月，是当时国内规模声势最大的博览会。

张静江上任浙江政府主席之前，曾担任国民党中央建设委员会委员长。筹办西湖博览会时，他特地在距离博览会大门最近的“特种陈列所”内，为中央建设委员专设了三个陈列室，主要展示无线电、水利和电气事业。无线电事业是陈立夫亲自筹建和掌管的，自然是展示陈列的重中之重。为了能在国内外彰显一年多来的业绩，国民党中央建设委员会指定无线电管理处负责中建委陈列室的设计和布置。徐恩曾知道这是个千载难逢的露脸机会，亲自前往杭州，协助西湖博览会筹办方工作。作为徐恩曾的“得力助手”，钱壮飞奉命跟随徐恩曾赴杭州办差。在徐恩曾的推荐下，钱壮飞出任中央建设委员会驻西湖博览会陈列室主任，负责陈列室的设计布置等全部工作①。

---

① 王芸主编：《北京档案史料 2003.1》，新华出版社 2003 年版，第 18—21 页。

西湖博览会特种陈列所旧址——杭州坚匏别墅

1929年春，为了做好筹办工作，钱壮飞举家搬迁到了杭州涌金门附近。博览会规模浩大，场馆分布在断桥、鼓山、岳王庙、北山、宝石山以及葛岭沿湖地区。特种陈列所设在坚匏别墅内，钱壮飞就在这里办公。他素来擅长美术，又有组织才干，亲自带人勘测房间、布置展厅，中建委在此展出的上千件展品，都要钱壮飞一一过手，从展品的物色征集到线路的规划设计，从人员的组织到贵宾的接待，前前后后、里里外外安排得有条不紊。因为筹办工作出色，1929年4月，徐恩曾官升两级，担任无线电管理处副处长、代理处长，钱壮飞被“加委”为无线电管理处科员[①]。

5月，就在钱壮飞忙于筹备事务时，胡底因在金山、平湖一带领导农民运动，发动农民暴动，暴露了革命者身份，遭到了反动政府的大肆追捕，在当地生存不下，便辗转转移至杭州，隐蔽在钱壮飞家里。不久，他的父亲从朋友处打听到他的下落，立刻把替他包办结婚的妻子送到杭州，强迫胡底完婚。胡底为了避免刺激到父亲，激化矛盾不好收拾，便答应将她留在杭州。等到父亲一走，他就开诚布公地对未婚妻说，自己是参加了革命的人，已经被反动政府通缉，整日行踪不定，生死难测，结婚后双方都会痛苦，劝说她及早另择佳婿。未婚妻张氏本是胡底的表妹，在

① 《钱壮飞传略》，中共湖州市委党史研究室编：《钱壮飞》，中共党史出版社2013年版，第5页。

父母包办下嫁给了胡底。她知道事情已经无法挽回，最终接受了胡底的建议，但不肯再回安徽舒城，就在杭州卖菜为生①。不久，胡底介绍她和杭州的一位朋友结了婚，妥善安顿了下来。处理完这件棘手的家事，胡底就留在杭州，在钱壮飞身边协助工作②。

1929 年 6 月 6 日下午两点，筹备已久的西湖博览会正式开幕。国民政府代表孔祥熙、国民党中央党部代表朱家骅、立法院院长林森、浙江省政府主席张静江等一干要员出席典礼，礼炮轰鸣，管弦嗷嘈，满湖灯船，观众摩肩接踵，场面宏大，盛况空前。西湖博览会设有 8 个展览馆、2 个陈列所和 3 个特别处，共展出华洋物品 14.76 万件，前后持续 137 天，接待中外代表团 1000 多个，参观人数 2000 余万人。位于特种陈列所的无线电事业陈列室，因其设计精巧、体验新奇，成为此次博览会上一个耀眼的亮点。钱壮飞为《旅行杂志》1929 年第 7 期撰写的《特种陈列所概况》一文，详细地介绍了当时的情况：

特种陈列所距博览会大门最近，其口在西端，即坚匏别墅之前门。所内陈列，不以类集，统以机关为单位。点陈列物品多系表册模型，非如其他分所可走马看花一览无遗也。

入门后即为长廊。东壁悬造林场图表□百三十余帧，说明森林有利于农产，及调剂水旱之益。壁之北部为国货陈列馆，各种橱柜照片。

由廊西折入楠木厅，为浙江建设陈列之所。厅有附属机关二十九，公路局其一也。厅之中部有吴兴西门桥模型，博览会大门模型，及六和塔模型等。中悬浙江交通计划图，长阔各丈余，关于全省已筑未筑各道路设计至详。循梯而上首为水利局，有海岸工程材料标本堤岸模型及挖泥机模型十余具。次为浙江广播无线电台室，置电台模型一具，一切机件小于实物，约十之一，制造甚巧。骤视之，不知其赝鼎也。次为昆虫局，次为棉场，陈设不多，类系棉□与棉纤维比较标本。

出楠木厅北行，为陆军测量局陈列室，内有博览会全场模型及西湖模型

---

① 张颖著：《刀锋上的行走：亲历 1911—1949》，天津教育出版社 2013 年版，第 46 页。
② 穆欣：《胡底：隐蔽战线的英烈》，《党史文汇》2003 年第 3 期。

各一具，碧草绿波，楼台亭阁，布置井然。下视全型，颇有置身云端、鸟瞰全之湖概。

折向东行拾级而上，为桂花厅。宁波市政府，浙江财政审查委员会，盐务稽核所，财政厅，两淮盐运使署等，联合陈列于此。旁多图表书籍，空气较为枯燥。

出桂花厅，东南行有方亭一座，题额为金粟堀，建设委员会第一部陈列室也。亭外有喇叭四架，其西向西湖为建委会无线电管理处无线电广播音乐之所，播音时歌声悠扬，颇为明晰。亭中南北两壁，各悬大画一幅，一为孙总理建国大纲铁道计划，一为东方大港，测绘至为精密，珍品也。亭后有茅亭一座，为建委会第二部陈列室。亭中悬建委会、各省电台内外景，布置颇幽雅。左右修竹，歇足最宜。沿茅亭东折，为三面厅，建委会第三陈列室也。室□三椽：东椽南部为无线电收报处，北部置一百瓦特发电机及马达。建委会无线电管理处在博览会期内创办廉价电报，每字只收二分。收报处收报以后，当场拍发，以证明无线电之神速。室隅有拍电者拟稿座，每日在此拍电者甚为拥挤。中椽陈列五百瓦特及十五瓦特无线电发报机数座，并自动收报一座。以前无线电报，统以耳力收听，自此机发明以后，用机器抄录电码，既省人工，又少差误，便利报务，殊□不少。此外尚有广播收音机及附属机件等，均系该管理处附属无线电机制造厂自制，精确不亚于舶来品。西椽陈列无线电管理处、建委会电厂水利处图表至彩，尤以华北水利局所制华北水利图四十七幅最为精细。闻建委会无线电管理处成立才一年，除设立国际大电台及国内各埠设立二十□座商报电台外，并制造无线电机数百具，其成绩殊可钦佩。……

西湖博览会上，国民政府官员和国内外代表团众多。在钱壮飞的精心策划设计下，建委会的展室观众络绎不绝，熙熙攘攘。特别是提供现场拍发廉价电报的第三陈列室，慕名前来体验的观众更是川流不息，让无线电管理处出足了风头。无线电陈列工作受到了前来参观西博会的孔祥熙、宋霭龄以及陈立夫的赞赏认可。徐恩曾因此大为露脸，得到了陈立夫的肯定。

特種陳列所

特種陳列所概況

錢壯飛

特種陳列所距博覽會大門最近。其入口在西端卽堅匏別墅之前門。所內陳列。不以類分。統以機關為單位。凡陳列物品多係表冊模型。非如其他部份所可走馬看花一覽無遺也。入門後卽為長廊。東壁懸造林場圖表凡百三十餘幀。說明森林有利於農產及調劑水旱之益。廊之北部為國貨陳列館各種樹標照片。由廊西折入楠木廳為浙江建設廳陳列之所。廳有附屬機關二十九。公路局其一也。廳之中部有吳興西門橋模型。博覽會大門模型。及六和塔模型等。中懸浙江交通計畫圖。長闊各丈餘。關於全省已築未築各道路設計至詳。彌梯而上。首為水利局。有海岸工程材料標本堤岸模型及挖泥機模型十餘具。次為浙江廣播無綫電台。室設電台模型一具。一切機件小於實物約十之一。製造甚巧。驟視之不知其贋鼎也。次為昆虫局。次為棉場。陳設不多。類係棉繭與棉纖維比較標本。出楠木廳北行。為陸軍測量局陳列室。內有博覽會全場模型。及西湖模型各一具。碧草綠波。樓台亭閣。布置井然。下視全型。頗有置身雲端鳥瞰全湖之概。折向東行拾級而上。為桂花廳。甯波市政府。浙江財政審查委員會。鹽務稽核所。財政廳。兩淮鹽運使署等。聯合陳列於此。旁多圖表書

钱壮飞设计的特种陈列所及发表的《特种陈列所概况》文章

1929年10月20日，杭州博览会闭幕。钱壮飞又承担起繁重的善后工作。因为场地是借用民间房屋临时布置的，需要尽快复原腾退。各地征集来的上千件展品都需要电询送展单位处置意见，有的需要退还，有的需要馆藏，还有的则直接赠送给了陈列室。钱壮飞不厌其烦，全部妥善处理。最后，他将筹办过程、经手钱财账目等一一誊列清楚，将各地赠送的贵重展品礼品清点造册，全部奉送给了徐恩曾，还为上海营业处的同事们都带了博览会的纪念品作为礼物。

钱壮飞在陈列所筹办中表现出来的忠实、勤恳、能干的品质，让徐恩曾很是满意。徐恩曾从此将钱壮飞视为心腹，对其无话不说，甚至“丑恶不背”。不久，钱壮飞就被徐恩曾任命为私人秘书，专门帮他处理公私要务。至此，钱壮飞彻底取信于敌，在国民党政府机关内部站稳了脚跟，牢牢掌握了一个有利于革命工作的岗位。

(四) 中 央 特 科

1929 年底，钱壮飞圆满完成西湖博览会中建委陈列室筹办工作，举家迁回上海工作。不久，无线电管理处迎来了一场巨大的变动。

缘由还是要从国共之间的斗争说起。

1927 年，轰轰烈烈的大革命失败以后，中国共产党人“从地上爬起来，揩干净身上的血迹，掩埋好同伴的尸首”，踏上武装斗争的道路。

1927 年 11 月 14 日，中共临时中央政治局常委会在上海召开。目睹了敌人的猖狂捕杀，以及叛徒内奸对党的事业造成重大危害的周恩来，深感必须建立严密有效的情报保卫工作，才能保障上海党中央的生存安全。为此，他在总结以往血的教训和中央军委“特务工作处”①成功经验的基础上，建议临时中央政治局在上海建立专业情报保卫机构，中央特科由此诞生。1927 年 12 月 31 日，中共中央发出第二十五号《中央通告》，明确提出“经过党支部决议，得派遣一、二个极忠实的同志，到国民党部以及某种反动机关，做侦探和破坏工作”。共产党人在抓起枪杆子之后，紧接着握住了刀把子，“在刀尖上跳舞”的隐蔽斗争在敌人的心脏展开了。

中央特科成立四个月之后，国民党也开始组建自己的专门特务机关。

1928 年 1 月，蒋介石重新获得了国民党三军总司令兼组织部部长的头衔。虽然在英美的支持下重获权力，但半年前的“下野”风波却仍然让

① 特务工作处是周恩来 1927 年 5 月在武汉建立的情报保卫机构，隶属于中央军事部（中央军委），是中国共产党建立的第一个情报保卫专门机构。

他心有余悸。

原来，北伐战争胜利后，国民党在形式上统一全国，但新军阀在全国形成了新的割据：冯玉祥、阎锡山、李宗仁、白崇禧等地方军阀拥兵自重，各怀心思。蒋介石异想天开，召集大家开裁军会议，企图杯酒释兵权，结果引起严重反弹，各地军阀空前绝后地团结起来，联合反蒋。1927 年 8 月，蒋介石被迫下野，先是躲到老家溪口雪窦寺“隐居”，接着跑到日本“作五年之考察与研究”。但到 12 月 1 日，蒋介石就返回上海和宋美龄结婚，在英美势力的支持下重返权力巅峰。

这时，蒋介石为了防止再次被赶下台的局面出现，决定成立一个秘密机构，专门暗中对付他的心腹大患共产党、国民党内部反对派和各路大小军阀。蒋介石在自己的大本营中央组织部内，由副部长陈果夫和秘书长陈立夫兄弟，在“浙江革命同志会”的基础上，组织“中央俱乐部”，以浙江同乡、黄埔同学为纽带，形成 CC 系势力。同时，将国民党中央组织部的党务调查科改组扩充为专门特务机关，从 CC 系干部中选调心腹人员，大搞情报特务活动。

调查科长先是由陈立夫兼任，之后由张道藩、吴大钧、叶秀峰担任。到了 1929 年底，叶秀峰因与陈立夫意见不合产生矛盾，赌气跑到杭州休了长假。此前，恰逢国民政府的交通部和建设委员会争夺无线电事业管理职能，将建设委员会下属的无线电管理处归并至交通部管理，合并成立了无线电管理局[①]。徐恩曾唯恐脱离陈氏兄弟庇护，不愿到交通部任职。于是陈立夫将其调往自己直接掌管的国民党中央组织部，担任总务科长。叶秀峰“休假”罢工后，陈立夫恼羞成怒，立即调任徐恩曾以总务科长身份兼管调查科。后来便免去叶秀峰调查科长职务，派往国民党浙江省党部任职。之后不久，临时负责调查科事务的徐恩曾正式辞去总务科长一职，专任国民党中央组织部党务调查科科长，正式执掌国民党特务系统，开启了长达 15 年的罪恶生涯。

---

① 张忠民、朱婷著：《南京国民政府时期的国有企业》，上海财经大学出版社 2007 年版，第 114 页。

钱壮飞作为徐恩曾的私人秘书，是其处理政务和私事的得力助手。徐恩曾在赴南京上任之前，多次鼓动钱壮飞随他去南京工作，并将自己即将负责掌管国民党特务机构的消息告诉了钱壮飞，要求钱壮飞帮助他出谋划策，筹办此事。徐恩曾还透露，陈立夫和他准备对共产党的动摇分子实行软化，利用叛徒做他们的侦探奸细，潜伏在共产党内进行秘密活动[①]。也就是说，敌人要在调查科的基础上，建立一个镇压革命活动的反共秘密特务机构。

钱壮飞和李克农商量后，立即将这个情况分别报告了各自所在的党组织。钱壮飞和李克农提供的情况，对周恩来来说，是一个绝佳的战机。专责保卫党中央安全的中央特科组建两年来，在周恩来的直接领导下向敌人发动了猛烈的进攻，运用“打入”“拉出”的斗争手法，凭借高超的斗争艺术，在八方风雨的危艰局面中，构建了一个保卫党中央安全的红色堡垒，成为中国共产党刺向敌人的一把利剑。

这时，因为钱壮飞的出现，这把利剑的锋芒，终于有机会插进敌人的心脏。最终，中央决定乘势打进敌人特务机构的首脑部门，钻进敌人的心脏同它进行斗争。周恩来指示：“你们把它拿过来！”

很快，中央特科情报科长陈赓在李强的带领下，专门与钱壮飞和李克农进行了谈话。此后，钱壮飞、李克农和胡底的组织关系转到中央特科，不再与原党支部组织发生关系，改由陈赓领导，开始了隐蔽斗争生涯。

中央特科是中国共产党第一个比较成熟的情报保卫专门机构，是周恩来直接领导的党在白区的战斗堡垒。

1927 年 11 月 14 日，党中央在上海召开临时中央政治局常委会，决定调整中央组织机构，不再设部，将权力集中于中央常委会。常委会下设组织局，负责中央日常工作。中央组织局直接领导组织、宣传、军事、特务、交通、会计等科，分别称作“中央组织科”“中央宣传科”“中央军事科”“中央特务科”等。会议决定，组织局由罗亦农、周恩来和李维汉三人组成，罗亦农为主任。周恩来分工“主管军事和特务

① 穆欣著：《隐蔽战线统帅周恩来》，中共党史出版社 2018 年版，第 88 页。

方面的工作”。也就是在这次会议之后，周恩来立即着手整顿情报保卫机关，在原有工作机构的基础上，创建中央组织局特务科，简称“中央特科”。中央常委周恩来（化名伍豪）直接领导，中央委员顾顺章（化名黎明）负责日常工作，陈赓（化名王庸）协助顾顺章负责特科日常工作。

中央特科负责人周恩来

中央特科的主要任务是“保证中共中央领导机关的安全，收集掌握情报，镇压叛徒，营救被捕同志，建立秘密电台”①。为了完成这些任务，中央特科在原武汉中央军委特务工作处的基础上，吸收了中共江苏省委负责锄奸肃叛的“打狗队”部分成员和上海工人纠察队中的骨干分子，先后设立了总务科、情报科、行动科、交通科四个科，交通科后改为无线电通讯科。

总务科，即特科一科，是四个科中成立最早的。中共中央由武汉向上海转移时，就设立了一个专门负责安置中央领导、筹建设立中央机关的“总部”。特科成立时，在这个“总部”的基础上成立了总务科，科长是洪扬生。

总务科的工作艰巨繁杂，一度主管一科事务的李强曾回忆说：“一科就是总务科，生老病死都管”。一科对内负责中央机关和中央领导的日常服务、安全保卫，为领导同志租赁房屋，为各个部门寻找秘密办公场所，开会时要布置会场、生活供应管理、会场内外警戒；对外负责开展各种社会交往，租赁房屋要打铺保，布置机关要购买家具，要开设木器行、电料

① 中央文献研究室编：《周恩来年谱（1898—1949）》上，中央文献出版社 2007 年版，第 131 页。

行和药店等多种商行，以应急需。此外，还承担着许多特殊任务，中央领导被捕了，一科出面组织营救；领导同志牺牲了，负责收敛安葬、抚恤家属；购买枪支弹药、保管机密文件和运送危险物品等，也都在一科工作之列。其中，主要任务有三项，即设立秘密机关、布置会场、营救中央领导同志和亲属安抚工作。

设立秘密机关是中共中央在白色恐怖的上海坚持地下斗争首先要解决的问题。一科布建的机关种类很多，有的是中央领导开会办公机关，如设立在天蟾舞台隔壁的福兴商号，是中央政治局机关，由熊瑾玎和朱端绶夫妇住机关，周恩来、邓小平、李维汉等领导经常在此开会议事。有的用来接头联络，如在法租界金神父路租用了白俄老太洋房的三楼，设立特科内部接头据点，周恩来、陈赓等人在这里接头密谈。有的机关用来研制电台，如绍敦电器行；有的用来保管武器弹药，如三民照相馆；有的专门保管文件，有的则仅作为领导同志的住所。

当时中央召开的重要会议，都由一科负责筹办。从确定开会地点、租赁房屋、布置会场、保障会务和安排参会人员往返，全由一科办理。此外，一科还协调二科（情报科）负责严密关注敌人军警动向，预警破坏行动；协调三科（行动科）负责会场周边的秘密武装警戒，一旦有险情，即抵抗敌人，掩护同志转移。党的六届二中、三中、四中全会，中华苏维埃区域代表大会预备会议等重要会议都是在一科负责、其他科协助下圆满召开的。

营救被捕的中央负责人，为牺牲的烈士料理后事、抚恤家属，也是一科的任务。在白色恐怖环境下，被捕是寻常之事。一般同志被捕后，依靠中国救济总会进行营救。中央领导被捕后，由中央特科组织营救，具体一科来负责。营救工作一般有三种方法，第一种是律师辩护，当被捕同志未暴露身份时，采取公开聘请律师辩护的方式合法营救。第二种是通过内线寻找线索，托人说情或行贿买通，争取释放。如上述方法无果，则采取第三种方法即武装营救。武装营救主要由一科策划、其他科协助执行。如有领导同志牺牲，一科则负责料理后事。李强、洪扬生等人先后为罗亦农、苏兆征、张锡瑗等烈士收殓安葬。

总务科的工作既多且杂，又和党中央关系最为密切，必须做得非常周密稳妥，稍有不慎，就会直接影响党中央的安全。总务科从建立到结束，细致周密，不辞辛劳，从未出过大的纰漏，有力地服务了党中央在上海的斗争。

情报科即二科，专责搜集情报、掌握敌情、进攻敌人侦探机关。在帝国主义和国民党军警宪特机关严密统治的上海，如果不对敌人采取进攻，就不能达到保卫自己的目的。情报科工作最重要的一个方面，就是采取"打进去"和"拉出来"的手段，深入敌人的要害部门，及时掌握敌人的动向，粉碎其阴谋活动。

情报科科长由周恩来钦点陈赓担任，即后来叱咤风云、威名显赫的大将陈赓。

在周恩来直接领导下，陈赓负责的特科情报工作迅速开展起来，在上海以及我党活动的多个地区，建立了秘密工作的网点；建立健全了秘密工作的制度纪律；选派优秀的共产党员深入虎穴，打进敌人的要害部门，直接从敌人内部获取情报；在敌人专业的反共领导机关建立了反间谍情报关系，从而为深入敌人要害部门、控制上海敌特侦探机关打开了局面。

中央特科时期化装成工人的陈赓

情报科聚集了许多党的优秀干部，刘鼎、欧阳新、陈寿昌、陈养山、李克农、钱壮飞、胡底等，都在隐蔽斗争中立下了赫赫战功。他们当中有的不幸在斗争中英勇牺牲了，幸存下来的大多数人，日后都成为新中国隐蔽战线的奠基人和领导者。在他们的努力下，特科情报科在国民党的特务机关、警察局、警备司令部、宪兵队、党部，以及租界里的巡捕包探、社会上的帮会社团，或安插了我党人员，或拉出

陈寿昌

刘鼎

了情报关系，随时能在政治、军事、经济和敌情等各个方面，为党中央提供及时而有价值的情报。

例如，国民党中央组织部调查科刚一成立，特科情报科就将调查科派驻上海机关的负责人、蒋介石亲自任命的国民党中央驻上海特派员鲍君甫策反，“拉出”敌营为我所用，使得敌人在上海建立的反共侦探机关一开始就在我党的掌控之下。敌人凡有风吹草动，我即未动先知。又如，国民党中央调查科正在酝酿扩张，特科情报科就派遣了李克农、钱壮飞和胡底顺势“打入”其首脑机关，占据了敌特机关的“大脑”和“心脏”，掌握了敌人在全国范围的活动动向。中央特科有这些情报力量，不仅能够深入敌人的要害部门，控制敌人的侦探机关，获取许多极其重要的情报，还能摸清敌人的行动规律，掌控敌人的许多具体活动和部署，于无形中化解许多危机，粉碎敌人阴谋。甚至有的时候可以开展隐蔽行动，办成很多难以想象的事情，出色地完成了党中央交付的许多任务。

行动科即三科，负责镇压叛徒，铲锄内奸，保护中央负责同志，保障中央机关和中央召开的各种会议的安全。三科也称“红队”，它的人数虽然不多，但其活动能量巨大、战斗力坚强、战功显赫，为保卫党中央安全、打击敌探特务和镇压叛徒内奸英勇战斗，作出了卓越贡献，是一支让党中央放心倚重、令敌人闻之胆寒的威慑力量。科长先由顾顺章兼任，后由谭忠余等担任。

行动科是一支英雄的队伍。党中央对它关爱有加、精心培养，曾组织专门培训班加强对红队队员的政治教育和技术训练，帮助工人和帮会出身的队员们克服他们身上的江湖习气，总结经验教训，认真整顿组织。在党中央无微不至的关怀培养下，行动科很快成长为政治立场坚定、业务本领高强的战斗队伍。面对叛徒奸细，他们英勇顽强，烈血锄奸，绝不手软，出卖彭湃、杨殷等同志的叛徒白鑫，出卖罗亦农的叛徒何家兴，都在红队的枪下丧命。保卫党中央安全，他们奋不顾身，视死如归，创造了不朽的功绩，周恩来、邓小平等党的领袖都曾在红队的保卫下转危为安。他们在敌人严密统治的上海神出鬼没，在长期尖锐复杂的斗争中百炼成钢，开展了无数轰轰烈烈的惊险战斗，留下了无数可歌可泣的英雄事迹。

根据上海市（公共租界）警察局档案卷宗记载，仅仅在公共租界，从1927年到1931年间，红队铲除了至少40个敌特分子或者叛徒内奸——这仅仅是一个最低限度的数字，因为红队的许多行动从未被别人发现过。除此之外，还有许多行动是在法租界和中国人管辖的大上海甚至是天津等其他省份进行的，上海市警察局是没有记录的①。

行动科是特科直面敌人的武装力量，是特科牺牲人数最多的队伍。仅上海市警察局逮捕的红队队员就有26人，而牺牲记载则有40多人，他们多数是在锄奸惩叛的行动中被捕、牺牲或者被叛徒出卖。由于秘密工作的原则，他们中有的人，因身份被发掘而名留青史，有的人则仅仅留下了一个名字或代号，而更多的人，甚至连一个代号都没有留下。今天，我们有幸能从那血迹斑驳的档案中知道邝惠安、谭忠余、欧志光、袁永芳、张玉山、赵德兴、董纪全、孟华亭、祝锦明、赵轩等一个个光荣的名字。他们被捕后坚贞不屈，慷慨赴死，气壮山河，血沃中华。三科副科长、红

① 穆欣著：《隐蔽战线统帅周恩来》，中共党史出版社2018年版，第119页。

20世纪30年代初的李强

队队员孟华亭在刑前留给战友的纸条上写道：为了子子孙孙的幸福，我们尝尽人生辛苦。我们唯一的心愿是，我们要走正确的道路，斗争必须继续，这是我们唯一的遗嘱。天地英雄气，千秋尚凛然。

无线电工作科即四科，原为交通科，后根据革命形势发展调整职能，负责研制和筹建秘密电台，培养电讯人才，建立党的无线电事业。科长由李强担任。

随着中国革命形势的发展，党在白区的工作逐渐恢复，各地苏区纷纷建立，在上海的党中央迫切需要冲破敌人的封锁阻挠，加强对各地苏区、红军和党组织的领导。而以往的人力秘密交通在时效、安全和便捷上都不能满足形势需要。因此，在1928年6月的党的六大上，中央就提出建立无线电台，并将这个艰巨的任务交给了中央特科。

当时无线电在中国属于新兴事物，技术和材料并不普及，国民党当局还对关键零部件和原材料采取极为严格的控制与禁阻。想要建立自己的无线电事业，从电台到电讯人才都要从无到有，都得自己动手。

周恩来委派特科成员李强着手研制无线电收发报机，派张沈川学习无线电收发报技术。学习土木工程出身的李强以业余无线电爱好者的身份，同无线电行业的人交朋友，向他们学技术；向各大无线电公司购置无线电零件器材和图纸资料；最核心的元件买不到，就找人指点、自己琢磨，照着图自己加工。特科成员蔡叔厚开办的绍敦电机公司二楼，专门开辟了一个地方，配置了车床、钻铣等设备，掩护试验和制作。经过一年的努力，四科白手起家，于1929年10月成功研制出了第一台收发报机。

此时，张沈川报考了上海无线电学校，学习无线电通讯技术，毕业后进入“国民革命军总司令部第六军用电台”的电台室实习，成为我党最早的无线电报务人员。1929年11月，在英租界大西路福康里9号一幢三层楼房里，我党的第一部电台正式建立。此后，李强等人又在香港设立了电台，实现了沪港通报。

中央电台建立之后，特科为各地党组织和苏区培养输送了一大批无线电通讯技术人才，如先派出曾三、涂作潮、伍云甫等，后又派出了王子纲、蔡威等报务机务人员，前往各苏区和红军部队协助建立无线电通讯事业。1931 年 8 月，实现了上海党中央和中央苏区的无线电通报；1931 年 9 月，国际电台与中国共产党驻莫斯科代表团成功通报；1932 年前后，基本上实现了中央与各大苏区、红军部队之间的无线电通讯，加强了中央与各苏区之间的联系，使中央精神能够在第一时间下达到苏区，也使各苏区的军事行动配合更加紧密。

值得一提的是，就在李强和张沈川开始筹建无线电工作的时候，钱壮飞、李克农已经进入国民党上海无线电管理处工作。支部书记张沈川经李强向中央特科报告了钱壮飞的情况。最初由李强与钱壮飞、李克农接洽了关系。此后，钱壮飞利用国民党无线电管理部门人员的身份，为特科的无线电筹建工作提供一些便利。这是钱壮飞与中央特科最早的联系，但此时仅仅是工作上的协助协作关系，并未正式调入特科成为情报人员。

到 1929 年底，钱壮飞有机会打入敌人特务首脑机关时，党中央才将李克农、钱壮飞、胡底三人调入特科情报科，顺势打入敌内。钱壮飞随徐恩曾进入国民党中央调查科，占据敌人核心要害岗位。李克农留在上海无线电管理处，以无线电新闻编辑身份为掩护，获取掌握国民党上海无线电管理处的情报，负责接收钱壮飞获取的情报并上报给中央特科。胡底先是在南京协助钱壮飞工作，后来奉命到天津开展工作，负责调查科在北方的情报工作。

三人在敌内组成了特别党小组，工作中的重大问题由党小组集体讨论决定，然后分头执行。李克农任特别党小组组长，先后由陈赓、陈寿昌、欧阳新等人与他们单线联系。李克农处的宋季仁、钱壮飞的女婿刘杞夫都曾担任交通员，负责南京、上海间的情报传递。

李克农、钱壮飞、胡底三人小组打入国民党中央调查科，像是一把利刃插入了敌人心脏。他们丹心素裹、易面事敌，大胆采取革命的两面政策，在敌人营垒站稳了脚跟。他们与特科的战友里应外合，不断钻深爬高，一步步掌控了敌人的核心要害部位，掌握获取了大量机密情报，为保卫党中央的安全、服务党中央的斗争作出了巨大贡献。

（五）虎 穴 赤 胆

1929 年底，钱壮飞以秘书身份随徐恩曾赴南京就职。不久，担任调查科机要秘书职务，协助徐恩曾襄理内外业务。为了便于开展工作，他将母亲、妻子和幼子钱一平留在上海，自己每周六从南京回上海和家人团聚。表面上看，把家眷留在上海是很平常的事，但实际上是为了打掩护，这样他可以每周和李克农见面传递情报、研究工作，南京方面又不会怀疑。

出于工作需要，钱壮飞把女儿钱椒椒、女婿刘杞夫一家和长子钱江带在身边，一起到南京工作生活。刘杞夫担任交通员，负责情报传递工作。因李克农与钱壮飞妻子张振华系安徽同乡，所以钱壮飞的子女都称呼李克农为“舅舅”。刘杞夫的任务就是在钱壮飞不能离开南京的时候，将紧急情报交给上海的“舅舅”。

解放后的钱椒椒

钱椒椒的丈夫刘杞夫是湖南安乡人，是革命烈士颜昌颐的表弟。在中法大学读书期间，与钱壮飞妻弟张暹仲一起加入中国共产党，在北京从事党的地下工作期间，就与钱壮飞一家熟识并来往频繁。1927 年暴露身份后，与钱壮飞先后转移到上海，转入上海大学读书，继续从事革命工作。大学毕业后，大约在钱壮飞筹办杭州博览会期间，刘杞夫同钱椒椒结婚，婚后不久即随岳父钱壮飞到南京敌内任职，担任交通和掩护工作。

为了便于接头和相互照应，钱壮飞、

李克农、胡底三人在上海的住所离得很近，家属之间关系也都很好，子女经常在一起玩耍。当时，钱壮飞次子钱一平已经四五岁了，对这一段经历记得很清楚：

最初我们住在嘉善路的一幢小楼里，后来又辗转过好几个地方，每处住的时间都不长，经常搬家，最后的落脚点就是成都路大沽路的石库门。当时因为我父亲在国民党特务机关工作，收入比较高，住的房子也就比较好。而李克农和胡底的薪水不多，经济也不宽裕。记得住大沽路的时候，李克农一家就在我家后面的一间阁楼里，我每天都去找他的儿子玩。住在嘉善路时，胡底住在我家对面的一个亭子间，因为房子小，胡底自己从不开伙，每天母亲都会让我去请胡底来吃饭。……我还记得陈赓也常常来，他总戴一顶皮帽，我母亲一见他，就说“皮帽子”来了①。

作为一名潜伏在敌人内部的中共内线情报员，钱壮飞的任务是不断巩固敌人对他的信任，在敌人营垒中钻深爬高，设法占据核心职位，创造有利情报条件，最终目的是获取机密情报和开展隐蔽谋略行动。他必须干得非常出色才能获得更多信任，掌握更多情报资源。

徐恩曾到南京主持调查科工作的时候，陈果夫、陈立夫兄弟正在谋划扩张特务机构。徐恩曾深知国民党特务部门权力极大，而且这个位置上的前任都官运亨通，张道藩、吴大钧、叶秀峰无一不是迅速擢升。徐深受蒋介石和二陈兄弟倚重，野心勃勃地执掌了这一特务机构，决心要在这一行当干出一番“事业”。

国民党中央组织部党务调查科最早成立于 1926 年 5 月，开始只负责调查登记国民党党员情况，是一个纯党务工作部门，并非特务机构。1928 年 2 月，陈氏兄弟奉蒋介石之命改组调查科，专司情报特务活动，调查科成为国民党第一个专门的特务机构。改组之初，主要负责调查、监视和破坏反蒋活动，排挤汪精卫、胡汉民、丁惟汾等国民党反蒋势力，帮

---

① 杨潇慧：《红色特工钱壮飞》（钱一平专访实录），解放日报编：《长征亲历者实录》，上海三联书店 2006 年版，第 146 页。

助蒋介石开展派系斗争，掌控国民党组织、稳固统治地位。1929年底至1930年前后，二陈兄弟已经牢固执掌国民党组织大权，形成了“蒋家天下陈家党”的局面。蒋介石及二陈兄弟认为，调查科在国民党内排除异己、争权夺利的任务已经大致完成。此时，共产党领导的革命活动在全国的城市和农村日渐恢复，点点星火逐成燎原之势，成为蒋介石的心腹大患。出于“反共”形势的需要，二陈决定调整调查科业务方向，以“反共、反革命”为主要职责。调查科就此成为国民党的“反共大本营”。

徐恩曾上台以后，以“反共”为主要出发点，着手调整调查科的机构设置，扩充人员，增加经费，增设机构，充实业务。当时，徐恩曾最关心的机密大事就是在蒋介石势力能够达到的地区，如长江沿岸各地，准备建立基层秘密机关，开展侦察活动。同时，在南京建立秘密指挥机关和秘密据点，以便指挥各地的特务活动。

调查科原设“采访”和“整理”两股，每股各设总干事一名，下设干事、助理干事若干。徐恩曾在原有基础上，增设“特务组”“言文组”“文书组”，又从国民党中央军校要来60名毕业生来充实力量。他大肆发展地方组织，在各省国民党部设调查组，委任调查员。在上海、武汉等重要城市，派遣了一批特派员。一通“大刀阔斧”的整顿之后，徐恩曾认为调查科办公场所设在丁家桥国民党中央党部内，人来人往不便于开展秘密工作，而且很难脱离前任长官的影响。在征得陈立夫同意后，徐恩曾委派钱壮飞以机要秘书名义，在南京中山东路中央饭店隔壁的一幢二层小洋房内组织建立了一个秘密机关，并且设立了秘密电台，配备了机关人员。他将较为公开的调查科原有机构职能留在中央党部，将从事秘密工作的特务机构搬到这里。为了避免引起外界的注意，在门上钉了一块“正元实业社”的牌子掩人耳目。

正元实业社开张以后，就成为国民党特务机构的秘密指挥机关，实际上的大本营。徐恩曾和机要秘书钱壮飞都在此办公。这里人员并不多，钱壮飞只配备了少量的机要人员，负责管理电台，兼做秘书、会计，并趁机将女婿刘杞夫也安插其中，负责调查科的机关庶务，实际上主要承担他和李克农联系的秘密交通任务。

正元实业社旧址

徐恩曾此时虽然身负“反共重任”，却依旧改不了声色犬马的纨绔本性，整天要么在舞场妓院纵情放荡，要么在闻人政要间周旋钻营。每日里“要事”缠身，办公室里来去匆匆，神龙见首不见尾，将机关的日常事务全都推给钱壮飞去办理。

钱壮飞在敌营内掩护得很好，言行举止和行事做派完全是一副国民党政府机关人员的样子。李克农曾对胡备文回忆说：

钱壮飞多才多艺，打扮得很阔气，也善于理财。徐恩曾这些人都是想发财的，钱壮飞很能干，也给他搞（钱财），所以他把钱都交给了钱壮飞。钱壮飞呢，好像很忠实，这就得到了徐恩曾的信任。当时打进去是很不容易的，而且当机要秘书，打进的深啊，徐恩曾也一直很信任他的[①]。

钱壮飞与同事相处融洽，从不与人争吵，吃喝玩乐也能和大家搞到一起。工作上表现勤勤恳恳、严谨认真、奉公守法，为徐恩曾办理公私一应事务，保管机要文件、起草工作计划、代缮个人函件等，无不做得妥妥

① 胡备文：《多才多艺的钱壮飞》，中共湖州市委党史研究室编：《钱壮飞》，中共党史出版社 2013 年版，第 70 页。

当当。凡国民党中央党部送给徐恩曾看的机密文件、电报，汉口、九江等地“调查员”上报的秘密情报，都是钱壮飞先过目，然后再按照缓急程度分送徐恩曾。有需要徐恩曾批示的文电和情报，往往是由钱壮飞先审阅并拟好处理意见，再报给徐批阅。因为钱壮飞各项事务安排精当得体，文电办理周密细致，徐恩曾一般只管在上面签上大名，便交给钱壮飞负责落实。就这样，国民党特务机构“大本营”的全部机密，几乎都掌握在钱壮飞的手里。

隐蔽战线斗争中，一名优秀的内线情报人员，其作用不仅仅在于掌握和获取情报，更重要的是能够里应外合，设法控制敌人的机构，将敌人的情报机关变成我方的战斗堡垒。用敌人的经费、身份拿我们的情报，用敌人的手枪和子弹除掉我们的敌人，方为隐蔽斗争之上乘。

钱壮飞就是一名优秀的内线情报员。

他在国民党政府机关、特务机构内安插了大量我党人员。李克农和胡底都是在钱壮飞的帮助之下顺利打入敌营。早在钱壮飞进入无线电管理处之时，就利用他深得徐恩曾信任的优势，策应李克农考入无线电管理处中央广播电台当广播新闻编辑。李克农才华出众、思路敏捷、文笔流畅，凡是经他手整理的调查材料，徐恩曾都十分赞赏。李克农表现出色，越来越受到徐恩曾信任，很快被提拔为电务股股长职务，负责管理无线电报务人员的录用、培训、分配等事宜。官虽不大，但位置极好。徐恩曾执掌国民党特务工作以后，李克农便以此身份为掩护，实际上主持调查科在上海的秘密情报业务。有一段时间，李克农负责全国无线电报务员登记和考试工作。党组织派了不少人员前去报考，一则是为了打入国民党无线电系统，掌握无线电资源和情报。二则利用国民党的学校和组织，为我党培养无线电人才。李克农按照党提供的名单，凡是自己人一律录取，有时甚至考试没过也要想方设法录取进来。就这样，他们在国民党的无线电系统和机要岗位上埋下了不少“钉子”，其深远作用难以估量。胡底则是钱壮飞到南京任职之后，才介绍引荐到调查科工作的。李克农曾回忆说：他们缺乏人才，我们就抓住时机打进去，敌人在上海、南京、天津建立的秘密侦察点都控制在我们手里[①]。

此外，钱壮飞还以为亲戚介绍工作谋生、照顾老乡同学等多种名义，不断往敌内安插人手。有的是打入敌内获取情报，有的则只是为了解决社会掩护身份。有的是党组织的人，有的仅仅是一般亲友关系。数量庞大，鱼龙混杂，这样一旦出事，敌人一时也难以辨识，能够保护一些同志。仅安插在正元实业社内部的就有女婿刘杞夫、妻舅张家昽、族侄张慎先等人。他们在敌内担任交通、机要、情报员等职务，在后来的历史紧要关头，发挥了重要作用。

张家昽是张振华三弟，在钱壮飞的帮助下进入调查科工作。他在回忆当中写道：

当年，我自日本早稻田大学毕业回国，到南京中山东路中央饭店隔壁一幢小洋房里找过四姐夫钱壮飞。这幢房子大门口挂了一块四四方方的牌子，写着“正元实业社”。我见到他后，即说明了来意：希望他代我找个工作。

他叫我把我的住处写给他。没隔三四天，他就来找我，介绍我到“民智通讯社”工作。初去时我没有固定的业务，只是偶尔翻译一两份日文信件。这些信件都是日本浪人从中国各地寄来的，内容主要是各地共产党活动的一些动态和情况。我翻译后就交与钱壮飞，并没有其他事可做。

钱壮飞，高高的个子，长长的面孔，经常穿西装，打黑色领结，戴一副金丝边近视眼镜，清秀健壮，不爱讲话和嬉笑，态度沉默严谨。当时他的家眷仍住在上海，在南京只有他一个人住在社内。“正元实业社”是两层楼，楼上是房东住宅，楼下全部归“正元实业社”，有大小房间六间。朝西一间大房间，摆有四张铺，除一张铺是钱壮飞的外，其余三张都是社里职员床铺。中间是间堂屋，是房东上下楼梯进出的串堂。朝东四房，二大二小，一间大的是会客厅和饭堂；另一大间是办公室，放有四张办公桌子，其中一张是无线电报务员用的。靠里两小间，一间是钱壮飞的办公室，另一间是徐

---

① 穆欣著：《隐蔽战线统帅周恩来》，中共党史出版社 2018 年版，第 104 页。

逆恩曾的卧室。

我开始工作时钱壮飞并没有告诉我什么，只暗示我小心谨慎。我不住在“民智通讯社”内，每天除午饭到这里同钱壮飞同桌进餐外，很少接触和交谈。有一天下班后，社内没有一个人的时候，钱壮飞找我到他的办公室去谈谈。他严峻的面孔上带着点微笑，轻言细语地问我：“你到这里有十几天了，你看得出我们是搞什么的吗？”

当他提出这个问题时，我考虑了一下。钱壮飞过去的情况我知道，他在北京住在平安里，在杭州住在涌金门。他在上海的住处，我也到过，并且住过段时间。他参加中国共产党，进行地下工作，从北京转移到上海；到上海后又根据党的指示，报考徐逆恩曾管辖的上海无线电台，录取后极得徐逆信任。后来徐逆调到浙江建设厅，钱壮飞随徐同到杭州，设计和布置西湖博览会事项。这一连串的经过，他和徐逆恩曾之间的关系，我都很清楚。今天他又随同徐逆恩曾到南京，担任这项机密工作，我感到危险性很大。那时正是白色恐怖最紧张的时代，国民党反动派镇压人民爱国救亡工作。对共产党人，只要一经发觉，格杀勿论，被屠杀的共产党人和进步人士不知其数。现在钱壮飞打进敌人心脏进行革命斗争，其机智、勇敢实令人敬佩。我虽然时常替他担心，但又相信他沉着、机智，不会出什么危险。他的工作很忙，要翻译从各地拍来的密电，要回复和处理文电，还要经常到丹凤街“民智通讯社”主持事务，一天出出进进，不言不笑[①]。

钱壮飞利用帮助徐恩曾设立秘密机构的机会，掌握了敌人的多个机关为我所用。为了便于开展特务活动，了解各地情况特别是共产党活动情况和社会反蒋动向，徐恩曾建立了一套以“新闻通讯社”为幌子的情报机构，招纳各大报馆记者，广布通讯员，及时了解反映各地军政社会动态。有了通讯社，就可以合法设立无线电台拍发新闻稿。以此幌子为

① 张家昽：《钱壮飞和胡北风烈士二三事》，中共湖州市委党史研究室编：《钱壮飞》，中共党史出版社 2013 年版，第 52 页。

掩护，这些无线电台同时又兼做发送情报信息的秘密电台。这套机构从一开始就牢牢掌握在钱壮飞的手中。

新闻通讯社的总部指挥机关名为“长江通讯社”，设在紧邻正元实业社的南京中山路中央饭店四楼，负责接收各地通讯社、调查员、秘密电台发来的情报。在南京丹凤街，设立了“民智通讯社”，主要负责南京、上海一带的新闻和情报工作，手上有一些日本浪人等情报关系。钱壮飞兼任社长，胡底主持日常工作，张家昽、张慎先等担任编辑和翻译。

在上海，李克农以上海无线电管理处新闻编辑（后升为电务股长）的便利身份，利用无线电管理处职权，及时搜集各地新闻，掌握国民党内部电报和电讯人员及工作情况，甚至协助党组织安插人员进入敌内。他以搜集广播新闻材料为名，在上海东方旅社包租了一个房间，实际上作为我党传递情报的秘密联络点。钱壮飞和胡底送来的情报，上海的新闻材料和情报信息，由李克农报送给陈赓[1]。

南京中央饭店旧址，钱壮飞设立的掩护机关长江通讯社就在四楼

① 穆欣:《龙潭三杰中的胡底》,《世纪》2004年第5期。

1930年下半年，钱壮飞派胡底前往天津建立“长城通讯社”，作为调查科在北方的分支机构，隶属南京长江通讯社管辖。国民党的特务机关一直试图向华北东北一带渗透，搜集张学良、宋哲元、阎锡山等地方实力派的情报，策反瓦解地方军阀部队，了解共产党的活动情况。但是，由于地方实力派防范严密，几次派去的人员都被当地逮捕或驱逐，北方情报机构一直没有建立起来。受钱壮飞派遣，胡底拿着国民党的大笔经费，带领张家昽和调查科一个叫史济美的特务，沿津浦铁路北上到达天津。为了躲避国民党地方实力派的干扰，胡底决定将通讯社地址设在日本租界内。胡底担任社长，刚从日本留学归国的张家昽任记者，特务史济美负责财务经济方面的工作。经过大半个月租房子、买家具、设电台，长城通讯社终于在秋山街五号一幢四层楼房中成立。

然而，根据天津日租界当局规定，没有他们颁发的营业执照，不准私自设立电台和发报。胡底虽多次交涉，但日本领事馆坚不批准。长城通讯社一直无法与南京通报。为此，钱壮飞专程北上解决电台执照问题。他一路直奔北平，找到了在《北京晓报》工作期间的同事方梦超。方梦超早年留学东瀛，是个彻头彻尾的“知日派”，回国后在北平政学界活动，与日本老牌特务头子土肥原贤二是多年故交。土肥原贤二彼时任日本驻中国华北的特务机关长，是日本在华北开展侵华活动的幕后指挥者。钱壮飞通过方梦超，将土肥原贤二请到天津好生招待，请他出面打通了日租界当局的关系，才顺利拿到了电台执照，长城通讯社得以正式开张①。

胡底在天津利用国民党的名义，拿着国民党的钱，四处搞情报，常把搜集到的情报，密写寄给钱壮飞，转交党组织。当时密写的方法是将密语用柠檬或橘子汁写在普通书信的字缝中，用火一烤就显影出字。有时也用米汤在报纸上写情报，拿到后用碘酒一刷，情报就出来了②。

在钱壮飞的运作下，作为国民党特务指挥机关的南京长江通讯社，堂而皇之地成了三人党小组的大本营。每次李克农到南京来，就住在中央饭

① 穆欣：《龙潭三杰中的胡底》，《世纪》2004年第5期。

② 穆欣著：《隐蔽战线统帅周恩来》，中共党史出版社2018年版，第90页。

店四楼。钱壮飞和胡底都来谈工作，党小组公然在这里过党的组织生活。各地国民党特务机构搜集来的我党文件，都汇集到长江通讯社来。钱壮飞只在上面盖个戳，就叫人收起来完事，既不追究也不上报。有时，还利用这些文件学习党的精神。李克农曾回忆道：我们的党小组会，就在办公桌上开，三个人一块儿谈谈。看见有共产党的文件送来，往上面盖章子“查讫”。有他们的人进来了，也不怕，“看嘛，这是从哪里搜罗来的共产党的文件”。

除了利用敌特机关为我党安插人员、搜集情报以外，钱壮飞等人还利用与国民党军警机关的关系，利用国民党机关内部系统之间盘根错节的矛盾纠葛，巧妙地为党组织办理一些急难险重的特殊任务。有些党员在斗争中动摇叛变成为敌人的走狗，到处出卖同志，钱壮飞就把调查科获取的叛徒证据和藏匿地点报告中央特科，中央特科就派人对这些叛徒进行惩处镇压，以保证党组织的安全。有几次，地下党的秘密机关被侦悉了，有的党员身份暴露了，钱壮飞他们都能及时获悉，赶在敌人出动之前通知转移[①]。有时甚至可以开展谋略行动，借国民党特务机关之手，除掉某些极其反动、罪大恶极的特务首恶。

在国民党上海公安局里，有一个侦缉队长十分反动，以反共为乐，对共产党很残暴，抓捕了许多共产党员和革命者，双手沾满了人民的鲜血，威胁到上海党组织的安全。中央决定将他除掉，但中央特科几次派红队镇压，都因行动条件不成熟而未能得手。在陈赓的谋划部署下，李克农和钱壮飞与特科其他潜伏敌内的人员，联手设计搞掉了这个恶徒。李克农先租了一间房子，伪装成共产党的秘密机关，安排了一些党员进去活动，还放置了一些已经被国民党缴获、无关紧要的党内文件，然后故意将“情报”透露给那个侦缉队长。在他要求搜捕时，又侧面暗示他暂时不要动，以便放长线钓大鱼。侦缉队长信以为真，过了几天才去搜捕，结果人去屋空一无所获，只捡回来一些形同废纸的文件。钱壮

---

① 开诚著：《李克农——中共隐蔽战线的卓越领导人》，中共党史出版社 2021 年版，第 19 页。

飞又将此事暗中捅到公安局上层，其上司大光其火，对侦缉队长严加责问，他却有口难言。他们又趁机以调查科的名义，有意无意地暗示此人有“通匪”嫌疑。敌人便对他产生了怀疑，经过一段时间的“察看”，将他当作“共党奸细”秘密除掉了①。

钱壮飞和李克农他们还利用国民党特务机关“没人敢惹”的特权，依仗调查科的特殊身份，护送党的干部摆脱险境。特别是有重要领导同志要前往或者途经南京时，中央常交由他们护送和接应。

1930年初，刘伯承从苏联回国到上海，中央派他前往武汉发动武装暴动，必须迅速赶赴武汉。而当时敌人对上海到武汉的交通线路封锁严密，党的秘密交通线曲折迂回，时间上难以保证。中央特科派李克农利用其特殊身份将刘伯承从上海护送至南京，钱壮飞在南京予以接应和掩护，再交由其他同志护送至武汉。李克农曾回忆说：“那时还做了护送干部的工作，我党干部到南京总是我送。刘伯承也是我送的，是李立三当面交给我的，要我好好送去。我送干部总是坐头等车，我们有PASS，上去以后很神气，叫人家让开让开。到了南京，就在中央饭店楼上一住……”②

钱壮飞在一年多的时间里，在南京、上海、天津三地建立了长江通讯社、民智通讯社、长城通讯社和上海无线电管理局新闻编辑部等四处以新闻机构为掩护的特务机关，将调查科的势力触角伸向了地方军阀和日本人严密防范的华北地区。这令徐恩曾十分满意，对此赞不绝口。殊不知，他刚刚组建的这套秘密机构，从上到下完全掌握在共产党手中。他们利用国民党的名义，拿着特务机关的经费，四处活动，为党组织搜集情报。当国民党需要什么情报，钱壮飞、李克农和胡底就根据各地通讯社报来的共产党活动的新闻编造，添油加醋地编一些夸大其词、捕风捉影但是看上去还有鼻子有眼的情报，用来应付敌人。徐恩曾对他们上报的这些假情报也

---

① 开诚著：《李克农——中共隐蔽战线的卓越领导人》，中共党史出版社2021年版，第19页。

② 穆欣著：《隐蔽战线统帅周恩来》，中共党史出版社2018年版，第91页。

从不怀疑，一律照转上去，成了他向“上峰”邀功的资本。

关于东北军的情报就是最好的例子。张作霖、张学良父子，多年来盘踞东北觊觎关内，几次趁中原战乱带兵入关，是蒋介石一直以来的心头祸患。北伐之后，蒋介石就不断派人秘密潜入东北，企图收买东北军将领，策动他们反对张氏父子，瓦解东北军势力。前文提到的方梦超，就曾在1927年6月被蒋介石封以“奉天招抚使”的身份，潜入东北秘密活动。不料行事不密，还未过山海关就被张作霖侦悉。1927年6月25日，奉天长官公署密电各地：党魁蒋介石密派胡儒诩为吉黑招抚使，方梦超为奉天招抚使，现已潜来东省，秘密活动，要严加侦防，以免意外。后来蒋介石又几次派人进去，都被张作霖和日本人给搞掉了。

1930年5月至10月，蒋介石与阎锡山、冯玉祥和李宗仁爆发混战，史称中原大战。张学良拥兵数十万，雄踞东北作壁上观，被交战双方极力拉拢却按兵不动，在全国局势中地位举足轻重。蒋介石对东北军很不放心，急切地想知道东北军的态度和动向，千方百计要搞到东北军的情报。调查科作为专门特务机关自然“责无旁贷”。徐恩曾将这个“重任”交给钱壮飞办理，派钱壮飞和胡底潜入沈阳搜集情报。

钱壮飞立即将消息报告给中央特科。特科一边安排北方党组织全力协助，一边派陈赓一同前往。他们利用这个难得的机会，拿着国民党的通行证，花着国民党的钱，巡视了中央特科在华北和东北的工作，趁机在东北建立了一套名义上归国民党、实际上向中央特科提供情报的秘密组织，为组织获取了许多有关华北、东北情况的重要机密情报，圆满地完成了党中央交赋的任务。为了应付国民党，钱壮飞回到上海，和李克农躲在东方旅馆“闭门造车”，埋头把这次弄到的东北军无关紧要的边角材料，结合报纸上的消息，真真假假、剪剪贴贴，写了一份四万多字的有关东北军的详细“情报”，拿给徐恩曾交差。发展建立的情报机构，也都报告给了徐恩曾，表面上看，都是住在东北的某些人，有名有实的作为国民党驻东北的机关。徐恩曾看了以后连声称赞，直夸“了不起”，说“哪里来的这么好的材料”，对钱壮飞表示“佩服至极”，立即给予了嘉奖。因为有了这些情报，不但徐恩曾能够以此邀功，陈立夫也可以在蒋介石面前炫耀。徐恩曾从此把钱壮飞视作国民党特工系统难得的人才，更加信赖和重用了[1]。

钱壮飞虽然越来越受到徐恩曾的信任，但是徐恩曾有一个密码本，却始终没有机会触及。这个密码本是国民党高级官员之间通报用的核心密码本，属于绝密电码，按照蒋介石、陈立夫的要求，只许徐恩曾一个人专管专用。当时国民党内部使用的密码保密等级分为三类：最低等的是由译电员直接翻译，其次是指定专人翻译，最高级是亲译。徐恩曾掌握的这个密码本就是亲译本。

钱壮飞知道，如果拿不到这本密码，一些重要的电文就无法破译，那样就拿不到国民党统治集团的核心机密。他早就想设法搞到这本密码，可是一直没有机会下手。徐恩曾一直将密码本藏在贴身衣袋里，像护身符一样从不离身，牢牢掌握在自己手里。每有绝密电报，他就要内室亲译，别人要偷，也从无下手。

钱壮飞和李克农一起分析，徐恩曾致命弱点是喜淫好色、生活腐化，于是决定攻其软肋，从“色”字上突破防线。获取密码本需要有两个条件，一是密码本需要有一定时间完全在我掌握之中，二是要具备快速复制的条件。思来想去，这个条件只有上海具备：第一，徐恩曾在上海的时候都是花天酒地，身边也没有电台，根本不会处理电文事务，不会突然用到密码本。第二，上海是中央特科大本营，获取的密码可以很快就地复制，减少中间交通递送环节，以防意外。于是，钱壮飞和李克农设下一计，静待徐恩曾入网。

又一个礼拜天，徐恩曾照例前往上海度周末，钱壮飞和李克农照例左右作陪伺应。李克农先是趁机向徐恩曾渲染，上海某某歌舞戏院有个漂亮姑娘，如何如何迷人，说得徐恩曾心猿意马，立即就要前去寻欢。这时钱壮飞却故意指着徐恩曾的衣袋说：“你不能去，你带着这个东西怎么去！”徐恩曾色迷心窍，马上从小褂里掏出密码本交给钱壮飞，请他代为保管一夜。等徐恩曾一走，钱李二人立即拿出事先准备好的微型相机拍照，然

① 穆欣著:《隐蔽战线统帅周恩来》，中共党史出版社 2018 年版，第 91 页。

后把胶卷交给中央特科洗印复制。从此，我党就掌握了国民党高级官员的专用密码。钱壮飞也贴身暗藏了一本，随时准备破译国民党核心密电。国民党的许多重要机密情报就这样掌握在了我党手里[①]。

中原大战之后，蒋介石打败了冯玉祥和阎锡山，统治地位更加稳固，准备掉转头来对付红军。这两年，在大革命失败以后几乎陷入绝境的中国共产党，已经慢慢恢复了元气。党在国民党统治区的地下组织得到了恢复和发展，全国党员人数达到 12 万，党在群众中政治影响更加扩大。同时，在农村广泛开展土地革命，建立发展根据地，实行武装割据，红军主力部队发展到十多万人。蒋介石对此大为震惊，决心将革命的烈火扑灭于未起之时。1930 年 8 月，蒋介石就开始在国民党统治集团内部阴谋策划“围剿”红军之事。

陈立夫作为国民党中常委和中央政治会议的秘书长，是这些计划的始作俑者之一，与蒋介石等人有着频繁的文电往来，密谋“围剿”事宜。他凭借秘书长的特权地位，把蒋介石准备在 1930 年 9 月发动对江西苏区的第一次“围剿”和 1931 年 2 月发动第二次“围剿”的命令，兵力部署等重要文电都先后批给徐恩曾看。钱壮飞从徐那里获得了这两次“围剿”的绝密战略情报，由李克农交给陈赓和中央军委书记周恩来[②]。此外，调查科派驻各地的调查员上报的军事情报、各地通讯社发回的军事新闻，也都是他获取情报的有效渠道。顾顺章在叛变后，曾亲口对敌特蔡孟坚供述说：“钱某派其女婿刘骥千（即刘杞夫）作交通员，逐日至南京上海，送交国民党一切重要情报，连历次中央军‘围剿’计划连同各地反共负责人名单……”钱壮飞获取的这些军事情报准确及时，中央转发到苏区，为中央苏区指挥反“围剿”作战提供了决策参考，对红军取得胜利起到了重要作用。

中央特科打入国民党特务首脑机关的李克农、钱壮飞、胡底情报小组，宛如一把利刃插入敌人的心脏。他们掌握了敌人的核心机密，向党

① 开诚著：《李克农——中共隐蔽战线的卓越领导人》，中共党史出版社 2021 年版，第 22 页。

② 穆欣著：《隐蔽战线统帅周恩来》，中共党史出版社 2018 年版，第 86 页。

中央提供了许多重要情报，有力地保卫了党组织和中央领导人的安全，取得了巨大成绩，是中央特科“打入”敌人内部开展情报工作的典范。

钱壮飞在三人情报小组中，入敌最深、职务最高、接密条件最好。他在大革命失败后白色恐怖的严峻形势中，以大无畏的革命主义精神，坚持战斗在国民党反动派严密统治的上海和南京，大胆运用革命的两面政策，深入虎穴龙潭，易面事敌，巧妙周旋，牢牢占据有利战斗位置，取得一个又一个胜利。

历史，是无数英雄交织共舞的存在。英雄，则是历史最好的呈现方式。钱壮飞做好了所有的准备，等待属于他的历史呈现。

第四章　南京——惊天壮举

（一）金 陵 之 夜

1931年4月，正值江南好风景。

四年前，蒋介石攫取了大革命的果实，成立了反动的南京国民政府。南京城作为首都，聚集了无数达官显要。他们吸饱了民脂民膏，在秦淮河的莺歌燕舞中纸醉金迷。然而，街巷里呼啸而过的警车和高墙里日夜不停的拷打刑罚之声，还是让人意识到这座古都依然笼罩在白色恐怖之中。

世道并不太平。

4月1日，国民政府主席、国民革命军陆海空军总司令蒋介石调集20万大军，第二次“围剿”位于闽赣一带的中央苏区。他踌躇满志地对何应钦等一众高级将领部署：这次“围剿”，“以厚集兵力、严密包围及取缓进为要旨”，首先在苏区周围集结兵力，并实行经济封锁，断绝一切物资输入苏区，然后采取“稳打稳扎，步步为营”的方针，以主力分路推进，互相策应，以期消灭红一方面军，彻底摧毁中央苏区。

在这之前，钱壮飞就获取上报了蒋介石部署第二次“围剿”的战略情报。3月中旬，红一方面军就以总司令朱德、总政治委员毛泽东的名义，发出了进行反“围剿”准备的指示。针对蒋介石“稳打稳扎，步步为营”的战术，毛泽东采取“诱敌深入”的方针，率领苏区军民一体，灵活运用游击战术，由宁都、石城、瑞金等地一路退却至龙冈、东固地区隐蔽集结，寻找歼敌机会。一时间敌我势成胶着，战局尚不明朗。

4 月 25 日，星期六。南京中山东路 5 号正元实业社内空空荡荡，工作人员大多各自回家度周末了。徐恩曾则照例已经跑到上海，不是在密会他的情妇王素卿，就是在租界的勾栏院中花天酒地。只有钱壮飞，也许是挂记中央苏区的反“围剿”战事，也许是等待远在天津的胡底发来情报，这周并没有回上海和家人团聚，一如既往地值守在正元实业社的办公室里。实际上，他似乎从来没有假期，只要不回上海，每天就“恪尽职守”地坚守在机要秘书的岗位上，好让徐恩曾放心地当好“甩手掌柜”，从而第一时间获取各地特务机构发来的情报。

今天，他的坚守终于等来了最大的收获。

4 月 25 日夜，正元实业社的秘密电台一连收到三封特急电报。报务员将电报送来，钱壮飞一看，都是国民党武汉行营发来的绝密电报，而且注明“徐恩曾亲译”。

武汉方面一定是发生了重大变故！

两个月前，党在武汉已经遭受了一次重创。国民党调查科派驻汉口的特派员蔡孟坚“反共有术”，将武汉中共地下党组织悉数破坏。不少意志薄弱的党员干部被捕后叛变投敌，摇身一变成为敌人的特务人员，疯狗般四处搜寻着曾经的同志。蒋介石为此亲自在庐山召见了蔡孟坚，并手谕封其为少将参议，任命为汉口行营侦缉处少将副处长。如今，这位特务“新贵”正干劲十足，带着一众叛徒到处搜捕共产党人。

究竟发生了什么，能如此紧急？指定“徐恩曾亲译”，绝对不是小事。

钱壮飞赶紧回到自己的办公室，拿出此前秘密获取的亲译密码本的副本，逐一破译了这几封密电。电报内容使他惊骇万分。

电报是以武汉行营主任何成濬的名义发给国民党中央党部徐恩曾转秘书长陈立夫的。电报的主要内容是：

第一封电报说：黎明被捕并已自首。如能迅速解至南京，三天之内可以将中共中央机关全部肃清。

第二封电报说：拟用兵舰将黎明解送南京。

第三封电报说：黎明供称，兵舰迟缓，请速派飞机来接。

刚译出这三封令人窒息的电报，紧接着又来了三封。同前面三封一样，绝密，特急，徐恩曾亲译。只是这三封是蔡孟坚发给徐恩曾的。内容和前三封大致相同，并催促南京方面尽快处理指示①。

但是，蔡孟坚发给徐恩曾的第三封电报中还多了一层意思：黎明供称，徐恩曾左右有共产党，此消息切不可让他们知道。否则，将上海中共中央机关一网打尽的计划就会完全落空。

收到何成濬前三封电报的时候，钱壮飞还有一丝警惕，害怕其中有诈。但蔡孟坚的后三封电报彻底打消了他心中的疑虑，“徐恩曾左右有共产党”，已经证明黎明已将三人情报小组出卖，叛变已成事实。

黎明被捕叛变！这个消息犹如晴天霹雳般让人缓不过气。

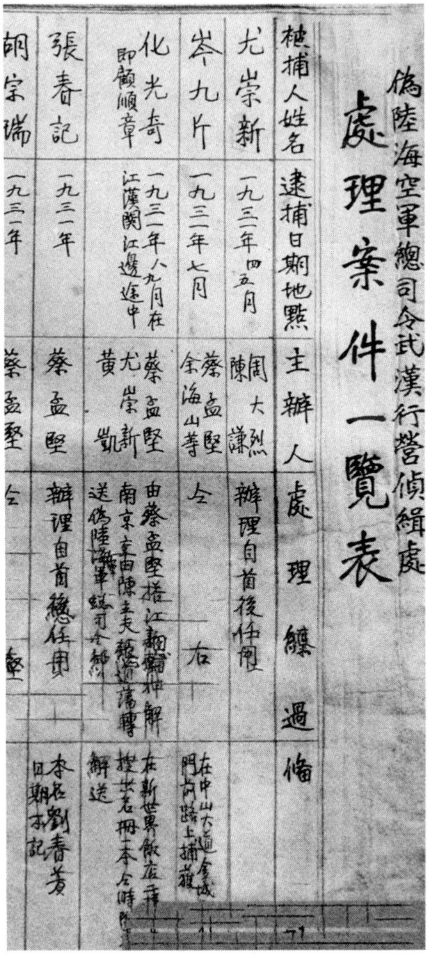

偽陸海空軍總司令武漢行營偵緝處
處理案件一覽表

被捕人姓名	逮捕日期地點	主辦人	處理經過	備
尤崇新	一九三一年四五月	周大烈 陳	辦理自首後任用	在中山大道金城門前路上捕獲
岑九斤	一九三一年七月	蔡孟堅 余海山等	仝右	
化光奇 即顧順章	一九三一年八九月在江漢關江邊途中	蔡孟堅 尤崇新 黃凱	由蔡孟堅搭江輪押解南京交由陳立夫轉送偽陸海空軍總司令部	在新世界飯店捕獲 [illegible]
張春記	一九三一年	蔡孟堅	辦理自首總任用	解送
胡宗端	一九三一年	蔡孟堅	仝右	本名劉春芳 日期不記

顾顺章被捕的相关案卷

密电中所称的黎明，即是中共中央政治局候补委员、中央特科负责人顾顺章的化名。他掌握着上海中共中央领导人的掩护身份、住址、活动规律，他知道中共中央在上海大多数重要秘密机关所在地，他了解中央特科打入敌内和策反拉出的所有秘密情报人员的信息，他精通中国共产党开展隐蔽斗争的策略、战术、手法。他的叛变，不仅让钱壮飞等三人情报组面临生死考验，更让党中央处于被敌人一网打尽的危险境地。

① 开诚著：《李克农——中共隐蔽战线的卓越领导人》，中共党史出版社 2021 年版，第 30 页。

顾顺章

顾顺章怎么会在武汉被捕呢，又怎么会这么快就叛变，和敌人勾结起来破坏党中央呢？这一切，都要从头说起。

顾顺章，又名顾凤鸣，化名黎明、张华、化广奇等。1895 年生于上海宝山县白杨村一个农民家庭，少年时代就流落上海街头，一度混迹青帮，与青帮“通”字辈大佬顾竹轩称兄道弟。后来进入上海南洋兄弟烟草公司当学徒，做了钳工，慢慢成为一个小工头[①]。顾顺章个头不大，身体肥胖，鼻梁很高，喜欢耍枪弄棒打架斗殴，能够双手打枪。他会变魔术，曾以“化广奇”的艺名，在上海大世界游艺场公开表演，还在斜桥路 22 号开过一个奇星魔术社，专卖一些玩魔术的道具小玩意儿。

上海南洋兄弟烟草公司拥有 7000 多名工人，是当时上海规模较大、工人阶级集中的工厂，党领导下的工会非常活跃。顾顺章平时爱打抱不平，经常出头露面维护工人的利益，在工人当中有一定的威信和影响力。

1924 年，南洋兄弟烟草公司爆发工人罢工示威活动，顾顺章代表工人与总经理据理力争，遭到资方毒打后被巡捕房抓捕关押。上海党组织经过多方活动，把他营救了出来。出狱后，大约在 1924 年秋，顾顺章正式加入了中国共产党，编入向警予、李立三等人所在的上海南洋烟草公司制烟厂党支部。

在 1925 年的五卅运动中，顾顺章开始崭露头角。此时他已经成为烟厂支部书记。鉴于他在工人中威信较高且性格勇猛、敢打敢冲，党组织委派他负责组织和领导秘密工人纠察队。他很快就选拔了一批立场坚定、体格强健的优秀工人同志，通过洋行买办采购了枪支弹药，组建起了“打

① 黄中元：《顾顺章》，中国中共党史人物研究会编：《中共党史人物传》第 80 卷，中国人民大学出版社 2017 年版，第 413 页。

狗队”，专门镇压和惩戒向敌人告密的叛徒、敌人豢养的工贼和与敌人勾结的帮会流氓。五卅运动后，顾顺章调到上海市总工会工人纠察队，任第三队队长。此后，历任总工会闸北办事处主任、中共上海地方委员会委员、中共上海区委委员等职务[①]。

1926 年 9 月，在周恩来的推荐下，中央决定选派陈赓、顾顺章、陆留前往苏联学习政治保卫工作经验。他们三人乘坐一艘苏联货轮从上海到海参崴后转乘火车到达莫斯科，被安排在一座楼房里住了十几天，不准上街。手续办妥之后，他们离开莫斯科到苏联远东地区，学习政治保卫工作和武装暴动经验。在伯力和海参崴附近，他们系统地学习了苏联专家教授的情报保卫工作理论和方法，学习了暴动、劫牢、爆破、射击、密写、化装、跟踪、窃听、解铐、摄影、秘密通讯、侦察和审讯等特工技术。经过三个多月的学习，于 1927 年 2 月 1 日返回上海[②]。

1927 年 3 月 21 日，顾顺章参加了周恩来领导的上海工人第三次武装起义，担任特别军委成员、工人武装纠察队总指挥。顾顺章具体指挥并参加了战斗最激烈的浦东闸北地区工人纠察队的战斗。他凭着一股子蛮劲儿到处猛冲，扛着红旗带头冲进了伪上海市政府。3 月 23 日，党领导召开的上海市民大会上，顾顺章当选上海市临时政府委员。

四一二反革命政变后，顾顺章随中央转往武汉。1927 年 5 月，出席了中共五大并当选为中央委员。不久，担任了中央军委委员兼特务工作处处长。大革命失败后，顾顺章出席了中央政治局“八七”紧急会议，在会上被选为政治局委员，并任中央交通局局长[③]，负责党的秘密交通网建设和党中央从武汉转移回上海的搬迁工作。1927 年 11 月 14 日，中央政治局常委会决定成立即中央特科，由周恩来领导，顾顺章主持日常事务并兼

---

① 刘育刚著：《顾顺章——中共历史上最危险的叛徒》，当代中国出版社 2014 年版，第 1、2 章。

② 黄中元：《顾顺章》，中国中共党史人物研究会编：《中共党史人物传》第 80 卷，中国人民大学出版社 2017 年版，第 414 页。

③ 中共中央组织部、中共中央党史研究室、中央档案馆编：《中共组织史资料》第二卷上册，中共党史出版社 2000 年版，第 73 页。

任行动科科长。1928 年 11 月 14 日，中央成立了由向忠发、周恩来、顾顺章三人组成的中央特别委员会，负责领导中央特科工作。1930 年，顾顺章任中央总行动委员会主席。在中共六届三中、四中全会上，当选为中央政治局候补委员。

顾顺章靠着敢打敢冲、机警勇猛在革命中崭露头角，身居党内要职。但是他自幼混迹江湖，身上沾染了许多不良习气，平时又不注重学习修养，政治水平也不高。这些问题在他是基层干部时，就有所体现。在他当上党的重要领导之后，就更加凸显出来。

顾顺章经常无视党的隐蔽斗争的政治属性和政治方向，把严肃的政治斗争变为单纯的恐怖行动，甚至是私人的复仇行动。有段时间，上海租界侦探机关的包打听头头们经常在一品香饭店集中开会，交换情报。顾顺章异想天开，通过特别关系从日本兵营里搞到了几大皮箱炸药，想用恐怖手段把这些家伙一起炸死。如果按照顾顺章的主张行事，不但一品香饭店会变成一片废墟，周围居民也会遭到极大的损害。周恩来知道后，立即阻止了这次荒唐行为。顾顺章的这种做法，显然与党的隐蔽斗争方针、政策、策略背道而驰，不符合党的长远利益和根本宗旨。任其发展下去，势必将使中国共产党丧失社会群众的同情支持，脱离于人民的庇护而陷于孤立，同时带来敌人更加疯狂的报复。

随着职位的提升和权力的扩张，党组织对他的约束力越来越小，顾顺章个人品德方面的恶劣倾向进一步暴露出来，逐步走向腐化堕落。他居功自傲、骄傲蛮横、飞扬跋扈，狂妄的个人野心日益暴露。他以特殊工作为借口，逃避组织和同志的监督，利用党组织本就十分紧张的革命经费，大搞个人享乐，铺张浪费，花天酒地，乱搞女人，抽鸦片烟。甚至丧失共产党人的立场，竟然找“星相家”看相算命，吹嘘他有“福相”，将来会做皇帝。陈赓曾经气愤地对中央特科人员柯麟医生说：“我们两人如果不死的话，准能见到顾顺章叛变！”①

中央对顾顺章的腐化堕落有所警觉，也采取了一定的措施。1930 年

---

① 穆欣著：《隐蔽战线统帅周恩来》，中共党史出版社 2018 年版，第 170 页。

5 月，中央专门将在北方工作的聂荣臻调到中央特科，约束顾顺章的不良行为，从政治上加强特科的工作。聂荣臻回忆说：中央发现顾顺章吃喝嫖赌抽大烟，样样都干，他把这些特科工作的掩护手段，变为追求个人享受的目的，日益腐化堕落，引起了党的警惕。……当时还没想到他会叛变，只是感到，如果放任他这样下去，会出问题，调我来，就是为了约束他的放荡行为[①]。周恩来曾经多次严厉批评过顾顺章，向他指出："私生活的腐化堕落完全违背共产主义道德的准则"[②]。但周恩来言者谆谆，顾顺章听者藐藐，阳奉阴违、屡教不改。

1931 年初，中共六届四中全会在上海召开，王明等人实际掌握了中央领导权，以清算"立三路线"为由，大肆排斥异己，将很多领导干部排除在领导中心之外。顾顺章作为李立三的亲信，"立三路线"的代表人物，也受到了强烈的抨击打压，思想动摇加剧。周恩来在新中国成立后不久的一次会议上说过，"顾顺章的叛变，不是偶然的，当时的'立三路线'和四中全会都加深了他的动摇，而我们没有预先警惕"[③]。

这时的顾顺章已经摇摇欲坠、不堪一击。

他身上固有的流氓无产阶级缺点在加入中共组织之后直到身居高位都没有得到克服改正，甚至愈加严重。党组织对他的教育改造工作做得也不够，瞿秋白妻子杨之华在 1938 年撰写的《叛徒顾顺章叛变的经过和教训》一文中提道："顾顺章担任的工作很重要，平日不看文件，开会不常说话，不发表任何政治意见"，"而同志们并没有来注意这一点"，"虽然他是一个老党员，虽然他在过去执行党的决定很勇敢，但他所以勇敢的内容是什么？我们没有加以研究。他没有了解主义和政策，他的一切工作是没有革命意识的内容"，"对顾顺章的教育工作做得极少甚至可以说没有做，他入党直到出走，没有改变他丝毫的习性。如果我们对于他抓紧政治教育，特别在实际工作的政治教育，我不相信经过长期的党的政治生活

---

① 《聂荣臻回忆录》，战士出版社 1983 年版，第 118 页。

② 黄中元：《顾顺章》，中国中共党史人物研究会编：《中共党史人物传》第 80 卷，中国人民大学出版社 2017 年版，第 418 页。

③ 穆欣著：《隐蔽战线统帅周恩来》，中共党史出版社 2018 年版，第 388 页。

之后不能改变他的性格。这个教训对于党有极大的意义”[①]。

顾顺章叛变后，周恩来也在1931年6月10日中央政治局会议上通过的《中央审查特委工作总结》中说：“特委工作虽有许多成绩，给予党以不少保护的，但终因顾顺章一个人的叛变，遂使全部工作发生动摇。这不能不说是特委工作的错误的结果，尤其是特委本身政治教育的缺乏，成为特委基础不能巩固的历史病源。”[②]

政治教育的缺失，让顾顺章对革命的认知非常粗浅，对共产主义理想信念模糊不清。尽管他作战勇敢，为党组织作出过很大贡献。但是他的努力和奋斗的目的性不明确，“没有革命意识的内容”，革命意志和战斗方向是不稳定甚至是动摇的。

基础不牢，地动山摇。脆弱的理想信念根基，模糊不清的革命信仰，在中国暴风骤雨般的革命狂潮中，必然会不堪一击，粉身碎骨。

随着形势的变化，顾顺章日渐松动的政治立场摇摇欲坠。形势有利和个人欲望能够得到满足时，他还会继续跟着党走。否则他会借一偶发事件走向反面。顾顺章的叛变，正取决于形势的发展和这个偶发事件何时发生。

该来的总会来。

1931年3月28日，中央政治局召开常委会议，决定由张国焘担任鄂豫皖中央分局书记兼军委书记，立即赴鄂豫皖苏区上任。

张国焘是中共创始人之一，是六届四中全会上当选的三名中央政治局常委之一，又是共产国际看重的“红人”，资格老、地位高、分量重，炙手可热。

党内领导情报保卫和秘密交通工作的周恩来对张国焘赴鄂豫皖苏区非常重视，派中央政治局候补委员顾顺章亲自负责护送。当时主要考虑顾顺章长期从事情报保卫工作，机警灵巧，经验丰富，能够应对沿途复杂情况，保证张国焘的绝对安全。顾顺章在大革命时期曾在武汉从事情报保

① 杜宁:《叛徒顾顺章叛变的经验和教训》,《党的文献》1991年第3期。

② 穆欣著:《隐蔽战线统帅周恩来》，中共党史出版社2018年版，第323页。

卫工作，熟悉当地情况，又曾负责党内交通工作，掌握上海至武汉的秘密交通线路。当时武汉接连出现叛徒，党组织遭受极大破坏，特别是上海经武汉至各苏区的长江交通线，受到严重影响。苏区急缺的药品、电台、机械等物资供给受阻，影响红军反“围剿”斗争大局。中央有意派顾顺章去武汉查看当地情况，重建党的地下组织，恢复长江交通线[①]。此外，还有一个重要的原因就是顺势将顾顺章调离中央特科，当时在中央特科工作的陈养山说，“顾顺章早就生活腐化，周恩来同志多次批评过他，派他送张国焘去鄂豫皖苏区，实际上是把顾调离特科”[②]。

当时没有人知道这将会是一次深刻影响中国历史的护送行动。护送者顾顺章，被捕后叛变投敌，带着敌人千里追杀，几乎将上海党中央置于死地。被护送者张国焘，长征时拥兵自重另立中央，后来干脆出走叛党以身事敌。命运的道路在他们的脚下悄然分歧，一脚踩错，万劫不复。

然而历史毕竟无法预知，顾顺章还是像往常一样，周密高效地安排好了护送工作的一切事务。

3 月 31 日，顾顺章从上海出发打前站。他和中央特科的董健吾乘火车到南京，再乘船到武汉，一路观察沿途敌人布防检查情况，到武汉安顿检查隐蔽住所，安排当地交通员下一程的护送事项。

4 月 1 日，张国焘和陈昌浩在顾顺章的助手、中央特科行动科陈莲生护送下，扮作普通商人从上海乘船出发。

张国焘他们乘坐的是祥泰木行的货船。这是中央特科控制下专门负责武汉到上海之间秘密交通的船只。祥泰木行由一个英国商人在上海公共租界工部局注册，货轮挂英国旗，专门从上海运载木材到武汉，不卖票、不搭客。船上有位浙江宁波籍的陈姓船工是共产党员，中央特科的秘密关系。中央特科负责护送转移的许多同志，特别是重要领导同志，常以老陈朋友的名义，乘坐这条船来往。党中央从武汉迁往上海的时候，这条船就曾经发挥了重要的作用。

① 黄中元：《顾顺章》，中国中共党史人物研究会编：《中共党史人物传》第 80 卷，中国人民大学出版社 2017 年版，第 122 页。

② 陈养山：《关于中央特科》，《党史资料丛刊》1981 年第 2 辑。

旅途很顺利，张国焘在其回忆录中详细叙述了这趟行程：

顾顺章为我服务，十分卖力。他决定亲自护送我到汉口，沈泽民的行程则由他的助手料理。他告诉我，有一艘来往沪汉之间的野鸡船，与他有密切关系，这艘船将于3月底开赴汉口，他要我坐那艘船，他自己则先赶到汉口物色人员护送我去黄安，他详细向我说明每一细节所应采取的步骤，我决定照他的计划实行。

那艘野鸡船定于4月1日出发，3月31日晚九时左右，顾顺章的助手雇了一辆街车来接我，于是我和我的太太告别，离开我的秘密住所，搬到南京路新世界旅馆。这家旅馆也是与顾有密切关系的，常为他利用作为活动的据点。这时他早为我预定了一个房间，连旅客登记表也代我填好了，注明我是由香港刚来的，以应付可能的盘查。

我预定在凌晨三时上船，顾则搭夜车往南京，再转船赴汉，可先我一日到达。

1931年4月1日凌晨三时，我扮成普通商人，顾顺章的助手扮成我的伙计，街车司机虽与我互不相识，却也是一个同志。我们在夜深人静时直驶杨树浦码头，到达码头时，曾有一巡捕来查问，我的伙计下车应付了几句，便通过了。此外，并没遇着甚么阻挠。到达水手舱中时，陈昌浩已先我在那里，并为我在他铺位的旁边占了一席地作为我睡眠的地方，陈昌浩也是扮成我的伙计。他在那里摆出一副侍候老板的神气，为我多方张罗照料，我们就这样神不知鬼不觉的离开了上海。

晨光普照的时候，船开出了吴淞口。这是一只货船，十几位客人都是水手们私带的“黄鱼”。我们这两条“黄鱼”虽同是商人打扮，但又有点不象。水手和客人多猜测我们是贩卖鸦片的巨商。于是我们将计就计，和同船的人一起打麻雀，我们立定主意输一些钱，而我们的技术确实蹩脚，输钱时也显得很自然。几天工夫，我们输了近百元的大洋，同船的人皆大欢喜，认定我们是一掷千金的大鸦片商。

4日下午，我们的船快要到汉口了。顾顺章嘱咐船主要在下午六时后靠码头，因为顾顺章认为六点多钟是暗探们用膳的时间，那时登岸危险性可能少些。果然，这艘船马上减低了速度，直到六时过后才停泊好。我和陈昌浩各提着简单的行李，走出码头的时候，天已近黄昏。码头外的要道上，有一个年轻人手里拿着一张当天的报纸，向我们投射了一个暗号，这就是顾顺章派来接我们的。那青年人旋即坐上一辆人力车，我们也跟着坐上人力车，直向离码头不远的日租界驶去。

在日租界一条较僻静的街道上，我们走进一所房子的二楼，顾顺章已在那里等候我们。他知道我们一路上没发生过甚么困难之后，便和我们研究下一步的步骤。他告诉我们，从这里到鄂豫皖区，不能由汉口交通站的人护送，须由鄂豫皖派出来的交通迎接进去。现在已确知那个可靠的交通至少还要三天才能赶到。因此，我们至少要在汉口停留三天。接着他又告诉我们，这个交通据点住着一对可靠的夫妇，一向是很稳妥的。但据最近的消息，这里已引起日租界暗探的怀疑。因此，他对我们是否可以住在这里，颇表踌躇。他还告诉一件我向来不知道的事，他说他是有名的“化广奇”大魔术师，曾在汉口表演多次，轰动一时。汉口有些大商人和富人曾拜他做老师，其中有几个和他来往亲密，完全不知道他就是顾顺章。他建议如果这里不好住，可以搬到他的一个学魔术的学生家里。那是一位大商人的家庭，不会引起人们怀疑的。我不同意顾顺章这个建议，我对他说：如果我住在大商人家里，不能躲藏着不见客，汉口认识我的人很多，商人中也有不少人认识我，万一遇着了，反为不妥。这里虽已为日租界暗探所怀疑，但不见得在这几天内就会出事。我们就藏在这里，决不露面，也许要妥当些。我们研讨的结果，一致认为还是一动不如一静。

7 日傍晚，顾顺章领着刚由鄂豫皖区来的交通到我们的寓所。这位来迎接我们的青年人身材矮小，沉默寡言，倒象一位经过磨练的商店伙计。我们商定翌晨启程，乘公共汽车向目的地进发。顾顺章因不便在车站露面，决定派他的助手到站照料。

8 日上午 8 时，我和陈昌浩跟着那位交通，离开日租界，穿过中国地界的小街小巷到汽车站。我们各自提着包袱雨伞之类，前前后后各自行进，似乎并不相识。在车站分别买票，我们很顺利的搭上了经黄陂到麻城李家集的公共汽车。车开行到郊外时，曾停车经过两次检查，我们没有遇着困难就通过了。

4月8日，顾顺章将张国焘和陈昌浩交接给鄂豫皖苏区派来的交通员，他的护送任务即已完成。但是，他并没有立即返回上海，也没有开展其他党的工作，而是在汉口法租界的陶陶旅舍（一说德明饭店或世界大旅社）包了房间，迎来送往，近乎公开地开展社交活动。最为嚣张的是，他不顾秘密工作的纪律，擅自以“魔术师化广奇”的艺名，在新市场游艺场公开表演魔术，并在街头巷尾大肆张贴广告，招徕观众。

魔术广告海报上这个高鼻梁大眼珠、神秘莫测的魔术师，很快成为汉口百姓茶余饭后的新奇谈资，自然也引起了国民党特务机关的注意。舞台上得意洋洋的顾顺章不知道，一双眼睛已经死死盯住了他，危险正在一步步逼近。

盯住他的是国民党武汉行营侦缉处。

1930年，蒋介石为了“围剿”革命根据地，在南昌、武汉分别设立了行营。武汉行营主任何成濬是蒋介石心腹亲信，帮会中人，蒋介石早年在上海的“同山弟兄”。武汉行营下设侦缉处，专责从事反共防共的勾当。侦缉处处长是杨庆山，武汉一带的帮会头目、洪门大流氓，与何成濬同乡同道，平日里作恶多端，深得何成濬倚重，官拜国民党少将参议。杨庆山虽是侦缉处长，但却是个草包莽夫，只能负责出面联系码头、旅馆等行会里的流氓无赖。侦缉处实权掌握在副处长蔡孟坚手中。蔡孟坚为人狡猾，善于钻营，因“反共有术”而深得陈立夫赏识，被举荐给徐恩曾的调查科派往武汉行营，挂少将参议，任侦缉处副处长，实际主持汉口的反共事务。

侦缉处是国民党武汉三镇的反共机关总部，主要人员构成是帮会分子和共产党叛徒。就在顾顺章到达汉口前两个多月，蔡孟坚破获了中共武汉市委组织，武汉市委书记尤崇新①以下十多人被捕叛变，投身在侦缉处周

---

① 尤崇新，又名游无魂、游浮，外号“尤麻子”，江苏阜宁县人，1925年在上海加入中国共产党，历任中共沪中区委、沪东区委、南京市委书记。1930年11月奉调汉口任中共武汉市委书记。1931年1月被捕叛变，解放后潜伏在新华社工作，镇反时被北京市公安机关抓获并判处死刑。

大烈[①]负责的特务组。这帮叛徒带着侦探日夜活动在轮船码头、客栈旅舍和戏院堂馆，严密盘查往来行人，捕杀共产党员和革命人士。短短的时间内，党在武汉的工作遭到极大破坏。顾顺章在汉口登台演出之际，正是这帮特务走狗们四处搜寻之时。

与顾顺章一起前来武汉的董健吾对顾顺章近乎嚣张的做法深感惶恐。在上海滩多年隐蔽斗争的经验，让这位以牧师为掩护身份的共产党情报人员感到极度不安。他感觉这样下去一定会惹出弥天大祸，若干年后他曾回忆道：

当时在汉口，我住在朋友家里，顾顺章单独另住一个地方，两人每天在公园碰头。他每次来，常偕一个身着白衣、白帽、白高跟鞋的时髦女郎同来。说是在舞场认识的舞女，为了避免别人的注目，每次约她一道散步。这个女人曾经问我姓什么，我说姓王，她即付之一笑，不予置信。我就提醒他提高警惕，顾顺章却不以为然。后来我见顾顺章到处招摇，怕生意外，便提出要回上海汇报工作，与他分手。他就为我买了一张建国轮的船票，准备第二天动身回沪。当天晚上，我向友人辞行的时候，友人问我乘何轮船？我说乘建国轮。女主人说：建国轮不及洛阳轮舒适，我家阿福（佣人）明晨乘洛阳轮去上海，你不如改乘洛阳轮，阿福沿途还可对你照顾。遂要阿福给我退票，改买洛阳轮的船票。第二天我上船不久，顾顺章就在被捕后叛变，把我也出卖了。建国轮到达上海码头的时候，军警登船挨个检查，并要每个旅客全部取保。而我改乘的洛阳轮先到上海，未受任何检查[②]。

1931年4月24日，就在董健吾登船离开武汉的第二天，星期五的下午，尤崇新、周大烈在侦缉处六名缉务员的监视陪同下，步行来到汉口江汉关一带识别指捕革命人士。约到了下午四五点钟，缉务员准备带着尤

---

① 周大烈，原名宋惠和，原为中共汉口行动委员会成员，1930年9月被捕叛变，改名周大烈，在侦缉处当特务，曾任调查科河北站站长，军统局行动科长，解放后被公安机关抓捕。

② 穆欣著：《陈赓同志在上海》，文史资料出版社1980年版，第81页。

崇新和周大烈回侦缉处，当路经三教街西面二码头来到三阳路阜昌街附近时，与看完电影出来的顾顺章、中共中央军委驻汉口交通站站长张崧生[①]迎面相遇。顾顺章和张崧生立即被认出，当场被捕。

1952年，尤崇新被我公安机关抓获。在狱中，他供述了当年指认抓捕顾顺章的过程：

> 我担任沪东区委书记时，张崧生在上海中央江苏省委住机关，每周开区委书记联席会时与张见面。省委曾派顾顺章和我接过头见过面，调查沪东区委一个叛党党员。我知道顾是负责党内保卫工作的[②]。
>
> 1931年4月间的一个下午，又押出去逛马路。……傍晚，在三教街西段三码头静悄悄的冷落的街道上没精打采地走着，正到三岔路口向北转角处，忽然迎面走来顾顺章、张崧生。顾在前，张在后。我们都不约而同地相视一下。张见我左右人物不妙，面部发白，放快步伐急于越过去似的。我和周大烈并肩行走，我身旁一个缉务员守着，周大烈身旁也有一个缉务员守着，后面跟着四人，这时脚步不约而同地停下，在我身旁的缉务员问我认识不认识，我答认识。后面四人已转头去拦住顾、张，见四人带着顾、张一起走，在我身旁的缉务员说声“我们走吧”，他们两人把我和周两人径自带回侦缉处，顾、张后来不知押到何处去了[③]。

随后，缉务员押着顾顺章，首先搜查了他们在“陶陶旅社”住宿的房间，在沙发的夹层里搜到一批文件。同时逮捕了同住旅馆内的顾顺章的徒弟、中央特科红队成员陈莲生（当时化名张增谦，叛变后称张文龙）。在顾顺章房间，特务们发现还有一名交际女郎也在场，据称是化广奇魔术团的助手，遂将其一并逮捕。

---

① 张崧生，叛变后改名张晓行，1955年被重庆市中级人民法院以反革命罪判处有期徒刑六年。

② 孙曙著：《公安缉凶揭秘：“3·13”惨剧到“11·27”大屠杀刽子手末日》，重庆出版社2003年版，第192页。

③ 曹英著：《中共早期领导人活动纪实》，改革出版社1999年版，第353页。

回到侦缉处，尤崇新立即指供顾顺章的真实身份。武汉行营侦缉处如获至宝，将级以上人员都来参加审讯顾顺章。刚开始，顾顺章一口咬定自己是玩魔术的江湖客，面对尤崇新的指名问供拒不承认。侦缉处用尽各种方式，均无效果。最后在中共叛徒黄坚的建议下采取怀柔手段，让周大烈等叛徒们对其以礼相待，递烟上茶好言劝说。如此直到深夜，顾顺章的防线开始松动，承认了自己的身份，并声称："我早已不愿再干了，去年我就用一种间接方法给南京老蒋寄了一封信，不知何故没有收到回信而未得机会……上海工人纠察队是我组织起来的……第三次上海暴动，缴孙传芳的械，就是我负责指挥的……这是我第二次来武汉，前一次是送张国焘到鄂豫皖红区去工作，这次是请假来武汉游玩，没有任务。上海中共中央各重要机关和领导人的住址都完全掌握在我手里，我要找南京当局领导亲自面谈。我的转变工作都在上海，必须亲自赶快去上海才行，你们决不可把我被捕的消息打电报去南京，否则会走漏风声，影响我去上海开展工作……"

1960 年 12 月 3 日，叛徒周大烈在《向真理低头，彻底认罪服法》中供述："我对顾顺章这些表示转变的话是相信的，但不相信顾是私自请假来武汉玩耍，怀疑是来制裁我这个疯狂的叛徒，但不能点穿。只是希望他很快赶到上海，将中央'一网打尽'，从此我不但能平安无事，而且估计顾顺章一定会受到蒋介石的重用，另立更高级的专门反共机关，我也可与顾一道随从蒋介石到南京发号施令……"①

接着，思想防线彻底崩溃了的顾顺章要求与蔡孟坚面谈，提出要面见蒋介石：我有个对付共产党的大计划，请你速安排本人晋见总司令蒋公，我将当面陈情。蔡孟坚在其回忆录中写道：（顾顺章）以客人自居，向我说："我不是一个普通共产党，是共产党中央常委，与周恩来平起平坐，共产党党务，我掌管大部分，任何秘密机关，由我全部安排。我受过苏联格别乌训练，还是上海共产党中央红色保卫局长。说特务，我是特务的总管。这次来汉口，是利用我变魔术，以化广奇魔术团为掩饰，主要

---

① 孙曙著：《公安缉凶揭秘："3・13"惨剧到"11・27"大屠杀刽子手末日》，重庆出版社 2003 年版，第 193 页。

任务：护送张国焘去鄂豫皖边区任主席，张昨已由我派人掩护到达；筹备布置共产党主席经粤汉铁路转株、萍去井冈山，转移主席驻处。你今日找到我，可能对国共两党都有好处。我不能与你多谈，留下重要问题，请你安排我与蒋委员长商谈。”[①] 蔡孟坚提出引见武汉行营主任何成濬，顾顺章依然表示不以为然。

4 月 25 日拂晓，抽了一夜大烟的国民党武汉行营主任何成濬一早就赶来见顾顺章，言语间极其客气、礼遇有加。顾顺章受宠若惊，作为叛变投敌的见面礼，当即供出了其掌握的武汉地下党组织情况，出卖了鄂西联县苏维埃政府、红二军团驻汉办事处和在祥泰木器行上以舵手身份为掩护的秘密交通员老陈等党的机密。侦缉处立即据此开展大搜捕。由于顾顺章的叛变，中共中央军委武汉交通站及省、市、区委交通站 5 所，湘鄂西边区第二军团驻汉交通采购处，湘鄂边特委，湘鄂西红二军团后方医院采购处，汉川独立师驻汉交通处等 20 余处秘密机关遭受严重破坏，数百名在武汉从事地下工作的党员、干部和群众被捕，给武汉党的工作造成极大破坏[②]。

4 月 25 日晚，看到顾顺章上交的这份鲜血淋漓的“投名状”，何成濬和蔡孟坚彻底相信顾顺章已经背叛共产党、倒向国民党。顾顺章在出卖武汉党组织之后立即闭口不谈，坚持要求面见蒋介石才肯彻底“自首”。顾顺章认为，他知道中共的许多重要机密，知道中共中央机关和许多中央领导的地址，知道中共安插在国民党内部的情报人员，凭这些“资本”，完全可以与蒋介石讨价还价。因此，顾顺章只是要求将他立即解往南京，说有特别紧急的机密情报当面向蒋介石报告，并且提出，在他到达南京前，切不可将他被捕的事向南京发电报。但何成濬和蔡孟坚邀功心切，根本不睬顾顺章的请求，在确认顾顺章确实叛变当晚，即 4 月 25 日夜里，便迫不及待地向南京陈立夫、徐恩曾分别发去密电，报告了顾顺章被捕叛变以

① 政协江苏省委员会文史资料委员会编：《江苏文史资料 第 45 辑 中统特工秘录》，《江苏文史资料》编辑部 1991 年版，第 42 页。

② 刘育刚著：《顾顺章——中共历史上最危险的叛徒》，当代中国出版社 2014 年版，第 137 页。

及拟经水路押解南京等情况。这几封电报，正是钱壮飞在南京正元实业社接收并秘密破译的那些电报。

“黎明被捕并已自首！”

叛徒黎明，终究没有走向他最初也曾向往的黎明。在黎明之前漫漫的长夜里，他就这样走入了歧途，堕入无边黑暗，就这样永落尘埃，万劫不复。

这漫长的夜啊，这无尽的黑暗！

（二）生 死 时 速

1931 年 4 月 25 日，星期六，南京城气温陡升，天气闷热。

对于钱壮飞来说，这可能是人生中最为漫长的一个夜晚。

六封电报像从天而降的六座大山一样，压得他难以喘息。震惊、诧异、愤怒、紧张，但他极力让自己沉住气，缜密地思忖着如何应对这个弥天危局。形势危急，必须迅速地妥善处理，才能使上海的党中央机关和潜伏敌内的同志们在敌人动手前安全转移。

钱壮飞冷静下来，反复咀嚼思索六封密电内容，参详着寥寥数语背后字里行间隐含的真相，竭力判断当前的形势，考虑如何应对。第一，根据密电内容判断，顾顺章并未将钱壮飞的名字、潜伏部位等详细情报透露给蔡孟坚，不然电文里绝不会含糊其辞地说“徐恩曾左右有共产党”，而是会直接指名以消除隐患。第二，顾顺章应该还没有将他知道的党的核心秘密供出来。这也符合叛徒们的“待价而沽”的心思，手上的名单、心中的秘密，总想着卖个“好价钱”，见了敌人的更高级别头目，获得了更大的许诺和好处，才会把最深最机密的情报卖出去。如果早早地被“榨干”，就没有了利用价值，也就随时被“卸磨杀驴”了。因此，既然顾顺章还没到南京，还没见到徐恩曾、陈立夫、蒋介石，就暂时不会供出更多信息。

当前，他有三件事要做，最重要的是要将顾顺章被捕叛变并即将被押赴南京的情报，立即传递给李克农上报党中央。接下来，是要尽快通知潜伏在调查科的其他同志，包括远在天津的胡底紧急撤离。最后能做的，就是尽可能地坚守岗位，避免敌人过早发现情报泄露，观察敌人一举一动。

此时，最让他难以抉择的，是如何安排在自己身边掩护工作的家人们，除了女婿刘杞夫——那是他的交通员，还有女儿钱椒椒、儿子钱江和不足三岁的小外孙。如果此时全家一起紧急撤离，目标就会很大，势必引起敌人警觉，必定会向武汉方面追查电报内容。因为武汉的电文中已经明确指出“徐恩曾左右有共产党”，敌人立即就会判断出情报已经泄露，必定会动用上海军警联合租界展开大规模的戒严和搜捕。上海党的各级机关众多、人员规模庞大，一旦遭遇戒严搜捕，即便敌人一时没有具体目标仅是盘查询问，那么紧急转移也根本无法开展，中央终将会被困在租界内束手待毙。因此，绝不能让敌人知道情报已经泄露。

最后，钱壮飞决定，让刘杞夫连夜赶回上海报警，自己和其他家人留在南京，尽可能稳住敌人，同时通知敌内其他人撤离。至于自己和家人的安全，已经置之度外了。轮船从武汉顺江而下，到南京至少需要一天半，在顾顺章到达南京之前这 30 多个小时之内，要处理完所有事情。

时间紧急，不容多想，无论如何先把情报送到上海再说。钱壮飞和中央特科没有直接的电台联系。只能像往常一样，通过交通员人力递送情报。南京到上海的最快的交通工具是“京沪快车”，八小时即可到达。火车班次不少，最晚的一班晚上十点半发车，次日早晨到上海。这些年，刘杞夫经常往来这条线送情报，一直小心稳妥，从未出过差错。钱壮飞心中有数了，又反复地看了几遍电文，仔细抄记无误后，把电报原样封好，暂时压了下来。然后他回到家里，把女婿刘杞夫从睡梦中叫醒，向他交代了当前事态，派他连夜乘火车到上海，尽快把这份特别紧急的情报亲手交给舅舅李克农。临行前，钱壮飞再三叮嘱，如果找不到舅舅，就去找你岳母，告诉她一定要找到舅舅，把这个十万火急的消息报告中央。

沿江上溯千里，汉口武汉行营侦缉处，众特务们也在度过一个紧张的不眠之夜，“从天而降”的顾顺章让他们兴奋不已。何成濬和蔡孟坚给南京发电之后，还未等到南京回电，便开始紧张地安排如何稳妥安全地将顾顺章押送至南京面见蒋介石。他们原计划用国民党空军第五航空队的飞机解送，但是由于军用飞机座位太少，除了飞行员和机务人员以外，仅能再容纳两三人乘坐[①]。蔡孟坚知道顾顺章身手了得，有所忌惮，生怕顾顺章一旦在飞机上反水，人手太少难以制服，只能作罢，改用水路押解。何成濬决定派蔡孟坚明天一早就乘坐飞机先行前往南京，提前向蒋介石和陈立夫报告案情。

蔡孟坚派员包下了招商局江新轮的上层大餐间[②]。江新轮是当时国内最大的内河新式客货轮，总吨位4000多吨，设备精良奢华，冬有暖气，夏有凉风，设有餐厅、俱乐部、保健室等。侦缉处包下来的上层大餐间是视野最好、陈设最豪华的仓位。为了避免夜长梦多，蔡孟坚派手下行动人员连夜清场并将顾顺章送上船严加看守，又与宪兵团协商，派出一个宪兵排负责沿途护卫。就在刘杞夫乘坐的火车向上海方向疾驰的时候，押送顾顺章的江新轮也开足了马力驶向南京。

一场事关生死的时速较量，在夜幕的掩盖下无声上演。

押解顾顺章的招商局江新轮

1931年4月26日，星期日，天阴欲雨。

早上6点，一夜未睡的刘杞夫赶到了上海，立即叫了一辆黄包车，跑到

① 黄凯：《我的特工生涯和所见所闻》，政协江苏省委员会文史资料委员会编：《江苏文史资料 第45辑 中统特工秘录》，《江苏文史资料》编辑部1991年版，第5页。

② 孙曙著：《公安缉凶揭秘："3·13"惨剧到"11·27"大屠杀刽子手末日》，重庆出版社2003年版，第194页。

了南京路先施公司后面的凤凰旅馆——这是李克农在上海的一个秘密工作点，只有极少数人才知道。刘杞夫平时给李克农和钱壮飞之间跑交通，知道这个秘密联络点，一下车就直奔这里。这天是星期日，李克农不用去无线电管理处上班，也不是与中央特科接头的日子。刘杞夫顺利地找到了李克农。

刘杞夫立即将顾顺章在武汉被捕叛变的情况报告李克农。李克农见他神色紧张，极力使他冷静下来，劝慰他说："你为什么沉不住气，这么不沉着！"李克农听刘杞夫说完，感到问题确实严重。顾顺章叛变，上海的中央机关已经面临严重威胁。在这万分危急的形势面前，李克农很快冷静下来。他虽然为钱壮飞的安全担心，但坚信他能够正确判断形势，采取果断的措施。当务之急，是赶快把这份绝密情报上报党中央。

鉴于钱壮飞的暴露已成定局，刘杞夫的去留问题，让李克农颇为踌躇。此刻回去无疑是羊入虎口，可是如果不回去，就有可能引起敌人警觉，恐怕钱壮飞不好应付。刘杞夫自己提出要马上回南京接他的妻子钱椒椒，李克农只好应允。李克农给了刘杞夫一些钱做路费，又给了他两个金戒指，紧紧握住他的手说："此行可能凶多吉少，遇事要勇敢沉着。"

刘杞夫离开后，李克农开始找党组织"报警"。由于这天不是提前约定的接头日，担任中央特科情报科和李克农之间交通的"大汉"欧阳新没有来。按照隐蔽斗争纪律要求，李克农获取的情报和中央特科的工作指示，一般都是由交通员在约定日期定期取送。为了确保组织安全，中央特科采取了严格的单线联系制度，李克农和中央特科陈赓之间是单线联系，在此之外，别无其他联系渠道。怎么才能找到陈赓呢？李克农怀揣着这份十万火急、关乎党中央安全的重要情报，心急如焚。

思虑再三，他决定通过江苏省委寻找陈赓。江苏省委机关设在上海，与党中央机关联系密切。李克农在调入中央特科之前，就在江苏省委工作，知道一些江苏省委的秘密机关和联络站。他本着对党中央安全高度负责的精神，不顾个人安危，打破白区地下党组织"不许横向联系"的常规纪律，以最快的速度行动起来。一个机关一个机关去找，一个联络站一个联络站地去打听，在上海的大街小巷奔走了一整天，把自己知道的党的机关几乎都跑遍了，却依旧没有找到陈赓。

就在李克农心急如焚地奔走在上海租界时，钱壮飞在南京也开始了极度紧张繁忙的一天。他一如既往地早早来到正元实业社的办公室开始处理工作，与平时没有任何不一样。

一大早，徐恩曾和陈立夫就先后过来索要电报，钱壮飞不动声色地将电报给了他们。武汉方面破获惊天大案，“共党首脑”被捕自首，这个消息令徐恩曾和陈立夫兴奋不已，立即召集调查科一众特务骨干，紧张地协商如何处理。据那天在场的调查科特务张文回忆：“开始，徐（恩曾）表现得很紧张而很愉快。他来到调查科与总干事张冲、干事顾建中悄悄说上几句话，便又匆匆忙忙地离去。”

这个时候，汉口的特务蔡孟坚已经登上了飞往南京的水上飞机。航程不算长，中午时分即落地。落地后立即赶往国民党中央党部见陈立夫，当时徐恩曾也在场。陈立夫马上打电话直接向蒋介石报告情况，并说明顾顺章要求面见蒋介石。蒋介石表示“可让蔡孟坚偕顾随时来见”。然而蔡孟坚只能继续等待。此时那艘押送顾顺章的招商局江新轮，虽然正在以近10节的全速轰鸣着顺江而下，但仍然需要20多个小时才能到达南京。

南京，正元实业社。徐恩曾拿着电报一走，钱壮飞立即通过长江通讯社的秘密电台，给远在天津的胡底发了一封电报，电文只有四个字：“克潮病笃”。这是他们事先约定好的暗语：“克”指的是李克农，“潮”指的是钱壮飞，“病笃”字面上是指病重，实际上指的是事态严重，十分危险。因为长城通讯社是调查科下属的情报机构，平日往来电报很多，因此谁也不疑有异。

胡底接到电报后，心知南京方面一定是出了大事，当即决定马上撤离。但苦于长城通讯社的经费都由徐恩曾派来的铁杆特务史济美①掌握，此时又不能去支取，手中就没有旅费。于是他向同在长城通讯社的张家昽借了盘缠，连夜乘船南下。新中国成立后，张家昽同志回忆了这一段历史：

① 又名马绍武，中共叛徒，叛变后在调查科任职，后任中统上海区长，因罪大恶极，被特科红队惩处。

有一天下午，胡北风把我找到四楼他的房间内，未开口即递了一张电报给我看，电文是“潮病重速归”五个字。“潮”是钱壮飞的单名，我是知道的，心想钱壮飞从天津回南京还没有多久，怎么就病重了呢？胡北风知道我有点怀疑，就说：“这是我和壮飞约好的暗号，一旦我们被敌人发觉，身份暴露了，就拍这样的电文。”

他接着说：“我决定今天晚上走，迟恐走不脱。”同时安慰我说：“你不要害怕，你是无党无派的，反动派不会对你有什么为难。”我们那时年纪轻，经验不足，不知反动派的残酷。我想，我还带了家眷，马上走或许更危险，打算等胡北风走后，再准备离开天津。

那时，社内每个月的经费是500元，从南京汇来的。胡北风讲完了后，踌躇了一下又说：“我打算从海路到上海，川资还不够。”我知道他的意思，马上答应想办法，并约好当天下午5点钟在天津海河码头旁边、旧英国租界公园里见面。接着，我下楼和妻子商量，把刚才同胡北风谈的事情告诉了她。我的意思是，用她的手镯换些钱，给胡北风作盘费。我的妻子一口答应。

仓促之间，胡北风就穿着随身的衣服离开了。我同妻子带了一对金镯子上街去换现洋，记得换了100多元。下午5点钟，我们俩到约好的地点去找胡北风。那时公园里的游人都散了。在昏暗的暮色中，看到胡北风在树荫下徘徊。我俩跑到他的身边，像久别重逢的朋友，紧紧地握着手，半天没有说话。我把钱递给他，他说：“我船票买好了，今天夜里开船。”他态度从容，一点儿不紧张，仍然充满了革命乐观主义精神。他也催促我早点离开天津。我们道了声珍重，依依不舍地分了手[①]。

给胡底拍发了报警的电报后，钱壮飞紧接着来到位于丹凤街的民智通讯社，去找他安插在此工作的张慎先同志。张慎先是张振华的族侄，也是一位共产党员，经钱壮飞介绍打入民智通讯社。但是此时张慎先不在社内。时间紧急，来不及等待，也无法留言说明情况，于是钱壮飞将张慎先桌上的一张地图从中间用刀划了一道裂缝，暗示形势已经“破裂”，今

① 张家昽：《钱壮飞和胡北风烈士二三事》，中共湖州市委党史研究室编：《钱壮飞》，中共党史出版社2013年版，第52页。

后要“切断”联系。

给两位战友“报警”之后，钱壮飞回到了正元实业社的办公室内。时间不多了，或走或留，是时候决断了。坐在中山东路305号的办公室里，钱壮飞思绪纷飞。这个历经千难万险才取得的特殊战斗岗位，几年来费尽心血才开辟出来的工作局面，就因为一个叛徒，顷刻间就要被全部毁掉，他非常难过。留下来战斗的条件已经没有了，撤离战场的决心却也万分难下。经过冷静的思考，最后他还是下定决心在顾顺章到达之前迅速离开。

钱壮飞先将自己手中的文件电报分门别类地整理好，整整齐齐、清清楚楚放在文件柜。接着，他将这些年经手的银钱账目，一一理清放入钱柜。即便是逃离虎穴，也不给国民党留下一点点攻击党的把柄——这是真正的共产党人对名节的重视。

最为棘手的问题，就是身边孩子们的安全。此刻调查科已经如临大敌，“徐恩曾左右有共产党”，搞得上上下下草木皆兵，人人都在严密的监视之下。如果此时大人小孩一起在特务眼皮子底下大张旗鼓地撤离，恐怕走不了多远就全都得被抓回来。要是留在南京，国民党特务很有可能会迁怒于家人，恐怕也得吃些苦头。

深思熟虑之后，钱壮飞决定自己明日一早趁乱撤离，让孩子们就留在南京以静制动。为保护孩子安全，他提笔给徐恩曾留了一封信，说明两人政见不同，不要殃及孩子。信中还警告对方，如果胆敢陷害他的子女，他就把徐恩曾所有的秽事全部公布于世。事后证明这一手很奏效，徐恩曾满身污点，暗算同僚、欺男霸女、贪污腐化无所不为，国民党内部矛盾尖锐倾轧残酷，他害怕丑闻一旦曝出后，会成为众矢之的，因此未敢加害钱椒椒和刘杞夫，把他们关了三四个月就放了出来。

钱壮飞安排好了所有事情，很晚才回到家中。他满心不舍地看着心爱的孩子们。女儿钱椒椒17岁，女婿刘杞夫大一点，也才24岁，不过已是老资格的党员了——他是北京党组织早期发展的少数党员之一。从在北京搞地下工作时就在一起并肩战斗，从北京到上海，到杭州再到南京，他始终勤勤恳恳地坚守着自己的岗位。儿子钱江今年12岁，从小跟着父母东奔西走，现在正在南京上小学。今夜过后，谁都不知他们将面临什么。革命者四海为家，孩子们也颠沛流离。但他们并不是革命的代价，他们是革命的初心和动力。

夜深了，天边雷声滚滚而来，沉闷而遥远，像极了家乡钱塘江大潮来时的声音。让暴风雨尽情地来吧！

1931年4月27日[①]，星期一，大转移。

南京，清晨，天还在淅淅沥沥下着小雨。钱壮飞像往常一样早早起来。儿子钱江已经吃过早饭，穿着橡胶小雨靴，带着雨伞，正要去上学。钱壮飞身材高瘦，钱江的个子也窜得很高，虽然还是个小学生打扮，可看上去已经是个小小男子汉了。钱壮飞拉着钱江问："儿子，你会做饭吗？"钱江很疑惑，不明白父亲为什么会问这个，但还是认真地说道："不会，但我会下面条"。钱壮飞两眼含着热泪，轻轻地摸了摸钱江的头，就让他上学去了[②]。

目送孩子离开，钱壮飞估摸着时间差不多了——顾顺章的船最晚将于中午到达，调查科所有人的注意力都放在了这个即将到来的叛徒身上，准备交接、审讯和接下来的大搜捕——正是撤离的好时机，他立即悄悄地离开了"大本营"，以最快的速度赶到火车站，登上了前往上海的京沪特快列车。

延安时期的钱江

果不其然，顾顺章到南京，出卖的第一个人就是钱壮飞。

中午时分，江新轮终于抵达南京下关码头，蔡孟坚亲自接顾顺章下船，一起乘车前往黄浦路蒋介石官邸。刚

① 开诚著：《李克农——中共隐蔽战线的卓越领导人》，中共党史出版社2021年版，第32页。

② 钱泓专访：《追忆钱壮飞》，《新安晚报》2015年4月12日第7版。

坐上蔡孟坚的汽车，顾顺章就迫不及待地开始了无耻的叛卖。蔡孟坚回忆说：

我乘车迎顾，径驶南京中央路305号即中央调查科科长徐恩曾先生的秘密办公处。顾一看路名门号，他即向我说：此处即共党在南京负责人通讯处。他低声向我说："速将徐先生的机要秘书钱壮飞扣留，如钱逃亡，则前功尽弃。"他的话，真令我震惊！因为钱某一向是该办事处重要办事人（主管电文），也与我有过多次公务接触，我当时用电话将此惊人消息告诉徐恩曾先生，他惊惶之下，云即派人分别查究钱某行动，旋据答复："钱某先日将我自汉口发出报告顾某被捕自首密电译出呈阅后，即不知去向，似已证明在逃。"

顾得悉此情，恐慌万状。旋又低声告诉我说："共党在租界秘密机关，及首要们住所，与交通机关，均由我安排，国民党组织部调查科驻沪办事处即在共党特设以机关楼上，该办事处长杨登瀛，即是共产党忠实干部……徐先生的机要秘书钱某，将各省反共情报及密电，因他有权折封或翻译先阅，再秘密照抄，不断夹于报纸刊物中先寄上海党中央，后呈国民党负责人核阅。如钱某向周恩来以次首要报告我已自首，共党各机关负责人，非逃即避，整个肃清计划，自然全部落空。"我当即责顾说："你在武汉过分大意，而且自大，如其时说出有钱匪潜伏我中央机要部门之事，我将立即采防范措施，不用电报报告你已被捕且愿自首诸情，一切由我面陈中央当局，这是你自我失败！"

徐恩曾听到自己的得力助手钱壮飞竟然是共产党打入调查科的"核心间谍"，一瞬间如遭五雷轰顶。当时在场的调查科特务张文回忆：在发觉钱壮飞失踪后，徐十分紧张，简直到了惊恐的程度。调查科人员虽然大都不知道发生了什么事，但从徐的神色和行动上，已经知道必有重大事件发生[①]。多年以后，徐恩曾回忆说：（顾顺章）立刻告诉我一个惊人的

① 张国栋：《中统从顾案血腥发家》，中国人民政治协商会议江苏省委员会文史资料委员会编：《江苏文史资料 第45辑 中统特工秘录》，第52页。

消息，他说出追随我左右，掌管机要文书的一个得力助手，原来是共产党派来的奸细，这使我大为惊讶。此人系我在民国十七年（1928年）负责筹备中国无线电商报时招考进来的职员，以我三年来的观察，相信他是一个不怕辛劳，忠于职守的干练青年，平日埋头做事，不问外务，沉默寡言，事情做得又快又好，这样一个循规蹈矩的模范职员，竟是共产党派来的间谍，我简直不相信自己的耳朵。报告顾顺章被捕的电报，就是他亲手译出，当面交给我的。当时我尚存万一之想，希望这个消息不是事实。但等到我派人去找，果然，就在前一天的早晨，他已悄悄溜走了。

在正元实业社稍事休息后，顾顺章就被带到蒋介石官邸。他本来准备了若干彻底肃清共产党的“大计”，不料蒋介石根本没有兴趣听一个叛徒讲话，以“阶下囚”待之。蔡孟坚回忆说：

蒋介石穿着长衫走进客厅，始终站着，竟先和我握手，称我努力，甚好甚好。我立即向蒋介石介绍，这位就是向我方归顺的顾顺章，顾自以为已是座上客，竟伸手向着蒋介石，蒋介石未予握手，仅说：“你归顺中央，甚好甚好，中央必对你宽大，以后一切听蔡同志安排，为国效力”。蒋介石仅站着说了这句话，即说再见。顾原自信必成“座上客”，不料已做“阶下囚”！

遭受冷遇的顾顺章被塞进汽车送回正元实业社，交由调查科关押审理。在车上，顾顺章一改在武汉时的高不可攀态度，奴颜婢膝地对蔡孟坚说：“你对我所提要求安排太快，令我无法赶上思考与准备，此后依仗你支持与合作。现想起另一要案向你提供，共党首要恽代英化名王作霖，在上海被捕时，供系赤色群众，由苏州法院解南京总司令部军法司，共党已设法找到某种关系，可能在五月内即可开释，你应该将此情向上反映。”蔡孟坚将顾顺章交给调查科，随即返回蒋介石官邸，将顾所供恽代英的情况报告了蒋介石。

恽代英

恽代英（1895—1931），是我国早期的马克思主义者，著名青年运动和工人运动领袖，第六届中央委员，党的重要领导同志。1930 年 5 月在上海从事工人运动时，遭遇敌人“抄靶子”[①] 被捕入狱。在狱中，他自毁面容，更改姓名，始终没有暴露身份。中央决定由周恩来主持营救恽代英。周恩来指示中央特科必须使用一切手段、不惜任何代价，打通敌人各个环节，把恽代英营救出来。

经过特科的奔走，1931 年春，已由陈赓通过党在国民党高等法院法官的地下关系，讲定提前释放。党组织也已经通知恽代英准备提前出狱，并安排了转移路线。顾顺章却向敌人告密，不仅供出了恽代英在狱中使用的化名身份，还供出了恽代英在南京中央监狱被关押的监号——“星”字监房。蒋介石得知，大吃一惊，急令其军法总司司长王震南于 4 月 28 日前往监狱查对。劝降未果后，蒋介石下令立即就地枪决。4 月 29 日，敌人就将恽代英在监狱操场上杀害。

顾顺章刚一张口就供出中共重要人物，徐恩曾深知这是在上峰面前立功的大好机会。他害怕蔡孟坚抢功，把顾顺章从正元实业社抢先转移到宪兵司令部监狱的优待室内秘密关押。当天，他就和调查科总干事张冲、党派组长顾建中对顾顺章进行突击审讯。顾顺章如竹筒倒豆子般，把所知道的党的机密全部招供，包括中共中央负责人周恩来、瞿秋白、李维汉、秦邦宪（博古）、陈绍禹（王明）和向忠发的住处和中央秘书处、中央特科机关的地址。敌人立即制订了一个将中共中央机关和主要领导人“一网打尽”的行动计划，由徐恩曾亲自带队，张冲、顾建中等调查科骨干特务倾巢出动，率领大批军警特务，乘坐最快的京沪特快列车连夜赶到上海，

① 所谓抄靶子，就是敌人突然封锁某一路口，搜查过往行人的行为。

会同租界巡捕房执行这个罪恶计划。

此时，敌人已经知道了钱壮飞是共产党员并已逃走的事情。按理说，为了防止情报泄露，抓捕行动失败，应当由国民党中央出面协调上海警备司令部开展紧急抓捕。但是，由于国民党内部相互倾轧、争权夺利的“传统”风气浓厚，徐恩曾害怕钱壮飞是“共谍”的事情被蒋介石知道后，影响自己的仕途。陈立夫也不愿意上报，生怕被政敌就此抓住把柄攻击自己，生怕蒋介石为此责问自己。因此，陈立夫、张道藩和徐恩曾合伙将这一情况隐瞒了下来，根本没有上报蒋介石知晓。蔡孟坚回忆：“当时我拉道藩先生耳语告知，顾已供出中央调查科钱壮飞秘书及调查科驻沪的杨登瀛处长，均是匪方重要匪谍，且钱已逃沪。道藩先生急不择言，谨嘱：这是党内大事，只能告诉立夫先生，切不可径向蒋公报告。你年轻要增加经验，切不可使立公增加大麻烦。且说：你不可多事。我答：连立夫先生，也由你报告。”

在张道藩绵里藏针的“警告”劝说下，蔡孟坚果然没有将此事告诉蒋介石，“对于徐恩曾手下之唯一机要秘书钱壮飞系中共间谍一事，不是完全听张道藩的阻吓未向蒋介石实报，完全凭个人对陈立夫先生平常的慈祥风范，更以他与蒋介石的关系，可能他本人不慎也有责任，故其时亦未敢向蒋介石透露”。

更何况，调查科与上海警备司令部龃龉已久，即便没有钱壮飞的事，也断不会让他们先行插手抓捕，生怕被他们夺得了头功。就这样，一个破坏共产党中央组织的“大好机会”，就在国民党内部官僚欺上瞒下中悄悄溜走，连最后一丝可能都没有了。

就在徐恩曾意气风发地坐在摇摇晃晃的夜班火车上，沉浸在顾顺章为其绘制的“全擒共匪首脑、肃清中共中央”的千秋大梦之时，上海中共中央的紧急大转移已经接近尾声。

让我们将目光转移到上海。27 日清晨，一天一夜没有合眼的李克农，终于通过江苏省委刚建立起来的一个紧急备用的联络站找到了陈赓，在场的还有江苏省委的贺昌和他的妻子黄慕兰。李克农对陈赓说，这事很紧急，要赶快报告中央。陈赓马上就报告给周恩来。周恩来立即向中央报告了情况，中央政治局召开紧急会议，决定由周恩来全权应急处理[①]。

形势险恶，千钧一发。周恩来清楚地知道顾顺章的叛变意味着什么。这个人长期负责党的情报保卫和秘密交通工作，了解重要机密极多，掌握只有极少人才知道的中共中央机关和许多中央领导人的住址，也熟悉党的隐蔽斗争和秘密工作的方法手段。钱壮飞获取上报的情报已经明确预警，顾顺章企图“三日之内将中央机关全部肃清”，那他极有可能以突然袭击的方式将中共中央一网打尽。当时党在上海有中央机关、江苏省委机关、共产国际秘密联络站等上百个秘密机关、数百名党的同志、十几位中央领导。如果遭受袭击，对中国革命带来的打击将是不堪设想的。

赶在敌人大搜捕之前紧急转移是唯一的选择。

顾顺章离南京越来越近，危险也在一分一秒地逼近。

在敌人严密统治的上海，在遍地军警宪特的眼皮子底下，迅速开展大规模的秘密疏散转移，任务极其艰巨，而时间又如此紧迫。周恩来是这样一个人：他在危急关头，不仅有着钢铁一样的意志，并且总能冷静而周密地估量可能发生的种种问题，果断采取行动。他没有浪费掉一点时间，立即召集江苏省委的陈云、中央特科的陈赓等人商定对策，在聂荣臻、李克农、李强等人的协助下，采取了一系列紧急措施：

一是加强对党的领导人的安全警卫并立即转移，把顾顺章能够侦察到或者熟识的同志的秘书迅速调用新人。

二是销毁大量机密文件，十分重要或者不便销毁的文件立即转移到顾顺章不知道的安全地方。

三是对一切可以成为顾顺章侦察目标的干部，尽快有计划地转移到安全地带或者调离上海。

四是审慎而果断地处理了顾顺章在上海能够利用的重要关系。

五是废止顾顺章知道的一切秘密机关，废除顾顺章知道的一切秘密工作方法，由各部门负责实现紧急改变[②]。

---

① 郝再今著：《回望东方主战场中日秘密战》，解放军出版社 2015 年版，第 64 页。

② 穆欣著：《党的隐蔽战线统帅周恩来》，中共党史出版社 2018 年版，第 262 页。

一切可以调动起来的力量都投入到了这场战斗中，每个人都在马不停蹄地报警、转移、隐蔽。

处境最危险的其实是周恩来。说来也巧，顾顺章叛变的时候，周恩来和邓颖超就住在顾顺章家里。他们此前住的机关因为别的同志被捕已经不安全，所以就临时住进了顾顺章家。得到情报后，周恩来一边有计划地安排整体大转移，一边安排邓颖超陪着顾顺章的妻子张杏华一起撤出顾家——这是一个重要的预防措施，因为她也是党员，在中央特科工作，知道很多党的机密，也认识一些党的重要领导人，但她还不知道丈夫已经叛变[①]。邓颖超马上带着张搬进了一家日本人开的旅馆暂避，自己身处险境却不忘对顾顺章的妻子做细致的工作，争取更多地了解顾顺章的底细和家属的真实立场。

李克农在向组织报警后，立即按照周恩来和陈赓的布置，协助安排中央机关撤退。他一手拉着王明，一手拉着博古，在街巷之间转来转去躲避敌人，把他们护送到安全地带[②]。要知道，他在国民党机构内任职已久，敌人那边方方面面熟人很多，随时可能暴露行踪，但也顾不得那么多了。后来党中央评价说他“无法无天地搞了两天”。

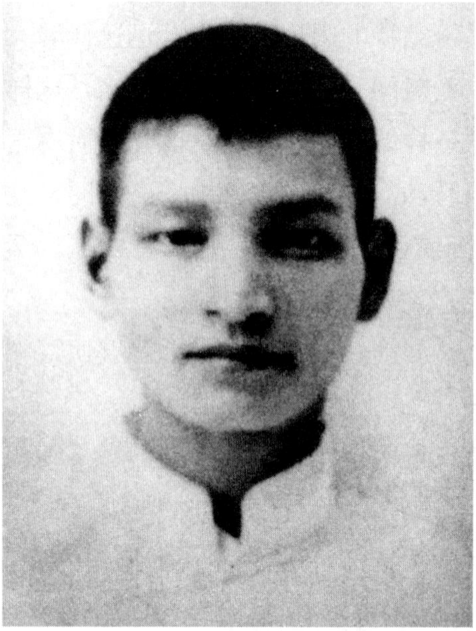

中央特科时期的陈云

聂荣臻找到中央交通局局长吴德峰家里，告诉他立即转移，一分钟也不能停留，并说服吴德峰的妻子戚元德将三个孩子寄养到老家。陈云连夜派人找了一个印刷厂，出四倍于平时的工钱，在两个小时内

① 爱泼斯坦等：《坚定的信仰 不懈的奋斗——访邓颖超同志》，《中国建设》1981 年第 7 期。

② 李力：《从秘密战线走出的开国上将——怀念家父李克农》，人民出版社 2008 年版，第 25 页。

将顾顺章的照片制版翻印了100多张，发给上海各级党的组织，通知他们防范破坏[①]。

周恩来做事向来精密细致，关注每一位同志的安全。在处理这一紧急事变的过程中，他不仅承担着全局指挥的责任，还不顾个人安危，亲自去通知一些同志转移，不仅使中央负责同志全部迅速脱离险境，还帮助其他工作人员免遭暗算。据中央军委人员朱月倩回忆，当天晚上，正是周恩来亲自上门通知她撤离，并派人乘飞机追回了前往武汉的她的爱人霍步青同志。

在这场惊心动魄的战斗中，中央特科发挥了重要作用。布置紧急措施后，周恩来立即找来和顾顺章一同去武汉的董健吾了解情况，详细询问了顾顺章在武汉的言行，并派人赶到武汉，秘密调查顾顺章叛变的前后详情——这既是对党组织负责，也是为中央决策掌握可靠依据。

随即，周恩来又派情报科的陈赓和总务科的洪扬生搜查了顾顺章的家，发现顾顺章早就写好的一封致蒋介石的亲笔信，双重密封，放在桌子的夹层里，外书“顾令岳收”（顾令岳，指顾顺章的岳父张阿桃，为掩人耳目），内有“早有反正来归之心”“不满共产党”“但将来不要鸟尽弓藏”等语，可见顾顺章早有叛变之意。经询问其妻张杏华得知，顾顺章嘱托，一旦被捕，马上将此信送出，以作为早有归顺之心的证据。

行动科的谭忠余等同志，虽然长期受顾顺章领导，与其私交甚笃，特别是谭忠余还和顾顺章是同乡、连襟关系，但在是非大义面前，毫不动摇地听从党中央指挥，坚定地率领红队的同志们周密保卫并迅速掩护中央领导同志转移住址，果断斩断了顾顺章在上海能利用的重要社会关系。为了防止顾顺章带着特务到上海搞破坏，红队专门派出了一队人马，紧盯上海的车站码头，准备一旦顾顺章出现，就立刻将其镇压。但是顾顺章和调查科都各自心怀鬼胎，顾顺章终究并未来到上海[②]。

无线电通讯科的陈寿昌同志得到消息后，立即向负责秘密电台的毛齐

---

① 中共中央文献研究室编：《陈云传》，中央文献出版社2015年版，第104页。

② 刘育刚著：《顾顺章——中共历史上最危险的叛徒》，当代中国出版社2014年版，第152页。

华等传达了中央的紧急措施并将电台立即转移妥善安置。在这场灾难中，因为转移及时措施得当，没有任何一部电台遭受破坏，有力地保障了党中央在紧急时刻与各地组织和中央苏区的通联。

到当天夜里，中共中央和江苏省委以及共产国际远东局的机关全部都搬了家。周恩来命令陈赓带领中央特科的同志们从各方面进行调查，以便及时采取措施，准备反击。中央特科在周恩来的直接领导下，与陈云、聂荣臻等同志一道，经过几天几夜不眠不休的紧张战斗，迅速妥善地保卫了中共中央和江苏省委机关的安全，使党避免了一场特别严重的大破坏、大灾难。聂荣臻后来说："这两三天里面，我们紧张极了，恩来和我们都没有合眼，夜以继日地战斗，终于把一切该做的工作都做完了。等敌人动手的时候，我们都已转移，结果，他们一一扑空，什么也没捞着"。

1931年4月28日，星期二，大搜捕。

上海，天刚蒙蒙亮，城市尚未完全苏醒，凄厉的警笛便打破了法租界清晨的宁静。一辆辆漆成红色的"飞行堡垒"——租界巡捕房使用的装甲警车，像疯了一样在大街上横冲直撞，在一个又一个石库门、小商店前面停下，又很快开走。

空前的大搜捕开始了。

原来，徐恩曾一行乘坐夜班火车赶到上海后，立即向租界管制当局发出了照会，要求进入租界抓捕共产党。在租界工部局、巡捕房等部门陆陆续续集结完毕后，徐恩曾便迫不及待地带着特务、巡捕，按照顾顺章列出的中共中央秘密机关地址和领导人住址一一搜查。首当其冲的便是共产党中央、江苏省委和共产国际驻沪代表处。很快，大街小巷布满了巡警密探，紧接着，党中央在上海的秘密电台所在地被搜了，中央政治局秘密机关被搜了，周恩来等领导人的住所被搜了，所有顾顺章知道的党的机关和秘密地址，几乎全被搜查了。

敌人虽然穷凶极恶，行动很快，但是毕竟来迟一步，处处扑空，终究什么也没有抓到。

调查科特务张文后来回忆道："上海当时是共产党中央的所在地，单位很多，在顾顺章供出他们的具体地址后，徐恩曾亲自率领调查科总干事张冲、干事顾建中等立即赶到上海，据顾建中事后对我说，当时徐一连三天三夜不眠不休，徐的母亲、第一个老婆和女儿当时都住上海，徐几次从南京到上海，都不曾回家一次……由于共产党中央得知顾顺章被捕叛变后，对各方面作了紧急处理，迁移了各个地下秘密机关，只有少数一时迁移不及的机关，如赤旗报社保卫组办公处、北四川路接头处等遭到了中统特务的破坏。周恩来原来常到的办公处所，也遭到破坏……”

他们搜查的每一处住址，都有共产党活动的痕迹——租赁来的简单家具、简朴到寒酸的衣帽行头、地下出版的进步书籍刊物和燃烧未尽的残毁文件，但就是没有人。三天三夜的疯狂搜捕却几乎一无所获，满心期待“捷报频传”的陈立夫和顾顺章，等待的却是一个个令他们沮丧的消息：

上海云南路 447 号、浙江中路 112 号、戈登路善庆里等处共产党中央机关人去楼空；

唐山路六裕里和无线电管理局均不见李克农踪迹，他的妻子和儿子也不知去向；

新兴顺里 4 号没有捕获钱壮飞和张振华；

天津长城通讯社社长胡底不知去向；

——中共和共产国际在上海的重要机关和人员已全部转移！

特务们冲进的每个房间留下的凌乱样子，都在证明着这里的主人匆匆离开不久。但是茫茫人海，都去哪了呢?

钱壮飞获取的这份情报，在狂澜既倒之际保卫了党中央安全，注定是中国革命史上光辉灿烂的一页。抓获顾顺章的特务蔡孟坚将这一事件看作是“可能改写中国近代历史的故事”，认为如果不是钱壮飞获取情报并报警，他们的阴谋就能得逞，中国近代历史就会“改写”。历史总是由人民来书写，而不会让倒行逆施的反动派“改写”。他的说法虽然谬误，但是从中可以看到，当时党中央的处境确实是千钧一发、极端险峻。

在这次史无前例的大破坏中顺利脱险的，有当时党的总书记向忠发，后任总负责人的秦邦宪（博古），还有周恩来、邓小平、陈云、张闻天、关向应、聂荣臻、叶剑英、邓颖超、瞿秋白等一个个中国革命史上的重要人物。

向忠发先是搬到一个中央安排的新住处，结果被刚刚辞掉的女佣跟踪，不得不转移到四川北路周恩来的住处隐蔽起来。没过多久就因为私会姘头被顾顺章派去盯梢的特务抓住，可耻叛变后不久被敌人处死。

瞿秋白接到的警报是通过邮差送来的一封信，上面写着“你的母亲病得很厉害，快回去看看吧！”当时瞿秋白和杨之华正在与茅盾夫妇等人吃晚饭，他们见信立即收拾东西，连夜躲进静安寺路庆余里的茅盾家里。

王明则别出心裁，刚开始躲到上海郊区一个疗养院，后来干脆躲到一家尼姑庵里隐藏了一段时间。其间，还诗兴大发地写了首诗以表纪念：警犬觅踪何所之？尼庵同隐学禅师。党人本领通天大，结伴神仙鬼不知。

周恩来是最后转移的。作为这场斗争的总指挥，他直到所有的应变措施都一项项落实以后，才转移到了小沙渡路一个不显眼的地方作为自己的临时落脚点，这里是中央交通局吴德峰设置的秘密住所，顾顺章并不知道。不过也没有在这里隐蔽太长时间，毕竟紧急转移行动之后，还有更严峻的战斗等着他。

钱壮飞提供的情报是及时准确的，周恩来采取的对策是果断迅速的。敌人利用顾顺章将中共中央一网打尽的图谋彻底破产，中国共产党避免了一场大劫难。对于钱壮飞在这次事变中的功绩，毛泽东曾经评价说：“李克农、钱壮飞等同志是立了大功的，如果不是他们，当时许多中央领导同志，包括周恩来这些同志，都不存在了。”周恩来则深情地说：“要不是钱壮飞同志，我们这些人都会死在国民党反动派手里。钱壮飞同志在对敌斗争中立下的丰功伟绩，的确使我们的党少走了弯路，全党将永远纪念他。”

（三）虎口余生

20世纪30年代的京沪铁路，全长311公里，从南京站至上海北站，途经42站，行程8小时，是当时中国最为繁忙的一条铁路。在过去的两年时间里，钱壮飞几乎每个月都乘坐这条线路往返于上海南京之间。随身的皮包里装着国民党特务机关的证件、中央党部颁发的“PASS”（通行证）——这些都是他的护身符，周全稳妥地保护着他随身携带的机密情报，或者是需要护送的同志。然而今天这段旅途，对于刚刚脱离虎穴的钱壮飞来说，注定不会再有回程。

就在周恩来带领中央特科组织党中央、江苏省委机关紧张转移的时候，钱壮飞乘坐的京沪特快列车迅速驶往上海。他知道国民党此时此刻必然发觉他已逃走，也一定会在上海、南京各交通要道布控抓捕他，上海站一定是搜捕的重点。于是，在到达上海北站之前的真如站，他就下了火车，换乘汽车悄悄进入上海市区，找到了组织之后，立即报告了敌人进一步的情况。

钱壮飞顺利脱险，陈赓和李克农等人心中一块大石落地。中央对钱壮飞的安全非常重视，周恩来指示中央特科周密安排钱壮飞隐蔽起来，务必保证他的安全。陈赓立即将钱壮飞安排到特科工作人员李宇超、刘淑琴夫妇家中，由特科情报科的刘鼎负责联系。

李宇超和刘淑琴是山东诸城人，二人都是山东早期著名的共产党员。1926 年，李宇超、刘淑琴在上海结婚，成为相伴一生的革命眷侣。婚后，他们长期在上海做地下工作，为掩护党中央机关和领导同志对敌斗争起到了特殊作用。1930 年 9 月，李宇超夫妇调入特科工作。

陈赓选择将钱壮飞安置到李宇超家中隐蔽，是有充分考虑的。其一，李宇超新调入中央特科不久，一直在情报科工作，与顾顺章交往交集不多，顾顺章并不知道李宇超的住址。其二，李宇超长期在中央机关工作，多次成功掩护中央重要会议，在以往的斗争中表现得勇敢机智，政治立场坚定，对敌斗争经验丰富。其三，李宇超家境富裕，是地主出身参加革命，在特科代号“大少爷”，妻子和几个孩子都在上海，门庭陈设看上去像富贵人家，一般不会引起敌特巡捕上门盘查，易于隐蔽，更加安全。

李宇超当时住在哈同路民厚南里（现安南路慈厚南里，靠近铜仁路、延安路、南京路一带），钱壮飞在这里隐蔽了一个多星期，然后由此转赴中央苏区。李宇超家里是前后楼，后楼是厨房和小保姆的房间，前楼隔开两段，钱壮飞住在前半段，李宇超和刘淑琴带着孩子住在后半段。钱壮飞居住的房间陈设也很简单，一张单人床，一个写字台和两把椅子。在刘淑琴的印象里，钱壮飞很英俊潇洒，来的时候穿着西装，性格很幽默，谈吐很风趣，挺高兴乐观的。李宇超每天都要外出工作，刘淑琴就在家给钱壮飞做饭，每顿两菜一汤。闲谈中，钱壮飞曾向李宇超和刘淑琴讲述了自己早些年以画家、医生身份掩护革命工作的经历[①]。

当时，李宇超的大儿子李晓光刚一岁多，得了小儿哮喘病。钱壮飞仔细查看了以后，提笔开了西药处方，让刘淑琴去西药房照单买药，结果药到病除，很快就康复了。刘淑琴还曾回忆说：

钱壮飞曾对我和李宇超说起他在离开南京前，留了一封信给徐恩曾。信中对徐恩曾说，我（指钱壮飞）在你那里工作了这么长时间，你要是把我声张出去对你也没有好处。现在你要找我也找不到了，如果你对我的家属有什么不是的话，那我也要对你不客气的[②]。

就在钱壮飞隐蔽在李宇超家里的时候，胡底通过海路到达了上海。为了避免遭到国民党途中拦截，他并没有乘坐中国船只，而是躲在一艘挂着外国旗的船舱里，颠簸了好几天才到上海。这时，上海的党组织已经全部隐蔽起来了，李克农也联系不上。好在他及时找到了中共闸北支部的杨郇人（1932年叛变）和侯如史二人。胡底和李克农曾经在这个支部工作过一段时期。他们二人将胡底送到一个白俄老太太家里暂住，说他是一位“作家”，要专心创作，不希望别人打扰他。就这样躲藏了一阵子，才和特科联系上。

钱壮飞顺利逃脱，令徐恩曾十分惶恐。虽然在张道藩和陈立夫的合力帮助下，他们将钱壮飞是共产党间谍的事情隐瞒了下来，没敢向蒋介石报告。但钱壮飞临行前留下的信件，还是让他如坐针毡，生怕哪天钱壮飞

① 李婴宁口述：《“特科”最后的撤离者》，《联合时报》2009年8月27日。
② 刘淑琴：《党中央机关在上海的活动片段及其他》，《党史资料丛刊》1980年第2辑。

将他们欺上瞒下、欺男霸女的这些丑事一并公之于众。因此，在大搜捕开始的时候，徐恩曾知会南京警察厅和宪兵司令部在南京严密搜捕钱壮飞。特务们将凡是认识钱壮飞的人都弄到了上海，走街串巷到处寻找。钱壮飞在北京医专有个老朋友姓董（疑为董锦章），那时正在南京中央兽医学校教警犬，也被特务带到了上海。

钱壮飞是敌人的重要搜捕对象，钱壮飞的家属，他们也绝不会放过。党中央和周恩来安排钱壮飞隐蔽起来后，立即将他在上海的家人妥善地安置和保护了起来。

李克农向党中央报警之后，极度紧绷的神经得以放松了一点。之后的一天一夜里，他仍在四处奔忙，协助周恩来保护中央领导、转移中央机关，心中还一直惦记着钱壮飞家人的安危，也要尽早通风报信！

当时，张振华正在上海克美医院当妇产科医生，和 70 多岁的婆婆一起住在法租界甘司东路拉菲德路新兴顺里 4 号。

28 日黎明，几夜不眠的李克农终于赶在大搜捕开始之前，来到了张振华的住处。当时天还未亮，弄堂一片寂静，贸然敲门必然会惊醒邻里，引起人们的怀疑。但情况紧急，又不能等着天亮，也不敢在街上久留，怕引起巡捕的盘查。急中生智，李克农走到张振华住房的墙根底下，解开裤子小便。尿水直冲墙壁，发出哗哗声，声音不算大，但房主听起来很刺耳。果然，张振华很生气，立即起床打开窗户，要斥责这个不讲卫生的人。李克农神色严肃地向她打了个手势。张振华心领神会，立即关上窗户，跑去打开大门。

李克农进屋把情况一说，张振华大惊失色。李克农再三安慰，将钱壮飞已经平安脱险、隐蔽起来的消息告知了她，并与她商定了应对策略。但因家中有年迈老人，一时难以走远，而且敌人并不知道张振华也是共产党，所以如果敌人追来，就先采取一问三不知的对策敷衍，然后伺机逃脱。

果然，就在李克农刚刚离开不久，一大批头戴铜盆帽的国民党警察、宪兵会同法租界巡捕就把房子四周围上了。几个特务进来查看了一遍，没有发现钱壮飞的踪迹，就盘问张振华。张振华心中已有准备，就顺势说："我也正要找他哩，他在南京有一个家，还有一个老婆，扔下我们娘俩不管，这个月连踪影都不见，你们评评理，他有没有良心哇？你们找到他，我要跟他拼命哩……"[①] 边说边哭，一边摔摔打打往外走，以出门拿东西为由，机警地逃走了。

敌特看到家中还有一位年长的老太太，就采取了另一种方式。他们谎称是钱壮飞的朋友，有一大笔钱需要给钱壮飞，只要让钱壮飞出来签个字就可以了。结果老太太的确不知道钱壮飞的下落，茫然不知所措，敌特也没有办法，怕耽误事情便登车离去，赶到别的地方去搜查了。

张振华在暗中看着敌人离开，立即回家收拾东西，带着婆婆搬到了党组织租赁的小旅馆里藏身。之后，张振华到克美医院打电话给钱壮飞，说有急事，不要他来[②]。钱壮飞听了后立即领会，知道家里已经被搜查监视，就没有回家也没有到医院去找张振华。

钱壮飞知道张振华是经验丰富的革命者，也相信她能够应付得了危险局面——他们在一起出生入死了十多年，也多次从险境中顺利脱身。但徐双英是一个持家教子的家庭妇女，带着幼子钱一平住在法租界大沽路一带的石库门里，没有经历过这种阵仗，未必能安全走脱。他决定回去一趟，亲自安排她们转移。这是钱壮飞和他们娘俩见的最后一面。当时钱一平只有七岁，对与父亲的最后一面终生难忘：

1931 年 4 月底的某个深夜，白色恐怖笼罩着上海，警车和犬吠声不时地划破长空。突然，我的爸爸钱壮飞回家了，我在睡梦中被惊醒。爸爸妈妈把我从被窝中拉起来，天气还是寒飕飕的，他们很快给我穿上衣裳，听到爸爸嘴里在嚷嚷："快点，快点，起来！睡到别的地方去。"我睁开眼，只见爸爸神态严肃，动作紧张。我被这异常的情景所吓呆。那时，我只有七岁，还不明白是怎么一回事，我问妈妈："到哪儿去？"妈说："别多问，出事啦！快，我们要住到个小旅馆里去。"虽然我们家搬过十多次，可没有像今晚这

---

① 开诚著：《李克农——中共隐蔽战线卓越领导人》，中共党史出版社 2021 年版，第 38 页。

② 穆欣著：《隐蔽战线统帅周恩来》，中共党史出版社 2018 年版，第 336 页。

样仓促。我看到爸爸提起毛笔伏案疾书，写了一封信，交给我妈妈说："我马上要走了，娘和孩子你多照应啦，有困难组织上会关心的。别的话没有时间再说了，只留给你这封信……"。我妈妈十分难舍地与爸爸离别了[①]。

那夜分别时，我父亲很担心全家的安全，临走留给我母亲一封信，他说，只要徐恩曾敢为难你们，你们就把这封信公开。之后，我们就和父亲分手，住到一家小旅馆去了。第二天一大早五六点钟光景，我母亲就让我偷偷回家去看看情况。我跑回大沽路，发现家门前停满了红色警车，整栋房子已经被国民党控制了。可惜的是，那封会让徐恩曾害怕的信最后被我那没文化的母亲弄丢了，没有人知道信中究竟写了什么。那一夜，是我最后一次见父亲。谁也没有想到，那夜匆匆一别，竟然是永别[②]。

临走前，徐双英把自己所有的首饰都找出来给了钱壮飞，让他在外做盘缠。

国民党特务破坏中共中央机关的阴谋未能得逞，恼羞成怒，四处缉拿钱壮飞，形势越来越紧张。钱壮飞大多数时间都是躲在李宇超家里。敌人的密探多次到新兴顺里的家中搜查，一些落魄的朋友受国民党指使，也曾鬼鬼祟祟地登门探察情况，企图诱捕并出卖他。在这个危机关头，党组织对钱壮飞和他家人的保护，使钱壮飞深深体会到党的温暖，他说："只有共产党才是最可靠的，只有党才能无微不至待我。"[③]

在党组织的周济安排下，钱壮飞在上海的家人都妥善地隐蔽了起来，并由中央特科派人保护。有时为了躲避敌人追捕，他们一天要换好几家旅馆，频繁地搬来搬去，直到钱壮飞顺利转移到苏区，敌人搜捕逐渐松懈，才另行安顿下来。但是，留在南京虎穴龙潭中的钱椒椒和刘杞夫可就没有这么幸运了。

---

① 钱一平：《紧急关头》，中共湖州市委党史研究室编：《钱壮飞》，中共党史出版社2013年版，第64页。

② 杨潇慧：《红色特工钱壮飞》（钱一平专访实录），《解放日报》编：《长征亲历者实录》，上海三联书店2006年版，第148页。

③ 赵正乾：《革命英烈风云录》，中共金沙县委党史研究室编印，2004年10月，第16页。

顾顺章在刚一到达南京中山东路正元实业社，就向蔡孟坚出卖了刘杞夫，他说："徐的机要秘书钱壮飞就是中共中央打入国民党核心的间谍，还介绍李克农任他在上海无线电管理局秘书，安排为共党另一据点，你们中央一切对付共产党的重要资料，每日由钱派人送上海租界，由我和周恩来核阅。我在汉口已知你是武汉的负责人，就是钱某派女婿刘骥千（即刘杞夫）做交通员逐日自南京、上海，送交国民党中央一切重要情报，连这次中央军围剿计划加上各地反共负责人名单，所以我查出你的名字。"

蔡孟坚立即向徐恩曾报告了这个情况。徐恩曾得知钱壮飞已经逃离，将刘杞夫和钱椒椒抓了起来，关到了南京警备司令部监狱里。正在上学的钱江带着小外甥流落在南京，脚上穿的还是钱壮飞早晨送他上学时的橡皮雨靴。因为上海的家人都隐蔽了起来，没有办法取得联系，张振华也无法找到他们。12 岁的钱江就带着不到 3 岁的小外甥在南京的街头流浪了几个月。

直到有一天，钱江从捡来的报纸上看到明月歌剧社到南京演出的广告，得知姐姐黎莉莉随剧社到了南京。他们急忙跑到剧社找到了黎莉莉，这才知道张振华已经摆脱了国民党特务的追捕，隐蔽在明月歌剧社，当保健医生。黎莉莉看到弟弟和外甥衣衫褴褛，脚上穿着破烂不堪的雨靴，露着大拇指和脚后跟，满身污垢，心疼得不得了，给了他们二十块钱让他们去买衣裳、洗澡。第二天，就带着他们回到了上海。

此后很长一段时间，张振华和钱江母子二人就隐蔽在黎锦晖先生的明月歌剧社。黎锦晖先生同情革命，剧社收留了许多革命人士和进步人士，对此心知肚明但并不点破。张振华充当剧社的保健医生，照顾辗转演出的队员们，还为剧团做一些力所能及的事情。有意思的是，张振华在剧团隐蔽期间，音乐家聂耳正在剧团跟随黎锦晖先生学习作曲。他们关系相处得很好，聂耳称张振华为"干妈"[①]。钱江负责演出时在台上翻节目单，后来帮助剧社做道具、画场景，从此走上了艺术的道路，最终成为中国共产党培养的第一代电影工作者。钱壮飞转移以后，钱玄同也一直记挂着他的孩

① 《聂耳日记》，大象出版社 2004 年版，第 262 页。

子们。据黎锦熙的侄子黎白回忆，1939 年钱玄同病重时，曾郑重地将钱壮飞的爱人和子女托交给黎锦熙、黎锦晖兄弟照料[①]。

徐恩曾将刘杞夫和钱椒椒关在警备司令部的监狱里，忌惮于钱壮飞所留书信威胁，也不敢将他们怎么样，一直不审不问、不打不骂，关了三个多月之后，不清不楚地就放了出来。夫妻二人回到上海，辗转找到了母亲张振华和孩子们。过了没多久，因为在上海难以立足谋生，刘杞夫和钱椒椒带着孩子回到了湖南老家。钱椒椒后来回忆说：我们被关了三个多月，释放后就回到上海母亲家里。当时党组织派同志与我们联系，告知父亲已离开上海。嘱我们暂回湖南乡下居住，并给了我们四十元路费。我们夫妇回到湖南以后，刘杞夫就在湖南宁乡、桃源、芷江、辰溪等地从事教育工作，直到抗战胜利，后因病去世[②]。

刘杞夫病逝以后，钱椒椒独自抚养了他们的几个孩子长大成人，新中国成立后回到上海，在上海市博物馆工作直至离休。

钱壮飞与李克农在特殊的斗争环境中建立了同生死、共患难的革命友谊。当危险来临之际，李克农首先想到的是钱壮飞家人的安危，在完成保卫中央的使命后，第一时间就去向张振华报警。他心里也惦记着自己家里的情况，却没有来得及回去看一看，只得让一位交通员通知妻子赵瑛，说出事了，叫她赶紧离开住处。

4 月 28 日早上，李克农家门口来了不少便衣特务。赵瑛心里有数，就赶紧带着两个孩子李治、李伦从房东家后门逃走，流落街头，夜宿四川路小菜场。她在马路口徘徊，寻找熟人。两天后，碰上了她认识的地下共产党员、安徽同乡王少春（即宫乔岩）。王少春帮他们在上海找了个地方暂时住下，隐蔽了起来。一个多月后，通过组织安排，李克农和赵瑛及两个孩子才见了面。李克农告诉妻子，组织决定他撤离到江西苏区。赵瑛就

① 黎白：《我的大伯父——黎锦熙》，《湘潭文史 第 5 辑 忆黎锦熙》，第 228 页。
② 刘育刚著：《顾顺章——中共历史上最危险的叛徒》，当代中国出版社 2014 年版，第 148 页。

带着两个孩子返回了家乡芜湖，一边奉养老人、抚养孩子，一边等待李克农的消息。直到1937年全面抗战爆发后，一家人才又团聚[①]。

由于钱壮飞及时获取了关键情报，党中央果断采取了紧急措施，顾顺章企图将上海党中央一网打尽的阴谋破产。在上海“收获”寥寥的顾顺章，不肯善罢甘休，开始了疯狂的叛卖。在出卖了中央委员恽代英后，又亲自带着国民党特务前往香港捕杀了主持广东省委工作的中央政治局委员蔡和森，还出卖并诱捕了向忠发，给党组织造成了巨大损失。此外，他还出卖了鲍君甫（杨登瀛）等一大批中国共产党“打入拉出”的情报人员，将我党隐蔽斗争的方式方法教授给敌人，培训了一大批徒子徒孙，专门对付中国共产党，导致党的隐蔽战线工作遭受重挫。此外，顾顺章还与敌人炮制了“伍豪事件”，污蔑报复周恩来，企图分化瓦解党的组织。

鉴于顾顺章投敌叛变的罪大恶极行为，中共中央于1931年5月21日发出了《中央通知第二二三号——永远开除叛徒顾顺章的党籍并号召全党同志和一切叛徒作斗争》，通告指出：

过去中央负责之一的顾顺章（原名顾凤鸣，又名黎明或张华）最近在汉口被捕后，立刻投降了中国工农群众的刽子手国民党军阀。他在武汉供出了许多我们党的机关，并将他所知道的在狱战士指名枪毙，甚至诬陷许多工农分子以邀功。现在他正在南京总司令部与蒋介石那批刽子手在一起，计划怎样在全中国尤其在上海大规模地破坏我们的机关与屠杀我们的同志。我们认为这是中国共产党历史上的污点，也是最可耻的叛徒。中央决定永远开除他的党籍，并号召全党同志，加紧我们在群众中的工作，更严密我们的组织，更特别注意我们的秘密工作，更坚决的执行两条战线上的斗争，一致起来消灭中国工农群众的敌人顾顺章以及一切共产主义的叛徒！……[②]

---

① 开诚著：《李克农——中共隐蔽战线的卓越领导人》，中共党史出版社2021年版，第39页。

② 中共中央文献研究室、中央档案馆编：《建党以来重要文献选编（1921—1949）》第8册，中央文献出版社2011年版，第418页。

1931年12月10日，中华苏维埃临时中央政府主席毛泽东亲自签发了对叛徒顾顺章的通缉令，全文如下：

苏维埃临时中央政府人民委员会通令

——为通缉革命叛徒顾顺章事①

各苏维埃区域省县区乡各级苏维埃政府，各地红军赤卫队及广大工农劳苦群众，白色统治区域的工人、农人及一切被压迫群众：

工农革命的叛徒顾顺章（又名黎明，原名顾凤鸣，化名为化广奇魔术师。年约二十七、八，上海吴淞人，身材极矮，眼暴鼻兀），自从今年4月25日在汉口被国民党反革命的侦缉队捕获后，立即向反动统治投降，将中国共产党驻武汉的交通机关鄂西联县苏维埃政府及红军二集团军的驻汉办事处告诉敌人，以致全部破获，并捕去革命战士十余人，后统被武汉反动政府杀害。甚至在一只江轮上有一位同情于革命的工友，这一机关只有顾顺章知道，他亦将他供出，送入反革命的牢狱。因为有了这些血的代价和保证，于是顾顺章连电南京要求亲见蒋介石。到南京后，他除掉将中共及苏维埃政府、红军与一切工农劳苦群众革命团体的组织情形、活动状况告密于国民党反革命外，他更将已经为南京政府宣判徒刑的中共中央委员、全国革命青年领袖恽代英同志等从狱中指证出来，给反革命立即枪杀；同时，还将他在上海时所晓得的中共中央委员及负责人周恩来、瞿秋白、李维汉等同志五个住址告诉反革命，立即电令上海公安局会同帝国主义捕房按名破获。幸而这几个同志在这时正已离开上海，故未遇难。接着顾顺章就依着他所知道的线索，继续派他的亲戚家人在上海侦查中共及各革命团体的机关与负责人。不幸中共总书记向忠发同志即在他这一布置中被捕遇难，成为顾顺章叛变革命投降反革命之最大的贡献（当时苏区尚不知向忠发叛变，作者注）。从此，顾顺章遂进而为蒋介石秘密杀人机关的CC组织中一个要员，与陈

① 团中央办公厅编辑发行：《中国青年运动历史资料（1931年）》第9册，1961年3月版，第595页。

果夫、陈立夫、徐恩曾、杨虎等反革命凶犯同为蒋介石杀人的助手了。

最近，因为红军在各苏区的胜利，苏维埃临时中央政府的成立，白色统治区域工农劳苦群众，反国民党反帝国主义斗争的高涨，中国共产党及革命群众团体虽在极端困难的白色恐怖之下，但因得到广大群众的拥护，他们的组织反而更加巩固与严密起来，更坚决地领导工农劳苦群众围绕着苏维埃旗帜而斗争。于是，叛徒顾顺章消灭革命组织和革命领袖肉身的毒计不能得逞，乃改变方略，硬以杀人凶犯污我革命负责同志与中共中央，企图用这一阴谋诡计破坏中共及其负责者在群众中的信仰；更无耻的，顾顺章自己还登报通缉中共负责同志周恩来等，说他自己自从叛变后并未陷害过共党任何个人，而只闭户读书。这种无耻的抵赖，绝对掩不住他凶恶残酷的毒手所给予革命的血的损害。这是每一个革命群众都能认识的。至于悬赏通缉，每一个革命战士和工农群众，当他们置身革命的时候，他们的生命即已经登记在反革命的通缉簿上，又何待叛徒顾顺章来登报通缉。

阶级的仇恨已走到决死的斗争。国民党所要反革命通缉的正是广大工农劳苦群众所要拥护的。反之顾顺章这类凶恶残酷的叛徒是国民党反革命所庇护的，正是广大工农劳苦群众所要扑灭的。反革命所依赖的只是地主、资产阶级、国民党、军阀、官僚这一类人。他们正是走向自己的穷途末路。革命的参加者和拥护者，却是极广大的工人、农人、城市贫民及一切被压迫群众。而胜利的苏维埃政府和中国共产党正领导他们争取革命在全国的胜利。革命高潮的继长增高，蒋介石二三万的军队，都被工农红军如摧枯拉朽的一次二次三次的打败下来。一个顾顺章叛徒及蒋介石杀人的CC组织何能消灭革命！相反的，他们终将在革命大浪中淹没！

为此，苏维埃临时中央政府，特通令各级苏维埃政府、红军和各地赤卫队，并通告全国工农劳苦群众：要严防国民党反革命的阴谋诡计，要一体严拿顾顺章叛徒。在苏维埃区域，要遇到这叛徒，应将他拿获交革命法庭审判。在白色统治区域，如遇到这一叛徒，每一革命战士，每一工农贫民分子都有责任将他扑灭。缉拿和扑灭顾顺章叛徒，是每一个革命战士和工农群众自觉的光荣的责任。地主资本家反革命走狗的悬赏收买的地方，是不能用来侮辱我被剥削被压迫群众的。

广大的工农劳苦群众！

巩固自己的阵线，一体严拿叛徒顾顺章！

发展革命斗争，根本消灭蒋介石杀人的CC组织。

这份特殊的通缉令，语气言辞非常严厉。在中国共产党的历史上，由中央政府对一个叛徒专门下达通缉令，极为罕见。可见顾顺章的叛变给中国共产党带来了多么严重的灾难，中共对顾顺章是多么的痛恨。

然而，令人讽刺的是，还没等到共产党将其缉拿正法，顾顺章就死在了他投靠的主子手里。1935年6月，顾顺章搅入国民党特务机关之间的权利争斗。当时，戴笠主持的复兴社特务处和徐恩曾执掌的调查科之间明争暗斗，相互倾轧。顾顺章感觉自己在调查科不受重用，就私自与戴笠暗通款曲意欲跳槽。徐恩曾生怕戴笠得到顾顺章后在对付共产党方面超过自己，于是派人严密监视顾顺章。顾顺章与戴笠暗中勾结的消息，被随他叛变的叛徒陈莲生（张文龙）密报徐恩曾，中统遂以"组建新共产党"等罪名将其秘密枪决于镇江。出卖别人的人，最终还是被别人出卖了。甘当走狗的人，最终还是被他的主子所抛弃。

经过周恩来、陈云等一个多月紧张的安排布置，党中央基本脱离了险境。原有的联络方式、工作手法、秘密据点均已废除，一套新的运作体系已经在高效运转。被顾顺章所熟悉、已经暴露的同志们，都陆续安排到苏联学习或者转赴各地苏区继续战斗。

鉴于钱壮飞、李克农、胡底三人都已经暴露了真实身份，敌人在严密搜捕他们。而他们长期在敌营工作，南京、上海一带认识他们的敌人太多，已经不再适合继续在白区从事党的隐蔽斗争了。党组织决定将他们三人撤到中央苏区。

大约5月上旬，陈赓到李宇超家里，通知钱壮飞准备到中央苏区工作。临行之前，组织安排钱壮飞和张振华在上海兆丰公园见了一面。经过这段时间的惊涛骇浪，这对革命夫妻终于又团聚，二人心中悲喜交集，久难平息。这次即是相聚，又是别离。携手战斗十多年的战友、爱人、同志，就此永别。

1931年5月，钱壮飞根据组织安排，转赴中央苏区工作。女儿黎莉莉曾回忆道：

父亲把我送进中华歌舞团以后不久，因顾顺章叛变，于1931年秋天（实际上是6月下旬）转移到江西瑞金。他化装成一个卖菜的匆匆出发。他走的是哪条路线，连母亲都不知道，李伯伯（李克农）到我家后门，隔着窗户对我妈说：他走了。当时上海笼罩着白色恐怖，为了避免特务注意，不允许他们两人在一起多说一句话。[①]

从上海到瑞金，钱壮飞走的是中央交通线。这条交通线是在周恩来亲自领导下，由中央交通局吴德峰等人一手布建运营起来的，专门负责上海党中央与中央苏区的人员、物资、情报往来，辗转沪港粤闽等数省，水陆绵延3000多公里，沿途设有大、中、小三类中转站数十个，每个站点均有若干支线以备应急，一大批交通员日夜往返奔波，堪称党中央的红色大动脉。中央交通线由周恩来直接领导，吴德峰亲自掌管，严格地执行保密制度，顾顺章对此毫不知情。

在交通员的护送下，钱壮飞登上了开往香港的客轮。海风习习，碧波万里。四年前，为了躲避反动派的追捕，他带着全家老小在寒风中从北京乘船来到上海。在这里，他不仅找到了组织，还加入了党的隐蔽战线，潜伏在龙潭虎穴之中与敌周旋，最终在狂澜既倒之际力转乾坤。现在，依旧是为了躲避反动派的追捕，他又要告别上海，奔赴下一个新的战场。

汽笛悠悠，征途漫漫。钱壮飞在香港登陆，经汕头转大埔过永定，在长汀越过敌人封锁线，顺利进入了中央苏区，大约在6月下旬，就到达了那片向往已久的红色土地——瑞金。

① 黎莉莉著：《行云流水篇：回忆、追念、影存》，中国电影出版社2001年版，第14页。

第五章 瑞金——红色壮歌

哎呀嘞哎！
鸡心岭上金灿灿，
唤起工农千百万，
镰刀劈碎旧世界，
同志哥，
铁锤打出红江山！

1931年6月下旬[①]，钱壮飞踏上了中央苏区红色的土地。昔日风度翩翩、西装革履的他，一路上根据不同环境不断变换身份，现在已经是长衫布衣的行商打扮。5月从上海出发以来，先走水路，乘大船到香港，坐小火轮转汕头，换小木船溯韩江而上，经潮安到达大埔。昼伏夜行数日，冲过敌人的数道封锁线到达青溪。由青溪改走陆路，途经多宝坑、伯公坳到达福建永定，就算到了苏区。

几重青山之隔，便是两个世界。中央苏区经过土地革命改天换地的变革，呈现出一片欣欣向荣的气象，令钱壮飞目不暇接。一路上，他边走边贪婪地看着沿途景象：这里山高林深、路陡水激，漫山遍野的竹林遮天蔽日，是十万红军指战员天然的隐蔽所；道边盛开着大片大片的杜

① 钱江：《怀念钱壮飞同志》，中共湖州市委党史研究室编：《钱壮飞》，中共党史出版社2011年版，第93页。

鹃花，一朵一朵鲜艳得像红军帽子上的红星：山尖隐蔽的岗哨里，忠诚的战士警惕地注视着远方。田野里劳作的是翻身的贫苦农民，站在属于自己的土地上，干活总是格外有力，嘹亮的山歌响彻云霄，让钱壮飞不禁跟着哼唱起来。苏区群众团结友爱、热情高昂，和他沿途经过的白区百姓的哀苦悲惨，形成了鲜明的对比。崇山峻岭围绕下，村社整洁有序，红军纪律严明，军民亲如一家。村里的苏维埃大门开敞，村民如同自己家里一样进进出出、忙忙碌碌，还有可爱的儿童团，正煞有介事地扛着红缨枪巡逻。

红旗，到处都是红旗，数不清的红旗迎风招展。红旗上的镰刀锤头，在阳光的照耀下发出金色的光辉。他抑制不住胸中激荡的情绪，让热泪尽情地打湿眼眶——终于到家了！

清新的山风吹来，钱壮飞多年白区敌营里工作积攒的压抑苦闷一扫而光，精神为之一振。沿途不时可见的战火烧过的断壁，远处红军操练的喊杀声，农会里寒光闪闪的梭镖，都让钱壮飞意识到战斗离这里很近。他迫不及待地想投身新的战斗，这伟大的战斗！

（一）红都暗哨

由于刚从白区转移进来，中央苏区很少有人知道钱壮飞此前的革命经历。组织在分配工作的时候，根据他毕业于国立北京医学专门学校的专业背景和职业经历，将他暂时安排到红一方面军司令部卫生所当医生。钱壮飞高兴地穿上了草鞋军装，戴上了八角军帽，与战士们同吃同住、同甘共苦。钱壮飞到任时，红一方面军正在建宁的康都圩休整。不久，他被调至红三军任军医处处长。

钱壮飞又背起了他久违的医药箱，凭借高超的医术和丰富的临床经验，很快就成为广大指战员信赖喜爱的“钱大夫”。他看病认真细致，待人和气真诚，处方写得工工整整。他经常白天在军医院坐诊，趁着天亮光线好，为前线下来的负伤将士做手术、缝伤口；晚间背着红十字药箱出诊，为来不了医院的红军伤病员以及忙得来不及看病的各级领导干部上门治疗。有时，附近村庄里的群众有个头疼脑热，也来找钱大夫讨个方子，他总是热心帮忙，对症开几味中药。

当时中央苏区生产水平落后，西医药品几乎全部依靠白区秘密采购。在国民党反动派的严密封锁下，只能通过中央秘密交通线上的交通员们冒着生命危险输送进来。但数量毕竟有限，药品一直处于极度短缺的局面，先进的医疗器械设备更是想都不敢想。红三军医院也极其简陋，钱壮飞和医院的战友们精打细算、尽心竭力，尽量用最少的药品消耗来服务最多的伤病战友。

从白区繁华的大城市到苏区艰苦的农村，生活条件落差很大。钱壮飞积极乐观，丝毫没有怨言，主动改变生活习惯，很快就适应了环境。他丢了皮鞋穿上了草鞋，脱下西装换上了土布军装，端起粗瓷大碗吃红米饭南瓜汤，和同志们挤在铺着稻草的硬板床上，睡得十分踏实。

苏区的经济生活虽然平稳，但还是很艰苦，特别是缺乏食盐。国民党反动派把禁运食盐当作围困苏区的武器，严密封锁查禁，几乎切断了来源。苏区群众和红军部队的食盐，全靠前方战斗缴获、秘密交通运输和土法熬制硝盐。因为极度短缺，食盐变得异常金贵，要一石谷子才能换一斤盐。蔬菜供应也很困难。赣南闽西一带山多地少，有限的良田都用来种了粮食。当地蔬菜种类也少，更没有专营蔬菜种植的农民。红军一天只发二分钱菜金，只能买到一些老百姓吃不完的南瓜和芋头叶子煮来吃。粮食定量分配，每人一个小蒲包，按各自的定额称好了装进去下锅煮，叫作“包子饭”。

缺油短盐，粗粝的红米饭难以下咽，红军战士就只能靠辣椒下饭。钱壮飞以前是不吃辣的，因为饭菜没有油盐味道，才吃辣椒刺激食欲。他和胡底两个人一顿饭要吃上斤把辣椒。红军总政治部办了一张《红星报》，钱壮飞是特约作者，时常画一些漫画投稿刊登。有了稿费就去买大量的辣椒磨成辣子酱，吃辣吃得厉害。

辣椒吃多了，也带来一些问题。那时，部队里闹胃病的、烂脚丫的战士很多，红军卫生部门认为是吃辣椒造成的。中央军委总卫生部部长贺诚下令，部队一律不准吃辣椒，并由共青团组织“轻骑队”进行飞行检查。队伍中南方的同志，特别是湖南、四川一带的同志，吃惯了辣椒，没有它的刺激，实在吃不下饭，于是部队中偷吃辣椒成风。最常见的办法，就是把辣椒烧熟藏在碗底偷着吃。碗里一层菜、一层饭、一层辣椒，大家戏称为“三层楼”。有一天，负责检查的年轻战士把钱壮飞辛苦画稿赚来的一罐辣子酱给倒了，令钱壮飞心疼不已又哭笑不得，只能耐心地给小同志讲卫生知识、讲辩证法。

钱壮飞对这个禁止吃辣的命令持反对意见，认为事情要辩证地看，只要适度的食用，辣椒是没有害处的，相反，还可以佐餐下饭，解决当下缺油少盐的困境。于是，钱壮飞就在墙报上写文章，说吃辣椒的好处，对禁吃辣椒的命令进行抨击。

当时的红军总医院院长、卫生部长贺诚也在墙报上写文章，反驳钱壮飞的观点。贺诚和钱壮飞有很多相似的经历，两人都是在北京学医，都曾在中央特科情报科陈赓领导下工作。只不过当时单线联系，彼此之间互不认识。贺诚出身医学世家，1922 年考入北京医科大学，1926 年因为参加革命活动被学校开除，受党派遣南下广东，先后在北伐战争、广州起义中担任军医。广州起义失败后到上海，在周恩来创建的中央特科工作。1928 年，贺诚和柯麟、周越华在上海威海路春萱里开设了一家达生医院，作为中央特科的秘密工作据点，也顺便给党内同志看病。在特科处决叛徒白鑫的斗争中，达生医院为确认白鑫的行踪发挥了重要作用。铲除白鑫后，达生医院暴露，贺诚转移到中央苏区工作。

两个“情报员”出身的红色医生，在简陋的墙报上大打吃辣椒的笔墨官司，这也是当时中央苏区艰难环境中蓬勃生活的有趣一景。最后，这场笔墨官司还是贺诚输了，因为红军广大指战员拥护钱壮飞的意见，总卫生部不得已收回成命[①]。钱壮飞就是这样，讲究实际、实事求是，也勇于巧妙地回击和嘲讽，让被批评的人对他也无可奈何。

作为苏区的医疗卫生专家，钱壮飞还担任了中国工农红军抚恤委员会委员、常委。中国工农红军抚恤委员会原名中革军委抚恤委员会，成立于 1932 年 1 月。按照《红军抚恤条例》规定，负责调查分散各地的残

---

① 《李一氓回忆录》，人民出版社 2015 年版，第四章相关内容。

疾战士姓名，调查红军战士家属住址和家庭情况，调查红军迭次战役的死亡战士，发放残废证等其他优抚恤慰工作。1932 年 9 月改称中国工农红军抚恤委员会总会，叶季壮任总会主任，张云逸、钱壮飞、徐梦秋、叶季壮、贺诚五人为常务委员[①]。中国工农红军抚恤委员会总会是我军抚恤工作走向正规化建设的重要机构。钱壮飞同叶季壮、贺诚等同志，为我军伤残战士、烈士家属的安置抚恤等做了大量工作。

在医疗工作之外，钱壮飞积极地开展苏区群众和红军的科普工作。他学识渊博，在没有任何参考资料的情况下，编写了一本《化学常识读本》，被军委印发各军团、军区、独立师，供战士们学习[②]。

1931 年七八月间，中央苏区进一步加强了政治保卫工作，组织上调了邓发等一批白区转移来的情报保卫干部到苏区中央局政治保卫处工作。政治信念坚定、斗争经验丰富的钱壮飞和胡底也被调入了政治保卫处，开始从事苏区政治保卫工作，继续在隐蔽战线上与国民党反动派作殊死斗争。

苏区中央局政治保卫处又称中革军委政治保卫处，隶属于中共苏区中央局和中央革命军事委员会，是党政军一体的政治保卫部门，承担着保卫党中央、保卫红军、保卫苏维埃的神圣使命。政治保卫处历史可追溯到 1927 年八一南昌起义。周恩来为保卫总前委安全、纯洁起义队伍、肃清奸细叛徒，在起义军指挥部下设政治保卫处，由李立三担任处长。此后，政治保卫工作就成为人民军队不可或缺的重要部分，在不同历史时期都发挥了特殊的重要作用。

1930 年 10 月，蒋介石在中原大战中大获全胜，击败了各路军阀之后，矛头立即指向了中国共产党，将中国共产党领导的广大苏区视为心腹大患。从这时开始，国民党反动派对中央苏区开展了长达四年的残酷“围剿”，军事上全面进攻，政治上污蔑造谣，经济上严密封锁。国民党采用了所谓的“三分军事，七分政治”的策略，勾结当地的豪绅

---

① 黄惠运著：《中央苏区社会保障研究》，社会科学文献出版社 2013 年版，第 64 页。

② 潘望峰：《忆中央苏区的文艺骨干钱壮飞同志》，《中央苏区文艺史料集》，长江文艺出版社 2017 年版，第 453 页。

地主，组织各种的所谓“善后委员会”“清乡委员会”、靖卫团、保安队、民团等反动组织，不断进扰苏区。有的在苏区内大肆造谣，传播所谓“共产共妻”谣言；有的私藏枪支搞暗杀活动；有的纠集武装固守山寨土围，与苏维埃政权相抗衡；有的则刺探消息，为国民党军队进攻苏区当先导。特别是国民党的特务机关，一方面派遣外逃的地主劣绅，伪装进步面孔，回到苏区潜伏渗透；另一方面用金钱收买利诱革命队伍中动摇分子，隐藏在我红军、政府以及党和群众组织中，暗中破坏革命。

在如此艰险复杂的环境中，政治保卫工作的重要性愈加彰显。起初，各地苏区隐蔽战线上的对敌斗争主要是由当地的肃反委员会承担。但随着形势的发展，仅靠肃反委员会半公开的、群众性的斗争方式，已不适应斗争的需要。

1931 年 1 月 15 日，中共苏区中央局和中央革命军事委员会在瑞金成立，中革军委下设政治保卫处，受苏区中央局领导。党中央还明确指出，苏区内部肃清反革命的工作，必须变成经常性的系统工作，必须立即在各苏区政府及红军中建立起政治保卫处的专门组织；中央还强调，要指定“政治上坚定、有斗争历史、党籍较长的党员，特别是工人党员去担任”政治保卫处的工作[①]。

钱壮飞就是在这种背景下，来到了政治保卫处工作。政治保卫处是在红一方面军总前委特务大队的基础上组建的。处长一职，苏区中央局决定由邓发担任，因邓发仍在负责粤闽赣特委工作，由政治局候补委员、总政治部主任王稼祥临时兼代，直到 8 月份邓发到职[②]。

邓发（1906—1945），广东云浮人，1922 年参加香港海员大罢工。1925 年任省港罢工委员会兼工人纠察队队长，同年秋加入中国共产党。参加了广州起义。后相继任中共广州市委书记、香港市委书记、广东省委组织部长。1930 年 11 月任中共闽粤赣苏区特委书记、军委主席，并兼任闽粤赣军区司令员和政委。1931 年 5 月，任中共闽粤赣临时省委书记。

① 余伯流、凌步机著:《中央苏区史》下册，江西人民出版社 2017 年修订版，第 1060 页。
② 徐则浩著:《王稼祥年谱》，中央文献出版社 2001 年版，第 56 页。

邓发

1931年8月，邓发奉中央指示，到中共苏区中央局工作，任苏区中央局委员、政治保卫处处长。

政治保卫处下设秘书、侦察、预审、执行四个科，一个政治保卫大队。秘书科长是欧阳毅，侦察科长是钱壮飞，预审科长是胡底，执行科长是张然和（张国俭）、科员娄梦侠。政治保卫大队负责保卫总前委、苏区中央局主要领导、无线电台队以及收发报机，队长吴烈、政委海景州。

钱壮飞已经36岁，在政治保卫处的干部中，年龄算比较大的。当时邓发只有25岁，胡底26岁，欧阳毅年纪最小才21岁。但是钱壮飞谦虚随和，从不摆老资格架子，也不炫耀功绩，尽心尽力地为邓发局长出谋划策，和年轻同志们一样勤勤恳恳工作。

欧阳毅（1910—2005）是1955年授衔的开国中将，长期在军队从事政治保卫工作。他先后给王稼祥和邓发当秘书，负责机要和综合秘书工作。钱壮飞给他留下了深刻的印象，他曾经回忆说：

我刚到政治保卫处的时候，只有钱壮飞、胡底、娄梦侠和我四个干部。钱壮飞任侦察科长，胡底任预审科长，娄梦侠任执行委员，李克农是以后来的。

钱壮飞、李克农、胡底都是党中央特科大名鼎鼎的谍报员，曾经成功地打入了国民党谍报机关中枢，获得了蒋介石第一二次“围剿”红军的重要情报……他们三位是功勋卓著、经验丰富的保卫干部，而且都是机警沉着，多才多艺。钱壮飞瘦高个子，说话很干脆，毛笔字写得很好，瑞金许多匾、牌、塔上的字都是他的手笔。胡底中等个，多才多艺能编能演。他和钱壮飞都能写剧本、当演员，胡底一个晚上能写出两个小剧本，在瑞金是名人。李克农神情庄重，目光和善，他以前在国民政权中当过县长，邓颖超、蔡畅大姐喜欢开玩笑似的叫他"县长老爷"。我有机会与他们共同做事，感到荣幸，我像尊敬老师一样尊敬他们。因为我来自前线，有实战经验，他们也很尊重我。我们彼此亲密合作，关系很好[①]。

1930年前后，中共中央根据革命斗争形势的发展，决定在各苏区建立苏维埃政权。1931年9月20日，中共中央作出决定，令"中央苏区必须在十月革命节正式成立苏维埃共和国临时中央政府"，并要求在中央苏区召开第一次全国苏维埃代表大会。此时，毛泽东、朱德等红四军领导人正率主力红军进入福建长汀休整补充，开始着手筹备"一苏大"。

经过紧张的筹备，1931年11月7日至20日，中华苏维埃第一次全国代表大会在瑞金叶坪村隆重召开，宣告了中华苏维埃共和国临时中央政府成立。为了庆祝一苏大召开，红军举行了盛大的阅兵仪式，各文艺团队和群众团体举行了多场文化庆祝活动，戏剧、歌舞、提灯晚会，"到会群众，人山人海，红光满天，庄严热烈空前未有"，将瑞金变成了欢乐的海洋。这是苏维埃中国的"开国大典"。中国大地上从此诞生了第一个红色政权，这是共产党创建的第一个国家形态的工农民主专政政权[②]。

为了筹备这次盛会，钱壮飞投入了很大心血和精力。

大会的安全保卫工作是首要任务。毛泽东等中央首长十分重视第一次中华苏维埃全国代表大会的保卫工作。苏区中央局政治保卫处是大会安保的主责单位，既要负责大会现场的警戒、秩序，还要负责与会代表们的安全警卫。同时，还要防止敌人在群众庆祝活动中暗中破坏。钱壮飞作为侦察科长，全程参与了一苏大的筹备和安保工作。受邓发局长的委托，钱壮飞和欧阳毅执笔起草了大会保卫和内线警戒方案，经毛泽东批准实施，有效地保卫了会议的安全[③]。

一苏大的会址设在瑞金叶坪村谢家祠堂。谢家祠堂是一幢青砖灰瓦半寺式的明代建筑，占地面积近千亩，旁边有两株千年古樟，枝繁叶茂，巨

---

① 《欧阳毅回忆录》，中共党史出版社1998年版，第124—125页。

② 于伯流、何友良主编:《中国苏区史》，江西人民出版社2011年版，第444页。

③ 陈克鑫、夏远生主编:《湘籍开国人物传略》，湖南人民出版社2016年版，第742页。

大的树冠把整个祠堂遮盖得严严实实。苏区中央局成员办公住宿的地方就在祠堂东北角，距离会场不到三十米。为了保证中央首长和与会代表的安全，由政治保卫处指导施工，瑞金县委组织群众在会场附近的樟树林边挖了四个防空洞，每个深达二十米，可以容纳上百人。一旦有紧急空袭，就可以撤离会场就近躲避。

中华苏维埃第一次全国代表大会会场——谢家祠堂

会前有一天，毛泽东、朱德、项英、任弼时等三十多位中央首长坐在谢家祠堂的天井四周开会办公。突然，防空警报从北边一个接一个地传来，还没来得及隐蔽疏散，敌机就冲了过来，在叶坪上空盘旋侦察了几圈后，投下了几颗炸弹扬长而去。最危险的是其中一颗炸弹，恰好落在了祠堂边的古樟树上；最幸运的是这颗炸弹是一颗哑弹，没有爆炸。否则后果将不堪设想。

敌人是怎么如此准确地知道轰炸目标的？是有敌特渗透还是走漏了风声？是漫无目的的轰炸还是有的放矢？一连串的疑问，任务交给了政治保卫处。

邓发当即命钱壮飞带领侦察科组织侦破小组，马上开始调查。经过缜密的调查分析，最终发现吸引敌机轰炸的竟然是村民的红辣椒。原来，在江西农村，村民习惯将红辣椒串成一米长短，挂在墙壁上晾晒。今年辣椒丰收，家家户户的辣椒都挂满了墙壁，远远俯视下去，和红旗一样。他们由此推断，敌机侦察时将成片的辣椒看成了一杆杆红旗，认为有红军部队在此驻扎，就投弹轰炸，没想到误打误撞还真撞上了。为此，他们又调查了周边几处被轰炸的地方，均发现墙壁上挂有红辣椒。于是，邓发下令保卫处战士，到晾晒辣椒的村民家里，动员群众将辣椒收起来，以免被敌机发现。第二天，敌机又飞临叶坪上空，在县城周围转了几圈后，找不到目标，便向远处飞走了①。

红辣椒引发的轰炸事件引起了毛泽东等人的高度警惕。召开一苏大，有数百名各地苏区的代表前来与会，肯定会走漏风声。中央首长料定蒋介石一定会来为一苏大凑热闹，派飞机来“放礼炮”。但苏区武器装备落后，基本没有防空力量。为了防止敌机侦察轰炸，政治保卫处根据毛泽东的指示，在福建长汀建了一个假会场。

在长汀县委书记李坚真的组织下，假会场的建设工作声势浩大。假会址选在长汀城外一处破旧庙宇中，四周空旷，没有群众居住。他们把破庙简单修葺，外面挂上了七八幅大红标语，空地就作为广场，正中用松枝扎了一个又高又大的彩牌楼，彩牌楼正中挂上一条宽大的横幅，上面贴着用14张四方形彩纸写的“中华苏维埃第一次全国代表大会”会标。广场四周布置了“苏维埃万岁”“中国工农红军万岁”等标语，周围还插上了许多彩旗，俨然一个真会场。假会场布置好后，县城及周边的群众纷纷来看热闹，其中不乏有国民党的暗探。消息一下便传开了，很快被国民党情报机关所获悉。

果然不出所料，“一苏大会开幕之日，有十余机轰炸长汀瑞金，投弹百余枚……但大会无恙”。政治保卫处为保卫一苏大而设下的“空城计”，成功将敌机引到了长汀郊外，既确保了大会的安全顺利召开，也没有给苏区百姓造成大的损失，得到了中央领导的表扬②。

---

① 辜水保主编：《赤国警魂——中央苏区政治保卫局纪实》，群众出版社2006年版，第36页，

② 中共瑞金市委、瑞金市人民政府、瑞金市委党史研究室编：《红都瑞金：共和国从这里走来》下册，2008年，第85页。

不仅在保卫战线上殚精竭虑，一苏大的文艺活动也少不了钱壮飞的参与。作为中央苏区知名的文艺工作者，钱壮飞能编善演、书画俱佳。虽然刚到苏区不久，但是已经名声在外，与李伯钊、胡底等文艺工作者一道，为苏区军民奉献出了许多佳作。在这次党和人民的空前盛会中，钱壮飞更是献出了他所有的文艺热情和才华。

中华苏维埃第一次全国代表大会开会场景

为了庆祝这个具有伟大历史意义的盛大典礼，筹备委员会抽调了胡底、钱壮飞、李伯钊等同志负责筹办大会的文娱活动。他们组织周边县区群众举办了一场异彩纷呈的“万人灯会”，从 11 月 7 日到 20 日，先后持续了 14 天。各式各样的彩灯把叶坪广场照得满天红光，一条巨大的金色长龙在夜空中欢腾跳跃，景色雄伟壮丽。灯会上有歌舞戏剧大汇演、大展览、大观摩、大交流。其中就上演了钱壮飞编写的大型话剧《最后的晚餐》。该剧通过画家笔下美与丑的对比，深刻反映了当时兵荒马乱、逼良为盗的社会现状，揭露了军阀混战给人民带来的深重灾难。胡底在剧中饰演主角樵夫，钱壮飞饰演了法官。这场戏的演出效果出乎意料地好，获得了与会代表们的一致赞扬，演出后“全场掌声雷动，经久不息”[①]。

1931 年 11 月 27 日，中华苏维埃共和国临时中央政府举行了第一次

① 李伯钊：《岁月磨不去的记忆》，《中央苏区文艺史料集》，长江文艺出版社 2017 年版，第 304 页。

执委会，毛泽东当选中央执行委员会主席，项英和张国焘为副主席。会议决定，中华苏维埃共和国中央政府下设九部一局，分别是外交人民委员部、军事人民委员部、劳动人民委员部、财政人民委员部、土地人民委员部、教育人民委员部、内务人民委员部、司法人民委员部、工农检察人民委员部和国家政治保卫局。

国家政治保卫局是在苏区中央局政治保卫处的基础上组建的，职责是在苏维埃境内，依照中华苏维埃共和国宪法之规定，在中央人民委员会领导之下，执行侦察、压制和消灭政治上、经济上一切反革命的组织、活动、侦探及盗匪；主要工作是铲除特务、搜集情报、肃清匪患、保卫首长等。

国家政治保卫局由邓发担任局长，内设（一）总务处，负责保管局内公文、财物，负责伙食、卫生、交通等事务，欧阳毅担任秘书长。（二）侦察部，负责办理检查邮电、水陆交通及非苏区出版书报等，布置开展侦探工作，由邓发、张然和、钱壮飞先后担任部长，下设侦察科、检查科。（三）执行部，负责拘捕、审讯、递解、起诉和执行等工作，由李克农、李一氓、胡底先后担任部长，下设执行科、预审科。（四）政治保卫大队，负责保卫苏区中央局、总前委、总司令部等首长和领导机关的安全，同时担任无线电队的警卫任务，由李玉堂、吴烈、海景洲等先后担任大队长；后改称政治保卫总队，队长姚喆、政治委员张南山；长征前改为政治保卫团。1932 年，增设红军工作部和白军工作部，分别由李克农、张然和担任部长。

一苏大结束后，国家政治保卫局机关驻地从叶坪村迁驻庙背村弯丘众厅，与少共苏区中央局机关驻地在一起。1933 年 4 月，又迁往瑞金沙洲坝铜锣村李屋；7 月，迁往云石山坡下村曾氏众厅。那时政治保卫局工作条件简陋，也很节俭，办公用的桌子、椅子、马灯都是向群众借的[①]。

国家政治保卫局在中华苏维埃共和国所属各省和红军各部队中先后建立了政治保卫局或保卫分局，很快形成了一个较为完备严密的工作系统。

---

① 广东省地方史志办公室编:《父辈的足迹》，岭南美术出版社 2011 年版，第 46 页。

地方各省先后建立的保卫（分）局包括：江西省政治保卫分局，局长先后由李韶九、吴德峰、娄梦侠担任。福建省政治保卫分局，局长先后由郭滴人、吴兰甫、汪金祥担任。赣东北省政治保卫分局，局长汪金祥。鄂豫皖省政治保卫分局，局长周纯全。湘鄂西省政治保卫分局，局长彭国才。湘赣省政治保卫分局，局长林瑞笙。湘鄂赣省政治保卫分局，局长涂正坤。陕甘晋省政治保卫分局，局长戴季英。西北政治保卫局，局长先后由王首道、周兴担任。

中国工农红军中先后建立的保卫（分）局有：中央革命军事委员会政治保卫局，钱壮飞、李克农先后担任局长。红一方面军政治保卫局，李克农、钱壮飞、胡底、罗瑞卿先后担任局长。红二方面军政治保卫分局，局长吴德峰。红四方面军政治保卫分局，局长先后由周纯全、曾传六担任。红一军团政治保卫分局，局长罗瑞卿；红二军团政治保卫分局，局长朱勉之；红三军团政治保卫分局，局长张纯清、杜理卿；红五军团政治保卫分局，局长欧阳毅；红六军团政治保卫分局，局长吴德峰、黄远新；红八军团政治保卫分局，局长卜盛光；红九军团政治保卫分局，局长杜理卿；红十五军团政治保卫分局，局长杨奇清。

1931 年 11 月，国家政治保卫局中央革命军事委员会分局成立，又称中革军委保卫局，钱壮飞出任首任局长。1932 年上半年，中革军委政治保卫局兼红一方面军政治保卫局。中革军委政治保卫局机关跟随中革军委机关和中央红军总司令部，驻扎在苏区反“围剿”作战前方。

中革军委政治保卫局下设侦察、执行两个部。侦察部内设侦察、检查两个科，执行部内设执行、审讯两个科。此外，还设有政治保卫队等机构。钱壮飞按照隐蔽斗争的规律和纪律，要求各部门各司其职，直接向部长、局长领受任务、汇报工作，相互之间没有横向联系，不准过问打听其他部门的事情[①]。胡底在中革军委保卫局成立时就和钱壮飞一起到了局里，先后任审讯科长、执行部长等职务。

① 张文碧：《怀念钱壮飞同志》，中共湖州市委党史研究室编：《钱壮飞》，中共党史出版社 2013 年版，第 80 页。

1932年6月，李克农接替钱壮飞任中革军委政治保卫局局长[①]，钱壮飞转任红一方面军政治保卫局局长[②]。年底，钱壮飞调任国家政治保卫局侦察部部长[③]，胡底接任红一方面军政治保卫局局长。

钱壮飞是中革军委政治保卫局首任局长，是红军内部国家政治保卫系统的创建者。当时，红军内的政治保卫工作机构尚未完全建立，钱壮飞任职期间，主要推动了创建工作机构、培训工作人员、制定规章制度、打开工作局面等基础性、开创性的工作。

政治保卫工作对干部素质要求极高、审查极其严格。素质方面，要求政治保卫干部必须富有胆略、勇于冒险，有忍耐心、不辞劳苦；具备各种科学常识及军事知识，对社会各阶级的状况有深刻了解；脑子灵活，有敏锐的判断力，能够通过各种细微的变化推测和判断敌情。审查上，凡是政治保卫局调用的干部，都必须经过严格的政治审查，不仅要详细审阅个人历史，而且要当面审查考核，从家庭情况、个人历史、社会关系、参加革命的动机、每个历史关键时刻的表现等，都要查得一清二楚，保证对党绝对忠诚。

为了培养一支政治上坚定纯洁、业务上精干内行的保卫工作队伍，国家政治保卫局开设了专门的保卫人员培训班。邓发、钱壮飞、李克农和胡底对此倾注了大量心血。

保卫局的工作人员，大多从各作战部队精心挑选而来。他们有着优秀的精神品质和坚强的革命意志，对党忠诚，作战勇敢。但是，他们中绝大多数没有隐蔽战线斗争的经验和技能，而且文化程度普遍偏低，一定程度上难以满足政治保卫工作要求。为了提高干部素质，加强保卫力量，国家政治保卫局在1932年5月举办了政治保卫干部学习班，培训了100多名学员。此后，又在各保卫分局举办了诸如“保卫干部训练班”“侦察干

① 《中国人民解放军全史》第10卷，《中国人民解放军组织沿革和各级领导成员名录》，军事科学出版社2001年版，第13页。

② 《中国人民解放军全史》第10卷，《中国人民解放军组织沿革和各级领导成员名录》，军事科学出版社2001年版，第61页。

③ 《李一氓回忆录》，人民出版社2015年版，第108页。

部训练班”“游击区保卫干部训练班”“县保卫局长科长班”等针对不同层次、不同地区的业务培训班，培育了一大批政治保卫干部。

钱壮飞、李克农和胡底三人因为白区隐蔽斗争经验丰富、科学文化水平较高，在政治保卫局的统一组织下，参与了一系列培训教材的编写工作。其中《保卫工作文化基础知识》，偏重文化基础知识教育，论及保卫工作的目的意义等，主要在于让受训人员逐步懂得保卫工作的光荣和艰巨。《侦探专业技术知识》，主要结合当时的实际情况，讲授如何布哨、跟踪、摆脱盯梢、识记和描画等业务技能。《浅谈对案件当事人的审讯和调查方法》，主要讲授审讯工作方式方法和对各种调查材料的分析，以及同各类人物打交道的常识[①]。

他们三人不但善于总结经验编写教材，更善于开堂授课、答疑解惑，是当时各个培训班争相邀请的授课老师，受到广大学员的推崇和好评。许多受训学员在多年以后的回忆中，对此仍赞不绝口。

开国少将张文碧，曾经是红一方面军保卫局政治保卫队的副队长，在钱壮飞的领导下工作了一年多时间，是钱壮飞一手栽培成长起来的政治保卫干部，也是政治保卫干部培训班最早一批学员。张文碧回忆说：

为了把我们这些大老粗培养成政治坚定，又能掌握必要的专业知识和技能的称职的保卫干部，钱壮飞、李克农、胡底等局长，花费了许多心血和精力，经常亲自给我们上课，讲授马列主义理论，科学文化和有关的业务技术知识。有些课，像数理化和历史地理等比较深，听起课来好比“对牛弹琴”，我们很多人听不懂。好不容易稍微听懂了一些，现在也早忘了。只有他们联系自己过去在白区从事地下工作的亲身经历和保卫工作实际需要，所讲的一些业务知识，既通俗又生动，留下的印象较深，现在还能记得起一些来。

我记得钱壮飞同志在讲课时联系到自己过去的经历，说起过他曾经在国民党蒋介石那里当过机要秘书，还当过什么卫生科长和军法处长，很受敌

① 辜水保主编：《赤国警魂——中华苏维埃政治保卫纪实》，群众出版社 2007 年版，第 130 页。

人的信任。他说自己曾经利用职权，把国民党内部狗咬狗抓来的个别最反动的顽固分子，扣上一顶“共产党骨干”的红帽子枪决处死，也巧妙地营救过一些重要的共产党员，但他说这种事不能干得太多，否则就会把自己暴露了。他说在打进敌人首脑机关后，十分注意掌握反面头子的特点和活动规律。例如1930年国民党发动对我革命根据地的第一、二次军事“围剿”时，他就掌握反动头子徐恩曾荒淫好色、喜欢搞女人的特点，每当其外出寻欢作乐时就好心地劝告，不要把随身不离的机密文件带到那种灯红酒绿的花花世界去。对方果然听从他的“忠告”，把机密材料留了下来，交他代为“妥善保管”。而他就在敌人回来之前赶紧用拍照等方式把这些机密材料复制下来，转报给我党地下组织。他和李克农、胡底同志本来都打进国民党的机关里做秘密情报工作，后来因为出了叛徒，武汉地区的党组织被破坏。那里的特务给蒋介石和南京、上海的国民党首脑机关发电报，说是有个名叫李克农的共产党员打进来当了机要秘书等。幸亏李克农同志当时用的是化名，敌人不知道就是他，还让他传阅电报。李克农看了以后就跑掉了。钱壮飞当时还没有暴露，但不久也撤了出来。以上这些内容我记得是他在讲课时说起的。因为他没向我们系统地介绍过自己的经历，再加时隔几十年，我的记忆可能有出入，不一定都很准确。

他给我们讲课的主要内容，是教我们怎样学会做好情报侦察和保卫工作的业务技术知识。现在我看到《英雄虎胆》这部电影，马上就会想起钱壮飞。首长给我们讲的课，想起他讲的如何对付敌人的侦察技术等知识。他讲做保卫工作的人，平时在侦察或审讯过程中，要学会善于观察和迅速掌握、记对方各人的特征。例如这人的身材高矮肥瘦，肤色、长相、口音，生理上或行为上有什么与众不同的特点等等。他在上课时给我们做示范，嘴里在讲某人的相貌有什么特征，手里就把有这种特征的人的形象很逼真地画出来给我们看。这样的讲课，对我们的工作确实有很大的帮助。1933年，我调到福建建（宁）黎（川）太（宁）军区（司令员是肖劲光同志）的独立六十六团当特派员，审讯时有个犯人供出某地隐藏着一个带枪的奸细。我问他此人有什么特征，供称此人的手指比普通人多了一个或少了一个，反正与众不同。我们就派队把那个村子包围起来搜查，不料这个敌人已跑掉了。

于是就传令附近部队注意检查手指有异状特征的人，果然被红军哨兵抓住了一个长六个手指的可疑分子。经审讯，正是那个潜逃的奸细，最后还取出了那个人埋藏在山里的枪支。

他经常教育我们，做保卫工作一定要重视调查研究，把敌人各方面的情况尽可能摸清楚。如我们要进攻敌军占领的某城市，就要事先详细侦察调查当地设有哪些反动的机构和团体，每个单位的名称叫什么？驻在哪一条街上？门牌号码是多少？这些机构里的人员情况如何？有什么新的变动（因为敌人的机构经常有变动）？守城的指挥官是什么出身？如果是行伍、土匪出身的或是正规军官学校毕业的，一般都有作战经验，打起仗来比较厉害；如是学生、文官出身，或是靠裙带关系当官的，没什么作战经验，就不经打了。甚至连敌军指挥官家庭成员的情况，也要调查了解得越详细越好。如有些情况侦察时没搞清楚，回来汇报时问起来答不上，就要受批评。侦察时要求我们不但要调查敌人党、政、军、特等反动机构情况，还要注意和重视了解敌占区的商会学校公众团体、保甲长，特别是敌人的报纸等有关情况。他说到敌占区去搞侦察，搜集情报，还要敢于到那些特务、流氓黑社会人物集中的茶馆、戏院、妓院、赌场等公共场所，还有天主教堂、基督教堂、寺观等宗教活动场所去，学会同各式各样的人物打交道。针对我们这些工农出身的同志一见那种乌烟瘴气的地方就头痛的特点，他特别告我们，工作需要，不去不行。对这些地方，不要人还没有去心里就先害怕，那里也是战场，要有龙潭虎穴也敢去闯的勇气和决心。当然，深入到那种地方去，要时刻保持清醒的头脑和坚定的革命意志，不要受敌人的欺骗引诱以至腐蚀。如果是保卫局的干部在那里出了问题，回来要受加倍的惩处。

钱壮飞同志说，世界各国的特务活动，以日本、德国和英美等国最厉害，国民党特务学的就是他们那一套。我们红军的保卫干部要跟那些隐蔽的敌人作斗争，什么本事都要尽量学会一点。比如部队驻扎宿营，要放哨警戒，以防国民党派特务来偷袭、摸哨，我们还要在明哨附近布置、埋伏暗哨。敌特分子来破坏，总会有些动静。如遇有形迹可疑的人，先由明哨出来盘问、对口令，暗哨则在附近监视，这样就不大会出乱子。再就是要学会怎样盯梢和反盯梢，这很不容易。既要达到目的，又不能让对方识破，不能老是傻乎乎地跟在人家屁股后面走，那样的话敌人就会很快发现的。钱壮飞还说，为了迷惑或摆脱敌人，保卫工作人员要善于化装。要装什么人就像什么人，不要三不像。只要有一点不像，露出破绽，敌人马上就会发现你，还能完成什么侦察、保卫任务？我亲眼看到过几次钱壮飞同志参与红军剧团的演出，他化装扮演一个老头子，连我们这些天天跟着他一起工作的人，都完全认不出是他扮的。他还对我们说，必要的时候还要化装成女人，而且要真像女人。胡底同志在这方面不如钱壮飞，他戴副眼镜，抽烟像斯大林拿个烟斗，走到哪里都像学生、知识分子，人家一下就认出他了。钱壮飞还要求保卫工作人员，在找人谈话或审讯时，不要当着对方的面在本子上作记录，表面上要若无其事，脑子里要高度集中注意力，尽可能把对方谈话内容完整记住。这样对方就不大有顾虑或过分紧张，而且也不大会失密、泄密。有些非记录下来的内容可在谈话后追记[①]。

开国少将裴周玉，曾是红三军团保卫局侦察部检查科科长，1932 年参加了红一方面军政治保卫局训练班。他回忆道：

1932 年 9 月中旬，保卫局长张纯清决定派我到一方面军保卫局训练班学习。听到这一消息我非常高兴，第二天就背上背包，同李基等十几人，步行 3 天，到达黎川一方面军保卫局报到，受到了李克农局长和钱壮飞侦察部长的接见与欢迎。

训练班的宗旨是：培养无限忠于党、忠于人民与全心全意为人民服务，刀山敢上，火海敢闯，不怕流血牺牲的英雄与隐蔽战线上的尖兵卫士。训练课目主要是敌特形势与我军的任务，以及同敌特斗争的手段，我军工作人员的纪律等。

训练班由胡底兼任班主任，他对训练工作非常负责，管理很严；刘雁平为副主任，全队共 90 余人，其中有 1/3 是地方干部，共编为 10 个学习小组，我编入第二组。授课的有李克农、钱壮飞、胡底等。李克农主要讲

① 张文碧：《怀念钱壮飞同志》，中共湖州市委党史研究室编：《钱壮飞》，中共党史出版社 2013 年版，第 80 页。

授国外反特斗争情况和敌特恐怖暗杀手段。钱壮飞主要讲授侦察工作，还具体介绍敌人的各种特务组织，如上海青洪帮杜大耳朵、黄大麻子及希特勒法西斯组织的破坏活动方式等，讲得非常详细，听起来很有味道，很受大家欢迎。胡底主要讲授审讯工作的具体问题，包括如何逮捕、关押看守、审讯与处理犯人的一套制度等。

我非常珍惜这次学习机会，刻苦认真扎扎实实地学习。一个月后，学校举行结业典礼，进行考核，我以优异成绩结业，又回到红三军团保卫局任检查科长[①]。

钱壮飞生活上十分简朴，一点也不搞特殊化。他对待下属和蔼亲切，但对工作要求极其严格，不准有半点马虎。面对战士们的思想波动，总是能找到合适的方法，不露痕迹地做思想政治工作。张文碧刚从战斗单位调任政治保卫局工作的时候，认为保卫工作脱离了战斗一线，不愿意安心工作，老想着重返战场。钱壮飞巧妙开展思想政治工作，打消了他的念头。张文碧从此踏踏实实在保卫战线上工作。他回忆道：

钱壮飞在工作上对我们要求非常严格，不准有半点马虎。汇报情况如果不确甚至瞎编乱造，就会受到他的严厉批评。

他经常教育我们说，保卫工作的任务就是要保卫党、国家（中华苏维埃共和国临时中央政府）和首长的安全，这是非常艰巨而光荣的任务，也是最使敌人害怕的工作。敌人千方百计地用金钱、美女等手段来收买、腐蚀我们的干部战士（也包括保卫干部），而一旦捉到我们的保卫工作人员，就恨之入骨地马上杀掉。所以我们党对于挑选、培养和任用保卫干部，要求特别严格。每个保卫工作人员都必须树立坚定的革命理想和信念，真正做到富贵不能淫，贫贱不能移，威武不能屈。

我刚调到保卫局的保卫队工作时，因为对这个工作的重要意义缺乏认识，很不安心。有一次我们跟随部队在粤北南雄打了一仗后，到了赣南兴

① 《裴周玉回忆录》，中国统计出版社 1996 年版，第 82—83 页。

国县苏区，我就向钱壮飞同志提出要求回部队，上前线去打仗。他找我个别谈话，穿着一件对襟布扣的中式短褂，两手插在褂子前面的荷包（口袋）里，神态很随和地问我究竟为了什么理由非要到部队去不可？我就暴露思想，直言不讳地讲出了心里话，说保卫局这里不打仗，我来当红军就是要到打仗的地方去。言外之意就是说，这里是保命怕死的人待的地方，有什么意思!

他听了我的话，也没有批评我什么，只是笑笑说，你再好好考虑一下，难道我们保卫局的这些同志们都是保命怕死的胆小鬼吗？后来部队继续行军，从会昌一线回到兴国、宁都一带。在宁都城外我又向他提出不干了，要求调离保卫队到前线去打仗。他这一回可不客气了，从荷包里掏出一个很小的本子翻开来说，上次你讲了些什么话，我这里都记下来了。你看不起党的保卫工作，以为保卫局的同志都是保命怕死的胆小鬼，这是非常错误的。上前线是同公开的敌人斗争，我们这里是每时每刻都在同秘密的敌人打仗，比较起来更加复杂困难。党挑选我们参加这项光荣而艰巨的工作，作为一个党员，你一定要安心地在保卫局努力工作，以后再也不许提要走的事了。这番既严肃又诚恳的批评教育，使我心服口服，打消了要求上前线的念头。特别是第一次谈话时，他双手插在荷包里，竟能在小本子上记录下我所讲的，更使我惊讶得目瞪口呆。长期以来，我总认为他有一套能在口袋里暗中笔录谈话内容的技能，见到他既是敬佩，又有点害怕。

1933年四五月间，博古领导的临时中央，在中央革命根据地发起反对以“邓、毛、古、谢”为代表的“江西罗明路线”斗争，反对毛泽东及毛泽东的正确路线。邓小平原来任会（昌）寻（乌）安（远）中心县委书记，后调任江西省委宣传部长。在反“江西罗明路线”斗争开始后，受到批判，撤销了省委宣传部长职务，指定到安乐县南村任区委巡视员。

邓小平在南村工作期间，中央主力红军就驻扎在前团一带，离前线很近。邓小平得知部队在附近，就和安乐县委书记胡嘉宾一起，特意去前方看望中革军委政治保卫局长李克农和中革军委一局局长张云逸。李克农在上海工作时，邓小平任中央秘书长，两人常有往来。李克农在保卫局驻地招待邓小平和胡嘉宾一行吃了中午饭，还特意将钱壮飞和胡底叫来，一起作陪①。

邓小平在南村待了十几天，又被命令返回宁都省委机关。李克农送给邓小平一匹骡子，邓小平骑着它回到了宁都。

在国家政治保卫局邓发局长的领导下，钱壮飞在不同的战斗岗位上，带领保卫局的战友们并肩战斗，在没有硝烟的隐蔽战线上，打赢了一场又一场的战役，出色地完成了保卫党中央、苏维埃和红军安全的神圣使命。

他们在苏区白区布建了严密的情报工作网络，一方面发动党团员和积极分子组成工作网，用以掌握暗藏在革命队伍内部敌人的情况。另一方面运用各种人群所组成工作网，专门用于搜集情报和侦察案件；网员在保卫局控制下，由特派员或侦察员实行单线领导，其工作在绝对保密的情况下进行。

同时，保卫局侦察部还搜集敌人军事情报、配合红军与敌人的战斗。保卫局在根据地的边沿地区、重要码头、复杂场所设立了许多秘密据点，对外则以饭馆、客栈、商店等公开面目作掩护，随时侦察和了解敌人的情报。1934 年，在第五次反“围剿”时，国民党派遣特务潜入我苏区活动，搜集苏区的政治、经济和军事情报，并妄图指挥敌机轰炸我部队、军用物资和粮食仓库。胡底当时担任国家政治保卫局侦察部长，对敌人的特务活动展开了针锋相对的斗争。

曾担任红十六军政治保卫局局长的李握如同志回忆说：

国家政治保卫局胡底同志，用测向台发现有部敌台在广昌一带活动，他亲自率领几个侦察组进行调查。这时，我刚结束第二次全国苏维埃代表大会的保卫工作，邓发同志派我担任一个组的组长。我们到广昌后在胡底同志的领导下，依靠当地干部和群众，对周围情况进行摸底调查，终于发现敌人

① 胡锦昌、张学军著：《邓小平政治生涯》，中央文献出版社 2007 年版，第 108 页。

把电台藏在神龛里，天线从烟囱中伸出去，伪装得很巧妙。侦破了这部电台，又在会昌与宁都之间发现了另一部电台在活动。我记得那是在一次很有名的高虎垴战斗打响以前，我们在头陂发现了敌台活动。但头陂很小，只几户人家，都是基本群众，怎么也发现不了敌人。后来我们隐蔽上山搜索，遇到一个砍柴的老人。他说，在森林里有一棵大枯树是多年前被闪电击了的，树内是空的，周围长了些新枝。我们即组织对这棵枯树进行观察，发现树枝上有根铁丝，又在附近发现了人的大便。于是，我便派人在附近埋伏守候。一天晚上，一个家伙来了，在他准备钻进枯树的时候，我们把他逮住了。他承认他是国民党派来的特务报务员，树内有一部电台，是搜集高虎垴情报的。经过胡底同志批准，利用它发了两次假情报，欺骗敌人，使敌人上了当，所以后来在高虎垴战斗中打垮了敌六个师。要是不在战斗打响以前挖出了这部电台，利用这部电台蒙骗敌人，不仅歼灭不了这么多敌人，我们还可能遭受更大的损失①。

此外，政治保卫局还负责对中央首长和重要会议进行安全警卫工作，政治保卫队忠心耿耿守卫着中央首长安全，在革命斗争中不断发展，日后壮大为中央警备团、警备一师直至今天的中央警卫局。保卫局后来还专门设有交通科，科长是在中央特科工作过的陈彭年，以“工农通讯社”为掩护，与白区的中央交通局一道，保持着中央交通线的通畅和安全，为中央苏区的人员、物资、情报输送作出了卓越贡献。

钱壮飞作为红军和苏维埃政治保卫工作的主要创建者、重要领导人之一，在残酷的革命战争年代，与邓发、李克农、胡底等同志一道，广泛地建立了秘密情报工作网，有效地打击了国民党特务的破坏活动，加强了对中央领导同志和中央重要会议的安全警卫工作，保卫了革命政权和革命根据地，为中国革命的最终胜利作出了极其重要的历史贡献。特别是他致力于保卫干部培训教育工作，选拔培训的很多干部，后来都成为党的情报保卫和公安战线的优秀领导人和重要骨干。

① 蒋柳青著:《中共锄奸保卫史》，解放军出版社 2015 年版，第 74 页。

(二)于无声处

1933年5月，以博古为首的临时中央决定，将原本“两块牌子、一套人马”的中革军委和红军总司令部分设。中革军委从前线转移到后方瑞金，另在前方组成中国工农红军总司令部兼一方面军司令部。实际调整中，是把已经存在于前方的中革军委总参谋部改称红军总司令部兼红一方面军司令部，由朱德、周恩来、刘伯承领导，直接指挥中央红军部队作战。朱德仍任中革军委主席、中国工农红军总司令兼红一方面军总司令，周恩来任中国工农红军总政治委员兼红一方面军总政委，聂荣臻任红一方面军总参谋长。在瑞金，又另行组建了一个中革军委的军事指挥机关——总司令部，由项英担任代理中革军委主席，叶剑英任参谋长，由博古等人领导，负责领导与指挥全国红军部队。中革军委总司令部下设作战、情报、供给、通信、动员等局①。

在这次机构变动中，钱壮飞由中华苏维埃国家政治保卫局侦察部长调任中央革命军事委员会总司令部第二局即情报局局长②，负责该局的筹备组建工作。红军时期我军情报局负责无线电侦讯和谍报工作，主要工作是通过破译敌人无线电密码来获取情报，同时也开展一些人力情报。但是由于红军长期处于转战状态，人力情报在效率、内容上并不能很好地满足前线具体战斗的需要，战术情报更多的是依靠无线电侦讯工作获取。到钱壮飞任中革军委总司令部情报局局长时，情报局的业务工作已经主要是无线电侦察了。

中国工农红军无线电侦察事业的创建，是在毛泽东、周恩来、朱德等人领导下集体努力的一个过程。

1931年1月，红一方面军利用缴获器材成立了无线电队，队长王诤、政委冯文彬，开始收听敌军无线电通讯。同年6月，成立无线电总队，队

① 吕黎平著:《红军时期参谋工作纪实》第二章，军事谊文出版社1995年版。

② 中共中央组织部、中共中央党史研究室、中央档案馆编:《中国共产党组织史资料》第二卷，中共党史出版社2000年版，第106页。

长王诤、政委伍云甫，总队下设侦察台，专门负责侦听、侦收敌台信号。因为当时国民党军队尚不知红军已经具有无线电侦听手段，保密意识很差，作战命令和战场通讯多用明码发电。我军的侦察台只需要直接抄收即可获得大量战场情报。年底，中革军委将侦察台与总参谋部谍报科合并组建侦察科（后改称侦察局、情报局，序列二局）管理，科长曾希圣。

瑞金红军无线电总队旧址

曾希圣（1904—1968），湖南资兴人，我军技术侦察工作“创业的人”。1927 年大革命失败后加入中国共产党，曾受湖北省委军事部派遣，在国民党唐生智部、樊钟秀部等军队中从事兵运工作，同时开展情报和秘密交通工作。1930 年初，曾希圣回到武汉，先后在湖北省委军委机关、长江局军委机关工作，负责组织与训练工人纠察队等工作。年底，调往上海，任中央军委参谋部谍报科科长，从事侦察工作。顾顺章叛变后，曾希圣转赴中央苏区工作，1931 年 12 月任中革军委总参谋部（兼红军总司令部）侦察科科长。

就在曾希圣担任侦察科长的前后，国民党军队开始全面实行通讯加密，仅有侦听手段的红军尚不能破译敌军密码，无线电侦察工作基本停顿。1932 年春进行的赣州战役遭受重大损失，重要原因之一就是无法破解国民党军队的密电，情报不灵导致敌情不明。

曾希圣为情报不能保障作战而深感不安，开始尝试“猜译”敌军密码，从零开始创建红军的密码破译工作。在叶剑英、朱德和周恩来的支持指导下，曾希圣增加机器设备，调集曹祥仁等精干人员，布置侦察台抄收国民党军密电并登记编号，通过战况分析判断电报内容。

1932 年 8 月 20 日，红军攻占宜黄县城。曾希圣从缴获资料中发现一份第九路军司令孙连仲发给守城部队的电报，其中有 30 来个字已译出，密码名为“展密”。在这份残电的基础上，曾希圣与曹祥仁开始共同猜译余下的部分。他们结合敌情形势，将不断侦收到的“展密”电报拿来对照，将相同的字填上去做据点，前后猜字联结。终于在 10 月将“展密”全本贯通。这是红军破译敌军的第一部密码。

密码破译技术的掌握，使红军的侦察能力发生了革命性的飞跃，在我党我军的情报工作史上具有划时代的意义。“展密”的破译，标志着红军掌握了无线电侦察的核心技术，已经具备全面获取国民党无线电通讯情报的前提。根据猜译“展密”的经验，曾希圣、曹祥仁总结了国民党军密码的编制规律和语言习惯，乘胜前进，到 1932 年底已经连续破译了敌军密码 17 本，将中央苏区周围国民党军使用的通用密本全部破开。成功破解敌人密码后，无线电侦察工作成为红军情报工作的重要组成部分。红军总司令部在原来侦察科的基础上，成立了总司令部第二局即情报局，局长曾希圣，下设 3 个侦察台，技术人员达 10 人左右，其中负责侦收破译的有曹祥仁、邹毕兆，负责侦收的有胡立教、王震、李力田、李廉士，负责校译的有李作鹏、叶楚屏、卢伟良等。就这样，一支技术精湛、组织严密的无线电侦察部队在中国工农红军中光荣诞生[①]。

中革军委和红军总司令部分设之后，曾希圣领导的二局划归红军总司令部管辖。因在前线作战，一般称之为“前方二局”。中革军委在瑞金后方重新组建的中革军委总司令部情报局，即钱壮飞领导的二局，一般称之为“后方二局”。

---

① 曹冶、伍星：《周恩来领导创建红军无线电侦察事业》，《江淮文史》2017 年第 3 期。

1933年5月，中革军委二局正式成立，中革军委主席、红军总司令朱德同志亲自任命钱壮飞为局长[①]。钱壮飞从前方二局调来了破译专家邹毕兆，从后方政治保卫局等机关调来了严重、邬一之、戴镜元等精干力量，边战斗边组建，很短时间内就形成了战斗建制。

后方二局刚开始的时候，人员少、设备缺，只有五六个人、一部电台。工作基础也比较薄弱，是在原后方侦察台的基础上开始。破译工作必需的敌军电码、电报和我方战报、命令等参考资料都很少，也不齐全。只能从头开始抄收敌人电码，一点点积累。好在钱壮飞早年间在国民党上海无线电培训班接受过系统的专业训练，对无线电收发、译电、编码等业务都很精熟。而且他曾经长期战斗在敌人心脏，担任机要秘书的工作，对国民党军政机构内部往来电报公文的行文格式、语法句式等非常了解。在红军政治保卫部门工作的经历又让他对中央苏区的军事形势，特别是对周边主要敌人的番号建制、长官姓名等了然于胸。这些都是开展无线电密码破译工作所必需的基础条件。钱壮飞率先垂范、亲力亲为，团结带领局里的同志们从零突破，筚路蓝缕，白手起家。

后方二局组建不久，党组织将谭震林调来担任副局长，兼管部队侦察工作[②]（9月份调离二局），增强了二局的领导力量。二局从开始的一部电台增加到了三台，工作力量得到了极大的充实。当时局里的人员有局长钱壮飞，副局长谭震林；破译有邹毕兆；校译有严重、邬一之、钟鼎兴、戴镜元、钟能俊等；侦收有王震、钱江（与钱壮飞之子同名）、唐明、李行律、贺俊侦、刘少宏、萧蒲德、林仁贵、陈铭兴等。戴镜元还负责二局内部的机要和保卫工作。

后方二局的主要工作对象是福建军阀刘和鼎、广东军阀陈济棠、湖南何键以及“围剿”中央红军的陈诚、罗卓英方面。全局上下齐心协力，夜以继日攻克“天书”。钱壮飞、谭震林每天和邹毕兆、戴镜元等一起工作到夜里一两点钟。大家凑在腾腾冒着黑烟的桐油灯下，艰苦地研究破译敌

① 戴镜元著：《难忘的岁月》，作家出版社2005年版，第34页。

② 戴镜元：《深切怀念钱壮飞同志》，中共湖州市委党史研究室编：《钱壮飞》，中共党史出版社2013年版，第98页。

人的密码。中革军委代理主席项英经常到二局来看望大家，有时甚至深夜到来，令大家非常感动。

当时红军的无线电密码破译，主要有以下几种途径。第一，由我方打入敌人内部的情报人员获取敌人密码本，例如，徐恩曾等国民党高层使用的亲译密码本就是钱壮飞潜伏敌内时获取的。第二，从战场俘获的敌军机要员身上缴获敌人的密码本，或者从其口中了解密码情况。第三，在作战中突击敌人指挥所，搜集敌人译好的电报，对比我方侦收的电码推译；或者搜集敌人电文底稿，对照文字和组码破译。第四，根据对面敌人的番号、动作、战况等信息，直接猜译侦察台侦收的密电码。第四种方法是最艰难的方法，也是最直接有效的方法。红军破译工作创始人之一、曾在后方二局工作的邹毕兆曾回忆这种破译密码的方法：

破译的根本依据是重复。一篇文章、一份长一点的电报，必然有不少单字要重复使用几次。破译密电在于找出重复电码。电报本每一纸页的正面与反面的角码，不得不联系起来。例如：正面角码用 37，反面角码必用 38。这样破译了一个横码或直码，也就破译出了所有页面相同位置的横码与直码。敌人电报匪字用得多，找出匪字也是一法。匪字又与数字联系，联系起来就帮助我们找出破译线索。电报内容，常分一、二、三若干项，所以在长报中，可以找出分项的一、二、三的字来。电文中的官场格式，如：奉某某电、等因奉此之类，这样报头报尾中的奉、电、等、此这类字，又可作为破译的起点。我们还发现了“何应钦”对破译工作很有用处。何应钦是总司令，电报中“奉总司令何”用得相当多，明码的令字是 0109、何字是 0149，角码都是 01，第四位数字系直码都是 9，在明码的四个数码有三个相同，同样用明码电报本编成密码，其他三个数字仍然相同。那时有这样相连的两组电码，就可以定它是令、何二字，也就是“奉总司令何”某电。等于何应钦在帮助共产党破译蒋介石的密码[①]。

① 路福贵：《老红军回忆神秘的军委二局》，《文史博览》2017 年第 8 期。

1933年5月6日，中革军委二局刚组建不久，邹毕兆等人就破译了敌军密电，获悉国民党军六十三师由莲花县派出四个营、一个骑兵连，经九路冲前往茶陵县接运军用物资。这一情报立即报给中革军委，我军马上作好了部署，在7日歼灭了该敌。下旬，二局再次侦知湘军第一司令总队刘建绪令四十三旅、五十五旅掩护一个运输营，由茶陵向莲花押送军用物资。我军根据准确情报又一次设伏，于5月29日再歼敌一部，俘获敌团长以下官兵1000余人，缴获步枪500余支，电台一部①。

7月下旬开始，红一方面军开始了攻打连城的战斗。8月1日，钱壮飞率领中革军委二局破获了被围困于连城的国民党军第七十八师师长区寿年给第十九路军总指挥蔡廷锴的电报，称："如坚决守连城，自可支持，如决放弃连城，今日还可设法撤退，明日则惟有死守而守等。"中革军委代理主席项英当即给朱德、周恩来、彭德怀和滕代远发电，提出，"此敌似有逃脱可能，你们应迅速做机动的部署，如该敌逃脱时，毫不失机消灭之"。紧接着，前方二局又破获了蔡廷锴给区寿年"可设法撤退"的复电。根据这些情报，红军在敌七十八师弃连城向永安方向撤退的路上半途截击，歼敌三个团，俘虏2000余人，缴枪200多支，恢复了连城、朋口、新泉一带大片苏区②。

在钱壮飞和全体同志的共同努力下，中革军委二局的工作很快就打开了局面，情报工作有力服务中革军委，与前方曾希圣领导的红军总司令部二局配合相得益彰，为保障红军反"围剿"作战取得了很好的成绩。在他们的努力下，蒋介石部队的部署、调动、企图、装备、补给、处境乃至口令、信号，中央首长都能及时掌握。到1933年"八一"建军节，前后方二局已经破译了敌人密码整整100个，平均两天多破译一个密码。钱壮飞将这100个密码的名字设计了一幅"百美图"，并召开了"百本纪念"大会，以示庆祝。在当时物资紧缺的情况下，后勤人员还特意买了一些猪肉，改善工作人员伙食，这在当时是一种很大的鼓励。

① 路福贵:《红军破译三杰之邹毕兆》,《档案时空》2017年第3期。

② 《曾希圣传》编委会著:《曾希圣传》，解放军出版社2019年版，第59页。

钱壮飞的工作是紧张忙碌的，除了主持日常的侦听、破译工作之外，还要把每天获取的情报整理整编，然后复写五份后分送中央、中央军委主要领导同志。1933 年秋天之后，还要复制翻译一份德文版给共产国际派来的军事顾问李德。钱壮飞通晓德语，在北京医学专门学校读大学时，所用教材和专业课授课均使用德文，因此他的德语书写翻译均很熟练，经常受组织指派为李德翻译材料。

钱壮飞对待工作极度认真负责。在二局获取的情报后面，钱壮飞还要根据情报内容，将敌人所在位置、行军路线、兵力部署等在地图上绘制出来附上，便于首长一目了然地了解掌握情报和敌我形势。有时，还需要绘制敌军事部署的表册。他美术功底扎实、军事素质也好，桌子上总是摆满了绘图仪器，忙个不停。他绘制的图表美观明了，受到项英的称赞。朱德总司令和周恩来副主席回到瑞金后，也对钱壮飞绘制的地图赞不绝口。

项英代理中革军委主席期间，差不多每天都要来二局看情报，就在钱壮飞狭小的办公室里看。朱德总司令从前方回到乌石垄以后，也是每天都来，有时一天来两三次，先是在钱壮飞的屋子里看情报，有时间了就教小同志们怎么做工作。

钱壮飞不仅善于破译敌人密码，还能够亲自编制密码供我军使用。1933 年 8 月，以陈铭枢、蔡廷锴、蒋光鼐为首的国民党第十九路军，准备在福建公开树起抗日反蒋的旗帜。他们在酝酿和准备发动兵变的时候，主动派出代表与中共方面进行谈判抗日反蒋的问题。周恩来、毛泽东等中央领导决定派潘汉年、张云逸为代表，同十九路军进行深入谈判。为了确保前方谈判代表和党中央的通联安全，中革军委委托钱壮飞专门编制一本新的密码，供谈判代表潘汉年、张云逸使用。钱壮飞精心研究，在很短的时间内就编出了一本便于携带、易于使用、保密性强的密码本，出色地完成了任务①。

钱壮飞在业务上是精干内行的破译尖兵，对待工作认真负责、一丝

① 戴镜元:《深切怀念钱壮飞同志》，中共湖州市委党史研究室编:《钱壮飞》，中共党史出版社 2013 年版，第 98 页。

不苟，要求极为严格。但他很注意工作的方式方法，性情随和开朗，待下级平易近人，很能和同志们打成一片。工作上领导有方，工作虽然很多，但安排得非常好，各项工作井井有条、忙而不乱，他的办公桌上永远收拾得干净整齐。他是局内同志们公认的良师挚友。

中革军委二局驻地在瑞金乌石垄，因为刚开始人员不多，办公室和宿舍也都比较少，只有大概三四间房子。堂屋用来吃饭活动，两侧房间，东面房间是办公室兼宿舍，西面房间是报房兼宿舍。钱壮飞在东面的房子里办公住宿，同屋办公的还有副局长谭震林和机要员戴镜元。其他人也都是两三人拥挤在一间小房子里。南方冬天没有取暖设备，最多只是在办公室里搞一盆木炭火放在中间。苏区物资紧缺，冬天每人只配发一床薄薄的棉被，盖上了就没得铺，铺上了就没得盖。钱壮飞就和戴镜元合铺，两张被子铺一个盖一个，这样就既有得铺又有得盖。中革军委二局人员规模小，没有专门的炊事员和后勤部门，大家都在总司令部大食堂吃饭。由于供应不足，总部的生活很艰苦，到后期把每日三餐都改为了两餐。吃饭严格按照定量，每人每天 12 两米（16 两制），分成两餐在蒲草包里煮熟，一顿一包。蔬菜很少，冬天若能吃到竹笋就算很不错了，偶尔吃点空心菜，就觉得好吃得很。早期一个月能吃到一次肉，后来也很难做到了。参谋和报务人员经常值夜班，可以吃个素夜餐。运输队里有些大个子，基本上就吃不饱了。为缓解吃饭问题，钱壮飞发动和带领同志们一起利用业余时间种菜，多少能改善一些生活。星期六，他还要去驻地的红军家属和贫困户那里，帮助砍柴、挑水、锄草，搞好与地方群众的关系。

中革军委二局的同志们普遍年纪比较小，大多数是十几岁、二十来岁的小伙子。钱壮飞在生活上很注意关心关爱他们。平常战士们生病，多是由钱壮飞看病开药方。红军卫生部的药品缺乏，医院负责人傅连暲一看到钱壮飞开的药方就头疼。

钱壮飞平等待人、没有架子，干部们有不会的事他就耐心细致地教，循循善诱，和颜悦色，不发脾气。对待干部的缺点，也是用启发的方式进行批评，从不骂人。红军战士普遍文化水平较低，钱壮飞就利用业余时间给同志们讲天文、地理及雷电、风雨等科学知识。他讲得深入浅出，生动活泼，干部们在不知不觉中就增长了科学知识，提高了文化水平。报务员钱江回忆：“他是一个大知识分子，又是领导。但是，他很亲近我们，实实在在，没有架子，上下关系很融洽。我们也很尊重他，爱听他讲话。他看到同志们的缺点，总是用启发诱导的方式加以教育，使人感到温暖亲切。”戴镜元也将钱壮飞称为“真正是我们的良师挚友和学习的楷模”。

第四次反“围剿”以来，由于受王明“左”倾错误路线影响，红军在军事斗争中不断失利。博古等“左”倾路线领导者，从军事冒险主义转为保守主义，在与强大敌人的拼斗中损失惨重。1934 年 1 月，中央红军转入内线防御。为了适应斗争形势，临时中央决定，红军总司令部与中革军委合并，朱德、周恩来率领前方总司令部从宁都撤回瑞金沙洲坝乌石垄村。中革军委改组，主席仍为朱德，副主席周恩来、王稼祥，下设总司令部、总政治部、政治保卫部等工作机关。总司令部作为中革军委军事行政工作的统率机关，下设作战、情报、通信等六个职能局。

1934 年 1 月，钱壮飞领导的后方二局和曾希圣领导的前方二局合并成为中革军委总司令部二局即情报局（又称红军总司令部二局）。局长曾希圣，副局长钱壮飞。合并后的二局下设负责破译的第一科，科长曹祥仁；负责侦收的第二科，科长王震；负责校译的第三科，科长李作鹏；负责谍报工作的第四科。全局拥有电台 7 部，技术人员 42 名①。

在这次调整中，钱壮飞从二局局长改任副局长，职务级别上降低了一些。但他胸襟磊落、毫不计较，真心真意服从组织安排，愉快服从曾希圣局长的领导，全力协助曾做好全局的各项工作，体现出一名共产党人过硬的党性原则和不为名不为利、全心全意为人民服务的高贵品质。他不但尽心把分管的工作做好，而且凡是革命需要做的事情，他都竭尽全力把它做好。始终兢兢业业、勤勤恳恳，态度积极认真，深得同志们的尊敬和爱戴。

前后方二局合并之后，工作力量得到了加强。在第五次反“围剿”斗争中，战斗最紧张的时期，敌军密码换得很勤，而且几乎都是特别本，数

① 《曾希圣传》编委会著：《曾希圣传》，解放军出版社 2018 年版，第 62 页。

量多、体量大、编码复杂。二局在残酷的战争环境下顽强破译了国民党军 352 本密码，几乎是每天破一本。然而，在博古、李德错误路线的影响下，第五次反“围剿”还是不可避免地失败了。

钱壮飞作为二局副局长，除了负责破译工作以外，还受党组织委托，负责用德语将敌情标在地图上，以保障李德图上指挥的特殊需要。正是因为组织委派给他的这项特殊任务，让他对博古、李德的错误路线认识得更加透彻，体会更加深刻。

李德，原名奥托·布劳恩，德国人，苏联伏龙芝军事学院毕业，是共产国际派来的军事顾问，1933 年 10 月初到达苏区。临时中央负责人博古不懂军事，对共产国际盲目信赖，竟然委派李德主管军事工作，将中国共产党的军事指挥权拱手送到一个毫无中国革命实践经验的外国人手中。

李德作风傲慢、脾气暴躁，完全没有我红军指战员之间亲密无间的传统和总部首长关心下级、尊重部属的优良作风。他对身边的工作人员，轻则张口骂人，重则暴跳如雷捶台拍桌。大家受不了他的粗暴作风，纷纷请求组织调离。

李德的指挥方式很特别，翻译（伍修权、王智涛）将前方发来的敌情电报译成俄文交给他，他再根据翻译的电文内容对照地图，凭着苏联军事学院课本上学来的条条框框，作出具体作战部署，规定好我军各部队人员和装备在地图曲线上的位置，由翻译再译成中文送到前线指挥员手中遵照执行。这套程序，被红军指战员嗤之以鼻地归纳为“地图作业法”。

由于钱壮飞通晓德语、精于绘图，总司令部就经常派他去“独立房子”给李德送情报，并将情报翻译成德语，标注在李德的作战地图上，以便李德“图上指挥”。钱壮飞军事图表绘制得很好，很快就被李德看中，曾派他去前线给前方干部作出示范，教前方部队的参谋绘图。对于李德的傲慢无礼，钱壮飞总是以完成组织交赋的任务为重，巧妙周旋、百般忍耐，体现了周恩来同志所说的隐蔽战线“受气不叫、有苦不说”的优良品质。

1934 年 3 月下旬，经李德提议，成立了野战司令部，博古任政委，彭德怀挂名司令，实际由李德做主。参谋长刘伯承按照李德要求，迅速调集了作战、情报、通信等参谋人员 100 多人，组成了精干的野战司令部班子，随同博古和朱德等中央首长，与蒋介石集结于北线十几个师的嫡系部队，进行所谓的正规的阵地战，实施李德的"短促突击战术"。在这次作战中，二局的曾希圣、曹祥仁都被选入野战司令部。胡底作为红一方面军政治保卫局长兼总参谋部战局侦察科长，被任命为野战司令部特派员，带领一个侦察分队和警卫连，负责战场侦察和首长警卫工作[①]。然而，在李德"纸上谈兵"式指挥下，广昌在18天之内便失守，我军伤亡5500余人，宣告了第五次反"围剿"斗争失败已成定局。

这一事件给钱壮飞留下了深刻的印象，由于路线的错误，红军付出了极大代价，却没有取得胜利。二局的战友们，虽然日夜战斗在机房，破译敌人的来往急电，但得到的回报却不再是令人振奋的捷报，而是一次次战斗失利的消息，是广昌的失守，是建宁的败退。

7月初，经过了战役休整后的国民党军，兵分六路、势成合围，直插我中央苏区腹地。博古和李德则命令红军六路分兵，全线防御。

博古和李德的新部署，要求二局必须同时兼顾六个作战方向，这是二局的装备和人力都难以胜任的。二局的同志们克服困难，在尽可能地向红军各个防御方向提供敌情的同时，根据战况和首长的指示，给予重点保障。8月23日，二局向总司令部提供了综合的敌情报告：长汀方向的李延年第四纵队主力在构筑连城至永安封锁线；第八十七、第四十九、第七十八师及新编第十师，集中于福州、水口及闽东地区，监视我挺进中的红七军团；陈诚第三路军的第三、第五、第十纵队以七个师在半桥以南东西山未动；薛岳第六路军四个师攻占我火烧山、田坑阵地后，转入构筑公路；周浑元第八纵队已推进到老营盘以西之大庄南北山地；陈济棠的南路军没有行动。当日，总司令部将敌情通报全军。

8月26日，二局在重点监视方向之一的长汀方向破获了新的敌情，得悉李延年纵队"定三十号集中朋口、壁州地域，准备向河田、汀州进攻"，朱总司令接到情报后，当即命令红一军团（欠第十五师）与红二十四师，"在朋口以西地域抗击李纵队"，红一军团当即作部署。31日

① 吕黎平著：《红军总部的峥嵘岁月》，上海人民出版社1993年版，第72—73页。

13 时许，敌第十三师第八旅三个团孤军冒进至温坊，红一军团当即对敌发起攻击，激战至转日拂晓，全歼敌两个团，继而又歼敌另一个团。这次战斗中，红军毙伤敌 2000 余人，俘敌 2400 余人，缴获枪支 1800 多杆、迫击炮 6 门、子弹 44 万余发、迫击炮弹 341 发、手榴弹 3000 枚、骡马 50 匹、医药 11 担及部分通讯器材。这是红军第五次反“围剿”以来少有的胜利①。

但温坊战斗的胜利并不能挽救第五次反“围剿”的失败局面。9 月，敌各路军分别逼进到石城、长汀、会昌、兴国、古龙冈、宁都一线。历时一年之久的红军第五次反“围剿”斗争失败。

就在博古、李德布置红军主力兵分六路进行阵地防御作战时，苏区发生了一件意外事件，让瑞金中央机关处于极度危险的境地。在红军大学学习的原湘鄂赣军区总指挥兼红十六军军长孔荷宠，毕业后借下去巡视工作的机会，携带他事先绘好的瑞金中央机关驻地的标记地图，到兴国老营盘后，只身潜逃叛变，投靠了国民党。蒋介石获得我党政军中央机关驻地位置后，如获至宝，在南昌接见了孔荷宠，并决定派大批飞机到瑞金轰炸我中央主要领导同志的住地。

二局及时地侦悉了蒋介石的阴谋，立即上报中央。中革军委赶在敌机轰炸之前，连夜组织党政军中央机关紧急撤离原住地，转移到瑞金以西 15 公里的云石山梅坑地区，伪装隐秘，避免了敌机轰炸造成的损失，保证了党中央、中央政府和中革军委的安全②。

在无线电侦察工作岗位上，钱壮飞和他的战友们攻坚克难、出奇制胜。他们是听风者，于无声处听惊雷，破译了敌人数百本密码、几千封密电，用准确的情报有力地服务了党中央和红军的斗争大局，保卫了党中央的安全。但是，在“左”倾教条主义领导错误路线的指挥下，虽然二局获取了准确的情报，虽然数万红军指战员浴血奋战，但是都无法挽回苏区斗争的失败。

---

① 《曾希圣传》编委会著：《曾希圣传》，解放军出版社 2018 年版，第 64 页。

② 吕黎平著：《红军总部的峥嵘岁月》，上海人民出版社 1993 年版，第 83 页。

（三）红 色 壮 歌

1930 年前后，中央苏区红色的大地上，发起了一场轰轰烈烈的革命文艺运动。广大工农兵文艺工作者在党的文艺方针指引下，创作热情空前高涨，在相对宽松安宁的环境里，以火热的革命生产斗争为题材，创作出了一大批富有激情的歌谣、戏剧、舞蹈、漫画等文艺作品，生动反映了中国共产党领导下的苏区政治经济特点和人民群众的精神面貌，极大地鼓舞了苏区军民的团结战斗。

1931 年秋，钱壮飞刚一到达苏区，便投身于火热的革命文艺运动中来，编写剧本、导演戏剧，创作漫画、设计建筑，把自己过人的艺术才华尽情地挥洒在了党的革命文艺建设中。在中央苏区的三年时间，是钱壮飞艺术生涯的黄金时期。他在戏剧创作、表演和美术设计等领域均取得了突出的艺术成就。特别是他和胡底、李克农三位中共隐蔽斗争的地下尖兵，在文艺战线上继续密切配合，创作了一大批优秀的文艺作品，成为中国文艺史上不朽的经典。

在白区工作期间，“龙潭三杰”便以卓越的文艺才能而著称。钱壮飞博学多才，能编善演，擅长书画美术，办过报纸，拍过电影，是中国共产党内最早从事电影事业的同志。李克农早年曾在北京从事报纸发行工作，大革命失败后在上海与潘汉年创办《铁甲车》等进步小报，从事革命文化宣传工作，是左翼文艺战线上的老兵。胡底的文艺造诣深厚，旧学功底扎实，曾参演多部流行一时的武侠电影，代表作有《敌血情花》《昆仑大盗》等，以其矫健的身手、潇洒的外形被时人誉为“东方范朋克”。李克农晚年曾回忆，三人中“胡底年纪最小，而文笔才华最好”。

在苏区朝气蓬勃、民主自由的社会环境里，钱壮飞被白色恐怖压抑了多年的创作热情极大地激发起来。他满怀激情地观察着苏区社会的每一个角落，把创作的笔触指向苏区广大人民群众，记录着苏区翻天覆地的伟大社会变革。他深入到工农红军战斗一线，把文艺作为参加战斗、服务战斗的有力武器。从此，他的作品里不再有“江湖奇侠”“帝王将相”，只有英勇的红军战士，翻身的苏区群众和苦难的白区人民。文艺思想的进步和创作焦点的转变，让钱壮飞彻底成为一名为了群众、服务群众、表现群众的人民艺术家。

苏区革命文艺运动中，戏剧是最主要的文艺类型。红色戏剧以其强烈的阶级性、战斗性和群众性而被广大工农兵群众所喜闻乐见。钱壮飞是苏区戏剧运动的主要骨干和代表人物之一。

1931 年秋冬，毛泽东、朱德指挥中国工农红军第一方面军，粉碎了蒋介石发动的第三次军事“围剿”，赣南、闽西革命根据地连成一片，拥有 21 座县城，5 万平方公里土地，250 万人口，土地革命进入鼎盛时期。红军部队规模迅速壮大，在瑞金成立了中央军事政治学校，简称“红校”，是今国防大学前身。红校学员都是来自一线的基层指战员，文化水平比较低。所以，校方特别注重以各项文化娱乐的教育方式，来培养提升学员们的政治文化素质。同时，这一时期前线的战事不那么紧张，红军部队休整期较长，广大指战员文化娱乐活动需求旺盛。一时间，各类文艺活动频频举办，组织者就是政治部所属的俱乐部，又称红校俱乐部[①]。

红校俱乐部由红军学校政治部主任何长工领导，主任由赵品三担任。俱乐部内设立文化、体育、戏剧等管理委员会，每周举行一次文娱晚会。戏剧管理委员会成员有伍修权、赵品三、李伯钊、危拱之、沙可夫、钱壮飞、胡底等人，负责组织晚会上戏剧节目的创作和演出[②]。

在红校俱乐部的基础上，赵品三、李伯钊、危拱之等文艺活动家发起成立了红军的第一个剧团——八一剧团。八一剧团也是中央苏区的第一个专业性剧团，隶属于红军学校政治部。剧团设有委员会，成员有赵品三、黄火青、霍步青、伍修权、李伯钊、危拱之、宋发明、洪水等人，团长由红校俱乐部主任赵品三兼任，演员有石联星、崔音波、刘月华、施月娥、施月霞、施月仙等。

---

① 刘云主编:《中央苏区文化艺术史》，百花洲文艺出版社 1998 年版，第 88 页。

② 靳希光主编:《中国人民解放军文艺史初编》，解放军文艺出版社 1997 年版，第 70 页。

在红校俱乐部每周组织的晚会上，除了红校的师生演出之外，中央各机关和瑞金师范学校的一批热爱话剧的同志们，如钱壮飞、胡底、蔡畅、何叔衡、徐特立等，也纷纷加入进来参与创作和演出，文艺创作力量一时空前。就这样，红校俱乐部成为苏区早期的“戏剧活动中心”，苏区戏剧迎来了发展的黄金期。

在红校俱乐部这一文艺阵地上，钱壮飞和胡底的艺术才华立即彰显了出来。台下能编剧、台上能演戏、美术功底了得的钱壮飞，吹拉弹唱样样见长、文学功底过硬的胡底，很快就成为红校俱乐部戏剧活动的主要骨干人物。

这一时期，钱壮飞创作活跃，不仅执笔写出了《最后的晚餐》《为谁牺牲》等代表作品，还扮演塑造了众多舞台角色，尤其以饰演蒋介石最为出色。因为他瘦高个子、瘦长脸，轮廓与蒋介石有几分相似。苏区文艺界曾有人评价说：“赵品三演阿 Q 出名，钱壮飞演蒋介石出名”。许多在苏区战斗过的老同志也都曾回忆到，当时红军战士在私底下传言，说钱壮飞在潜伏敌内的时候，有时出入南京政府部门，卫兵误以为是蒋介石，还向他敬礼。

因为秘密交通线受阻，李克农几经周折，1931 年冬才抵达中央苏区，分配在国家政治保卫局担任执行部长。和钱壮飞、胡底一样，他也是苏区戏剧运动的骨干成员。隐蔽战线的“龙潭三杰”，不仅在中央苏区的情报保卫领域继续并肩战斗，在文艺战线上也珠联璧合，作出了许多贡献，创作了很多经典作品。据彭加伦等人回忆，李克农创作了《八一》等多部戏剧，但都在战乱中散佚，没能流传下来，令人惋惜。

李克农喜欢演戏，而且专演反派人物。土豪财主、恶霸流氓、兵痞军阀，都演得惟妙惟肖、入木三分。因长期在白区做地下工作，在敌营内与人周旋，各色人物都见过，以他敏锐的观察力和非凡的艺术才能，他的表演总是逼真又有生活气息，很快就成为苏区戏剧舞台上的“明星”。李克农演双簧很有名，头顶瓜皮帽，扎根小辫子，三步两步一上台，还未等张口，就能引得观众哄堂大笑。李克农在《黑奴吁天录》一剧中扮演的角色受到广泛欢迎。伍修权在回忆录中写道：“他演出得那么生动自然，惟妙惟肖，使人很难想象，不久前他还是战斗在白色恐怖下的地下工作者。”[①] 李克农还曾自编自导自演了讽刺喜剧《秘书长万岁》，以独幕哑剧的形式，嘲讽了国民党特务头子陈立夫的愚蠢无能。李克农精彩的表演，经常逗得观众捧腹大笑，为苏区增添了许多欢乐的气氛。

1931 年 11 月，瑞金举行第一次全国苏维埃工农代表大会，宣告了中华苏维埃共和国中央政府建立。为了庆祝这个具有非凡历史意义的盛大典礼，钱壮飞等苏区文艺工作者创作上演了两场令人瞩目的大型话剧《最后的晚餐》和《黑奴吁天录》。钱壮飞既编又演，成为这场盛典中耀眼的明星。

《最后的晚餐》由集体讨论，钱壮飞执笔创作。这种创作模式是中央苏区较为普遍的集体创作模式，大家集中讨论、集思广益，最后由一个人负责执笔形成剧本。

《最后的晚餐》是根据达·芬奇的著名油画《最后的晚餐》构思而成。剧情大意是：一位青年画家立志要画一幅名画《最后的晚餐》，画中有各色各样的人共进晚餐，其中要有世界上最美丽的人和最丑陋的人，以表示人类的美与丑。为此，他带着画具周游各地，寻找画中的模特。某一日，画家在河南一座风景秀美的山中，遇见一名健壮勤劳的樵夫，衣着朴素、相貌英俊，就把他画成了最美的人。樵夫回家后，恰逢白军进村抓壮丁，夫妻二人仓皇出逃，开始了四处流浪的生活，穿州过府，躲避战乱。妻子在逃难途中病故，只剩樵夫一人四处乞讨，最后沦为强盗。十年之后，画家仍在四处寻找画中最丑的人。一日，他游历到某县城，到监狱中寻找模特。一位威严的法官在囚犯中寻找了一位最龌龊、最凶恶的犯人，给画家当模特。画家画完了世界上最丑的人，《最后的晚餐》终于完成了。但这时画家发现这个囚犯好像在哪见过，仔细一问，原来是十年前山中砍柴的樵夫。因为世道不公，他从世界上最美的劳动人民被迫沦落为最丑恶的囚犯。

---

① 伍修权著：《回忆与怀念》，中共中央党校出版社 1991 年版，第 659 页。

钱壮飞通过画家笔下美与丑的对比，深刻反映了当时兵荒马乱、逼良为盗的社会现状，揭露了军阀混战给人民带来的深重灾难，取材独特，寓意深刻。胡底在剧中饰演主角樵夫，郑贻周饰演画家，唐仪贞饰演樵夫之妻，钱壮飞饰演法官，表演都很出色[①]。这场戏的演出效果出乎意料地好，获得了与会代表们的一致赞扬。演出刚开始，全场寂静，逐渐大家被戏所吸引，当囚徒撕画时，全场掌声雷动，经久不息[②]。

《黑奴吁天录》又名《农奴》，编剧李伯钊。李伯钊（1911—1985），重庆人，笔名戈丽，曾在莫斯科中山大学学习文学戏剧创作，是苏区戏剧运动的组织者和领导人之一，新中国成立后任北京人民艺术剧院院长、中央戏剧学院副院长等职。

《黑奴吁天录》全剧分四幕：第一幕黑奴之家，第二幕黑奴主的晚会，第三幕追捕，第四幕黑奴市场。主要讲述在一个贫穷简陋的黑奴家里，黑奴妻子卧病不起，临死前想见丈夫一面。黑奴妹妹告知黑奴已被奴隶主连夜遣往深山伐木，熬尽风雪之苦。黑奴之妻痛绝心碎，呜咽长逝。黑奴主在豪宅中为女儿举行命名盛宴，老态龙钟的侯爵看上了黑奴主年轻貌美的女儿。黑奴主父女心领神会，极力巴结攀附，命奴婢们歌舞助兴。黑奴妹妹想起家中不幸泪雨满面，舞不成步、歌不成声。奴隶主勃然大怒，命人用皮鞭抽打黑奴妹妹。这时，黑奴拖着疲惫的身躯踏进大厅夺过皮鞭，兄妹二人抱头痛哭。盛宴被凄愤的哭声冲散，全场大乱，黑奴兄妹趁机逃走。不久被捕警抓回，送到黑奴市场贩卖。奴隶主父女闻讯赶来毒打黑奴兄妹，众黑奴群情激奋，揪住黑奴主父女痛打，怒潮沸腾，席卷长空。

剧中，胡底饰演黑奴，李伯钊饰演黑奴妹妹，危拱之饰演黑奴之妻，李克农饰演黑奴主，蔡纫湘饰演黑奴主之女，钱壮飞饰演侯爵，何叔衡饰演法官。悲壮的情节深深吸引了观众，当演到黑奴们打倒奴隶主父女，挥拳暴动之际，台下大喊“打、打、打，打倒奴隶主！打倒地主！”群情

① 刘云主编：《中央苏区文化艺术史》，百花洲文艺出版社 1998 年版，第 100 页。

② 李伯钊：《岁月磨不去的记忆》，《中央苏区文艺史料集》，长江文艺出版社 2017 年版，第 304 页。

激奋，获得了代表们的一致赞扬。

《最后的晚餐》和《黑奴吁天录》两台戏剧，成为“一苏大”长达十四天系列文艺活动中令人瞩目的重头戏，给与会代表们留下深刻的印象。当时湘赣军区代司令员王震在现场观看了演出，他回忆说：“这个节目清新活泼，激奋人心，台上台下气氛十分热烈，更使我感到革命文艺在整个革命斗争中的重要作用。这是一次令人难忘的演出”[①]。《最后的晚餐》和《黑奴吁天录》的上演，代表苏区戏剧创作进入了一个新的历史时期，掀起了苏区戏剧运动的新高潮。

中华苏维埃中央政府成立后不久，发生了著名的宁都起义。董振堂、季振同率领的国民党第二十六军，在潜伏该军内的中共秘密党员赵博生、袁血卒等人的精心策动下，毅然在江西省宁都城宣布起义，率领一万七千余人加入工农红军，改编为红一方面军第五军团。这一空前的胜利，沉重地打击了国民党反动派的“围剿”行动，壮大了中国工农红军的力量，对巩固和发展中央革命根据地起了重要作用，推动了人民军队和苏维埃运动的迅猛发展。

为了慰问起义将士和开展宣传教育工作，红军总政治部决定派遣一支文艺宣传工作队深入到红五军团开展工作。当时担任中央政府主席、红军总政委的毛泽东，亲自召见钱壮飞、胡底、李伯钊三人，要求他们组织一个宣传队，唱唱歌、演演戏，去做慰问工作。李伯钊回忆说：

第二天吃罢早饭，在临时中央政府保卫局工作的胡底同志、钱壮飞同志到《红色中华》编辑部来找我，说宣传队组织起来了，今天就出发。要我一块去见毛主席。我们到了党中央局，走进毛主席办公室，毛主席正拿着毛笔批阅文件……

胡底同志向毛主席行立正军礼后，报告说“去五军团部队宣传鼓动工作的宣传队组织起来了，共十七人。我们三个人作代表来请示主席还有什么指示。”毛主席搁下手中毛笔，侧过身来招呼我们在长凳上坐下，和蔼地对

① 何立波著：《红色记忆 1921—1949：党史人物珍闻》，首都经贸大学出版社 2013 年版，第 315 页。

我们说：“你们这次去的任务，第一是要稳定他们的政治情绪，他们过去是为了军阀打仗，现在要为苏维埃而奋斗，过去当白军，现在是当红军。要想尽办法通过宣传鼓动让士兵都懂得为谁牺牲，为谁打仗。”停了一下又说：“唱歌也好，演戏也好，不要离开这个题目。”我们点了点头，胡底同志说：“我们一定按毛主席的指示办。”

“你们要带上雨衣、雨伞、雨鞋……”

“我们都准备了雨具。”

我们看毛主席工作很忙，请示完毕，就退了出来。回到驻地，宣传队十几个同志一下都围拢过来，胡底同志把毛主席刚才对我们讲的原原本本向大家做了传达①。

当天，胡底就带着宣传队到了九堡五军团十五军的驻地。晚上，宣传队专门开了会，讨论如何执行毛主席的指示，决定第一次演出的剧目就叫《为谁牺牲》。根据毛泽东的意见，钱壮飞、胡底和李伯钊三人连夜创作了话剧《为谁牺牲》。

当时宣传队里还有两位特殊的队员，朱德夫人康克清和毛泽东夫人贺子珍。她们在宣传队负责演讲鼓动工作。康克清回忆说：

第二天总政治部主任王稼祥召集我们开会，宣布派我和贺子珍随同总部的宣传队到红五军团去做宣传工作。在总政治部这次会上，我认识了宣传队的负责人李伯钊、胡底和钱壮飞，宣传队一共17人。我们的任务是：欢迎红五军团的同志参加革命，稳定部队官兵的情绪，帮助巩固部队，使他们感到苏区和红军的温暖，提高他们的觉悟，使他们懂得为谁而战，成为真正的人民军队。宣传队主要是演戏，教唱红军歌曲，开展文娱活动。我和贺子珍两人的任务是去讲演，同他们谈话，使他们感受到红军上下一致、官兵平等；看到红军总司令的夫人，中华苏维埃共和国主席的夫人都一样地做革命工作；生活上也同大家一样，从而能够更好地了解红军、了解革命。

---

① 李伯钊：《磨不去的岁月记忆》，《中国人民解放军文艺史料选编 红军时期 上册》，解放军出版社1986年版，第63—65页。

我们来到红五军团，他们的接待十分隆重，弄得我和贺子珍很不好意思，一再对他们说，红军里大家全是一样的平等，没有这些讲究。他们接受了我们的意见，渐渐的又如一家人一样地随便了。通知我准备在大会上讲话，我有些紧张，怕讲不好，李伯钊帮助我准备，一直搞到大半夜。我把讲稿反复熟悉几遍，她和贺子珍都认为可以了，我才安心入睡。

第二天开大会，讲话前，红五军团总指挥季振同把我和贺子珍作了介绍，立即引起雷鸣般的掌声。事后听到不少人说："你们的讲话太好了，真叫人想不到，红军里女同志都这样能干，难怪人说红军将士天下无敌。"

12月24日下午，在瑞金县叶坪广场上召开"庆祝红五军团成立，欢迎红五军团全体指战员大会"。附近县区的雇农工会、贫农团、工会、赤卫队、少先队、妇女会、儿童团共两万多人，手执红旗，高呼口号，前来参加。毛主席、朱老总和许多领导人亲切地接见了红五军团的领导人和军官、士兵的代表。大会上，红五军团总指挥季振同作了激动人心的讲话。

他用生动的事实揭露国民党反动派的欺骗宣传，把苏区和白区、红军和白军作了鲜明形象的对比，说明他们起义的原因和决心。他最后十分激动地说："今后，我们永远受中华苏维埃共和国中央革命军事委员会的指挥，永远在中国共产党的领导下实行土地革命，打倒国民党军阀，推翻帝国主义在中国的统治，完成中华民族的解放和统一。"

会后举行会餐，晚上宣传队慰劳演出。其中有个话剧《为谁牺牲》，描写一对白军士兵夫妻的悲惨遭遇。他们原以卖菜为生，男的被国民党抓去当兵，开到江西"剿匪"，被红军俘虏。妻子流落街头乞讨卖唱。他因惦念妻子，要求遣送回家。不料夫妻刚刚见面团聚，丈夫又被如狼似虎的挨户团抓去当兵。不久，他又在战场上被红军俘虏。这次他下决心当红军，同白匪军战斗；正巧妻子为寻找他来到瑞金，夫妻相逢，悲喜交加①。

《为谁牺牲》首次上演时，情形与以往的演出不大一样。戏是昨天刚刚排出来的，宣传队在九堡的一个大草坪上搭了个土台子，晚上首先为

① 《康克清回忆录》，解放军出版社1993年版，第48—49页。

十五军指战员演出。夜幕降临，宣传队在临时搭的土台子上开演。因为没有煤油点汽灯，只得用松枝火把照明。台上通明光亮，各连队在连排长指导员的率领下在规定区域席地而坐，营团干部坐在前排，军直属单位和军政治部在两侧，秩序井然，鸦雀无声。

舞台上，胡底演士兵，李伯钊演士兵妻子，钱壮飞演蒋介石。刚开始演出，台下鸦雀无声，一片寂静。偶尔传来饮泣声，或发出使人气闷的长叹。落幕时，没听见观众的掌声。他们有些纳闷，怀疑演出效果。突然，台下部队中迸发出一声："打倒蒋介石！打倒国民党，中国共产党万岁！"一刹那，全场就像烧开了锅的水一样沸腾了起来，此起彼伏的口号声响彻云霄，士兵们有的哭泣、有的鼓掌，有的高呼口号，演出非常成功！[①]

钱壮飞和胡底在苏区"艺名显赫"，成为这场演出的聚焦点。参加了宁都起义的熊伯涛将军现场观看了这次游艺晚会。他回忆说：

有同志大声介绍了红军中有名的艺术家钱壮飞和胡底同志，他们以前都在电影界搞过好多年，现在请他们俩表演电影的动作。全场轰动起来了，"同意""好哇"，迸发出一次又一次的掌声。最后还是由胡底同志手拿弯头手杖，作卓别林的走路和跳跃的姿势，才算交了账。当时笑得人们捧腹仰胸，尽欢而散[②]。

毛泽东听到演出圆满成功的消息以后，专门写信给宣传队，指示他们多住些时候，多演戏，多做政治工作。宣传队按照毛主席的要求，白天与红军战士拉家常，看望伤员，为他们缝补衣裳，晚上接着演出，一连演了一个多月才回到瑞金。

在红校俱乐部之外，红军总政治部俱乐部也是当时苏区戏剧活动的重

---

① 李伯钊：《磨不去的岁月记忆》，《中国人民解放军文艺史料选编 红军时期 上册》，解放军出版社 1986 年版，第 66 页。

② 《熊伯涛回忆录》，解放军出版社 2004 年版，第 31 页。

要阵地。该俱乐部属于总政宣传部领导，但建制独立，主要负责领导红军队伍的文娱工作，组织游艺晚会和创作演出节目。

1932年春，已经在中央苏区极负盛名的胡底，以戏剧作家身份担任红军总政俱乐部主任[①]。此时胡底正在国家政治保卫局担任执行部预审科长，在从事隐蔽斗争同时，积极投入文艺戏剧活动。

胡底酷爱文艺，能导能演，尤善编剧，长于讽刺喜剧，常以幽默嘲弄辛辣讽刺的笔法将敌人的丑恶面孔揭露无遗。他传统戏剧功底扎实，善于运用京剧、民间小调等群众喜闻乐见的曲艺形式，宣传党的方针政策，唤醒观众的觉醒。胡底担任红军总政俱乐部主任后，与郑贻周、潘望峰等文艺骨干一起，很快就将红军文艺活动搞得风生水起、有声有色。当时俱乐部人员很少，主要起组织引领作用。创作和演出主要依靠红军部队和各单位的文艺骨干人才，如苏区中央局的唐仪贞，总司令部的康克清，保卫局的钱壮飞，无线电队的王诤，卫生部的贺诚，供给部的叶季壮等，都是俱乐部的兼职演员[②]。

红军总政俱乐部的所演剧目，多由胡底和钱壮飞编写，郑贻周等人也创作了不少作品。主要演出的节目有戏剧、相声、双簧、大鼓词、活报剧等，以戏剧为主。胡底文思敏捷，下笔飞快。经常是钱壮飞和胡底商量出一个点子，胡底马上就能写成一个剧本。据当时的一些同志回忆，胡底一晚上就可以完成两个剧本。

胡底在苏区的文化艺术界比较活跃。他不仅在舞台上佳作迭出，偶尔还撰写一些小文章，发表在苏区的报纸上。比如1932年5月，在《红色中华》第4版俱乐部栏目中就刊登了胡底的署名文章《一个红军明年的日记》，全文以革命英雄主义的笔触和口吻，勾勒出全体红军指战员的梦想与渴盼，文中写道："在纪念大会上，有47架红军的飞机飞过上空"，"宣布执行阶级敌人蒋介石、汪精卫死刑"，"参观了红色海军司令部，登上了红色舰队"。这些内容极大地鼓舞了红军部队乃至整个苏维

① 刘云主编：《中央苏区文化艺术史》，百花洲文艺出版社1998年版，第94页。

② 潘望峰：《我在红军总政治部俱乐部》，《中央苏区文艺史料集》，长江文艺出版社2017年版，第349页。

埃地区革命干部的士气。

此外，胡底还担任了其他文化工作的职务。1933 年 11 月 23 日，《红色中华》第 4 版署名“阿为”的一则报道中写道：“11 月 15 日，马克思主义研究会文化组举行第一次会议，这个会议对于我们马克思主义者在文化战线的进攻的开展，不消说是有很大的意义的”，“在会议上决定聘请洛甫等两位同志为指导员”，“指定阿为、胡底两同志为正副组长”，繁荣发展文化战线工作。报道中的马克思主义研究会文化组是我党直接领导下的第一个文艺理论研究组织。

胡底担任总政俱乐部主任以后，钱壮飞经常参加俱乐部的各种活动，帮助俱乐部的工作。在红军行军打仗时，中革军委政治保卫局和总政治部的办公、驻扎地点经常连在一起。钱壮飞和胡底二人在工作上互相协助，配合默契。总政俱乐部的成员潘望峰，对钱壮飞印象深刻。他回忆说：

钱壮飞同志从上海来到中央苏区时约 30 多岁，个子比胡底略高、略瘦，白皮肤，脸形稍长。他们都留有小胡子，只是胡底的胡子两边向上翘，而钱壮飞的胡子边角齐整，像把小梳子扣在嘴上。钱不爱讲话，更不爱大声喧嚷，也很少看到他放声大笑。在这方面恰与胡底成了对照。但钱壮飞也幽默、和蔼，常开开玩笑。

我记得 1932 年 3 月打赣州时，我们住在城东三江口。那时阴雨连绵，天气很凉，我只穿了一件纱背心，在屋里走来走去。钱壮飞在床上休息，看到我说：“你怎么穿这么少，不怕冷？小心冻着。”我说：“我壮嘛。”他说：“别看你壮，如果扳手腕子，恐怕还扳不过我呢。”于是我俩就扳起手腕来。他躺着，我站着，可扳了几次都扳不过他。我当时很纳闷，问：“你骨瘦如柴，怎么就有这大力气，不知你练过什么功。”他开心地笑了。

还有一次，我们住在于都时，俱乐部门口两侧有两块粉白的墙，胡底要我在一侧画一幅中国地图，把各苏区根据地涂上红色，另一侧写《优待红军家属条例》。我找了张地图，就照着画起来。将要画成时，钱壮飞过来看了看说：“你画的地图不像，如浙江省的那条江，是靠北边，上游斜向西南。浙江省的版图，江北有三分之一，江南有三分之二。你把浙江省的这条江画到中间，哪里还像原样。”我说：“你怎么记得这么清楚？”他说：“我是浙江人嘛。”他还说：“要画苏区根据地，就只画中国东南部，这样才显得苏区广大，你画全中国，就显得苏区小了。”

他还很善于绘画，平时只要胡底出个点子，他就能立刻画出漫画来。我常在旁边看他画漫画，都是反帝斗争的内容。他给俱乐部设计过一幅宽大的幕布，粉红色绸布底子，草绿色荷叶折皱边。他又善书法，用艺术的隶书体在幕布上写了“全世界无产阶级联合起来！”十一个黑体字，用黑绒布剪下来贴在幕布上，字的摆法是W形。整个幕布显得庄严大方，新颖悦目，人们看了都夸奖好。有人问钱：“为什么字要摆成W形！”他说：“总政治部主任是王稼祥，W是王字的英文首母，这是为纪念王稼祥同志在总政当主任的意思。”

这些事，至今我记忆犹新，就好像前不久的事一样。回想在总政的这一段时间，与钱壮飞相处的日子，真是难以忘怀。我在他的帮助下，增长了见识，受益匪浅[①]。

这一时期，总政俱乐部组织的文艺晚会，钱壮飞几乎每周都参加。他和胡底一同编剧、导演和参演的剧目很多，代表作品有《义勇军》《热河血》《阶级》《新十八扯》《今古奇观》等。特别是《阶级》《新十八扯》等的滑稽戏剧，具有强烈的胡底个人风格，在当时的戏剧界独树一帜，对中共革命文艺的影响源远流长。

《新十八扯》，京剧，讽刺喜剧，胡底编剧。该剧用旧戏京剧《十八扯》的形式，用夸张变形的漫画手法尽情地揭露国民党军阀欺骗人民的拙劣伪装。布景道具别出心裁，有一人登场表演，时而穿上列宁红军装，时而扯起青天白日旗，时而是念着《圣经》的基督徒，时而是举着屠刀的强盗，变化无常，嘴脸多端。一人扮演士兵串场，士兵从蒙蔽到觉醒，最后奋起反抗，拿刀刺向军阀，意味深长。

《暴动的前夜》，多幕话剧。主要内容是讲述地下党员赵汉臣组织工

---

① 潘望峰：《忆钱壮飞同志》，《中央苏区革命文化史料汇编》，江西人民出版社1994年版，第598页。

人暴动的故事。赵的岳父是地主兼一个纱厂的厂长，平日残酷剥削工人，工人恨之入骨。赵与其岳父在政治上是敌对的，但与其妻颇为恩爱。在此矛盾的情况下，赵为了革命的利益，组织了工人暴动。此剧每次演出都很受欢迎，群众觉得很带劲。饰赵汉臣的主要演员是从五军团借来的，钱壮飞饰资本家，刘智敏饰赵妻，康克清饰纱厂女工代表。

《两条路线的斗争》，多幕话剧。主要内容是讲述红军两个连长的故事。一连长比较右倾，在敌人面前惊慌失措，打了败仗。二连长轻敌骄傲，盲目冒进，结果也打了败仗。最后二人分别受到批评，认识到自己的错误，在正确的路线下继续前进的故事。钱壮飞在剧中饰演一连连长，胡底饰演二连连长。

胡底演技高超，人物刻画逼真。曾看过胡底演出“文明戏”的同志回忆道：一次，他饰演国民党军一个士兵，就把劳动人民受欺凌、被强迫去当兵的内心痛苦表达得淋漓尽致。有一次，他饰演汉奸，使汉奸的丑态毕露，当时便激起台下观众的强烈愤怒，高呼“打倒汉奸走狗”，足见其表演的感染力之大①。

1932 年 9 月，工农剧社在原八一剧团的基础上成立，中央苏区的戏剧运动从群众性、临时性的自发阶段，进入有组织、有领导的专业时期。工农剧社从诞生起，即成为苏区戏剧运动独一无二的中心。在中华苏维埃政府教育部艺术局的领导下，工农剧社下设编审委员会、导演部、舞台部、音乐部、跳舞部、出版部等职能机构，在各地方和军队里成立了分社、支社，约有社员六七百人，有组织地开展艺术创作，举办各地晚会，培养苏区普罗戏剧运动的干部，承担政治宣传鼓动任务。

钱壮飞、胡底和李克农，积极地参与了工农剧社的组建工作，以饱满的激情投入到剧本创作、戏剧表演等工作中来，创作和表演了一大批经典作品。

他们三人在隐蔽战线上并肩作战，配合默契，于无声处克敌制胜，在

---

① 刘琦：《我所了解的情报战线三杰之一胡底》，《党史文苑》2017 年第 7 期。

文艺舞台上也曾联袂登台，成为中国革命文艺史上的经典搭档。1933 年 4 月 8 日，在第四次反“围剿”胜利之后的第 18 天，工农剧社总社上演了沙可夫、赵品三、钱壮飞、胡底、李伯钊等集体讨论、沙可夫执笔的大型话剧《我——红军》，主要描写了英勇的工农红军在中国共产党、中华苏维埃政府的正确领导下，粉碎敌人的第四次“围剿”，消灭敌人有生力量，活捉敌军师长的故事。“龙潭三杰”作为中央苏区的戏剧“明星”，全都参演了该剧。

剧中李伯钊饰演小妹，胡底饰演靖卫团总，钱壮飞饰演反动师长，李克农饰演土豪，王燊饰演士兵，赵品三饰演赤色游击队长，可谓是名角荟萃。此剧根据第四次反“围剿”的斗争故事创作而成，及时且深刻地反映了现实斗争，刻画了红军战士的英勇形象，揭露了反动军官土豪劣绅的丑陋面貌，在广大红军指战员和群众当中“一炮打响”，成为各种文艺演出的必演节目。1934 年 1 月 22 日，中华苏维埃第二次全国代表大会在瑞金召开。工农剧社举行的文艺晚会上就演出了该剧。1934 年 1 月 24 日的《红色中华》，以《一次精彩的晚会》为题，高度评价了这部“尽善尽美”的戏剧。报道指出，“这几个要角是全苏有名的明星，表演极为努力，特别是王燊、李克农两大滑稽博士，一举一动，一声一笑，无不令人捧腹绝倒”。

1933 年 7 月 30 日，中央苏区举行了隆重的庆祝“八一”活动，各单位的文艺汇演尤为引人注目，一时盛况空前。其中特别值得一提的是戏剧《杀上庐山》，该剧是周恩来腹稿口述并最终审定，邀请胡底、钱壮飞、李克农共同执笔创作的大型话剧，是中共隐蔽战线统帅和麾下密战尖兵在文艺战线上的一次完美联袂。

《杀上庐山》主要内容是蒋介石在第四次“围剿”惨败之后仍不甘心，在庐山开班了“军官训练团”，特别聘请了德国、美国、意大利的教官，给他训练军官，同时强调“三分军事、七分政治”的反共方针。正当他们积极策划进行第五次“围剿”的时候，红军发起总攻，杀上了庐山，把蒋介石办的军官训练团扫灭。该剧采用了许多活报剧的象征手法，如由国民党三名将领代表“三分军事”，由 AB 团、改组派等七人代表“七分政治”，并在每个演员胸前背后写明身份的标志，增添了演出效果[①]。

该剧编创团队堪称“天团”，演职人员阵容也绝对“豪华”。罗瑞卿担任导演，聂荣臻饰演宋子文，黄镇饰演蒋介石，童小鹏饰演宋美龄，李克农饰演阎锡山，李卓然饰演德国顾问塞克特，其他主要演员，也几乎全是后来在革命战争中威名显赫的红军将领。至于观众，则是以毛泽东、朱德等为代表的广大红军指战员。周恩来正打着摆子，也穿着大衣坐在台下，鼓掌助兴。

该剧演出时现场气氛高涨，演到高潮处，红军杀入庐山蒋介石江西行营高级军事会议，将敌人悉数擒拿，舞台上下欢声雷动，对鼓舞部队士气起了很大的作用[②]。杨尚昆在现场观看了这场演出，留下了终生难忘的深刻印象。他晚年撰写的《追忆领袖战友同志》一书，在《几件难忘的往事》中写道：

这天晚上，全体官兵都集合在白天开会的广场上，大家席地而坐，观看话剧《杀上庐山》。朱德、周恩来、聂荣臻等红军领导人都同我们坐在一起。他们坐在台子下面的第一排座位上。这个戏，由李克农、钱壮飞、胡底等同志编排的。听说恩来同志曾多次给他们以指示，对剧中人物、台词、情节都仔细审查过。这是一出讽刺喜剧，描写的是蒋介石在庐山军官训练团的事情，颇受战士们的欢迎。

《杀上庐山》是一出非常难得的话剧。这样讲倒不是说这出剧排得如何的好，而是说他的主要演员当时都是红军高级干部。一军团的林彪、聂荣臻、罗瑞卿和五军团的朱瑞、李卓然、刘伯坚、黄镇等都上了舞台。这难道不是空前绝后的演出吗？虽然他们有时忘了台词，忘记了动作，但演得都十分认真，战士们看得也十分入神。

记得罗瑞卿同志演一个在军官团受训的军官，非常怕死，不敢上前线。听说要派他上前线时，他就跪下求情，甚至叩头。罗瑞卿同志叩头时，头

---

① 任葆琦编著：《戏剧改革发展史》，中央文献出版社 2016 年版，第 821 页。

② 何立波：《1933：中央苏区首次举行庆八一文艺汇演》，《学习时报》2017 年 5 月 24 日第 6 版。

正好碰在地板的钉子上，血都流出来了。这个偶然事情的发生却恰到好处地增强了舞台效果。黄镇同志演蒋介石，李卓然演德国顾问，都是惟妙惟肖的。这在我国话剧史上是应当大书特书的。

看戏的过程中，恩来同志同我们一起，时而大笑，时而小声地议论，心情十分愉快[①]。

1933 年底，为了庆祝全苏第二次代表大会准备排演节目时，工农剧社推出了由胡底编剧，钱壮飞导演，李克农和石联星主演的话剧《沈阳号炮》。该剧寓意深刻，选材独特，是抗战剧目中影响最大的代表作，剧本被工农剧社总社刊印发行，是苏区戏剧的杰出代表作品。剧中，石联星和李克农饰演的大官僚兼资本家演对手戏。石联星同志是中央苏区三大赤色红星之一，她对李克农这位保卫战线领导干部饰演反派的演技极为折服，几十年后依然赞不绝口。该剧在 1934 年 1 月第二次全国苏维埃代表大会上演出时得到代表们的好评，演出获得很大成功。聂荣臻同志回忆说："几位搞保卫工作的，像李克农、钱壮飞、胡底等对文艺工作很积极。特别是胡底，他爱好文艺，很有创作才能"[②]。

在众多的戏剧作品中，钱壮飞、胡底和李克农最大的贡献在于开创党的隐蔽战线题材文艺作品先河，创作了第一部反映中国共产党领导隐蔽战线斗争的戏剧作品——《松鼠》(又名《红色间谍》)。

以《松鼠》为滥觞的党的隐蔽战线题材文艺，诞生于中央苏区红色文化运动的大潮中。艺术源于现实。这一时期，党的隐蔽战线创建已有五六年时间，对敌隐蔽斗争开展得卓有成效，这为隐蔽战线题材文艺创作提供了扎实的现实生活基础。中央苏区宽松的工作生活环境，高涨的文艺创作氛围和广大苏区群众官兵强烈的文化需求，为党的隐蔽战线文艺提供了良好的外部环境。这种环境下，钱壮飞、胡底、李克农等一批拥有丰富对敌隐蔽斗争经验、具有较高文艺创作能力激情的文艺骨干自然而然地将创作视线拓展到了隐蔽斗争这一全新领域。

---

① 杨尚昆著：《追忆领袖战友同志》，中央文献出版社 2001 年版，第 26—28 页。
② 《聂荣臻回忆录》，解放军出版社 2007 年版，第 167 页。

1933年，由胡底执笔，与钱壮飞、李克农共同创作了滑稽戏剧《松鼠》。《松鼠》剧情一波三折、跌宕多姿，气氛活跃、轻松自然，主要讲述了第五次反“围剿”时期，国民党白军连长潜入我红军内部，担任红军文书上士窃取红军情报。与此同时，我红军某部的列宁室主任也奉命打入“围剿”的白军内部，任务是组织白军士兵暴动，取得白军长官的信任后担任敌军三班长，赢得众多白军士兵的信任和拥护。为了配合红军突袭，列宁室主任作好了暴动的安排，这时潜入红军的白军连长逃回了白军，他把三班长是红军侦探的情报报告了白军上级。列宁室主任机警巧妙地摆脱了困境，趁机发动暴动，带领全班战士起义加入红军，完成了组织交给的任务。

《松鼠》剧本封面

该剧以“松鼠”命名，其义喻之“侦探灵活如松鼠”，并且指出了“我军健全侦探工作即消灭敌探工作必须双管齐下”，可见作者长期从事隐蔽斗争的智慧和经历。该剧在内容和形式上均已具备了党的隐蔽战线题材戏剧的基本要素：在叙事方式上，同时反映隐蔽的我党组织与公开的敌人作斗争和公开的我党组织与隐蔽的敌人作斗争的攻防两条战线，也就是“情报策反”和“反间保卫”两项工作，这几乎是我国80多年来绝大多数隐蔽战线题材戏剧作品的叙事主线。在剧情安排上，热情讴歌了我党战士打入敌营与敌周旋的英勇事迹，无情嘲讽了敌人的腐朽无能，揭示了中国共产党必胜的革命道理，这也是党的隐蔽战线题材文艺作品一贯坚持的政治导向。同时，该剧也深刻反映了敌中有我、我中有敌的隐蔽斗争规律，揭露了敌人对我进行破坏渗透的行径，为苏区反间保卫工作敲响了警钟。1933年11月，工农剧社出版该剧剧本时，特地标明为“滑稽戏”，一个严肃的题材，以喜剧的形式来表现，赢得了观众的赞赏，从部队到地方各处演出，成为苏区戏剧一个突出的优秀作品。

《松鼠》是目前可考证的最早描写中国共产党开展对敌隐蔽斗争的文艺作品，开创了党的隐蔽战线题材文艺作品之先河。在《松鼠》创作前后，胡底还创作了《热河血》《沈阳号炮》等戏剧作品。这些作品中也或多或少地涉及了获取敌人情报的情节编排，可以视作是党的隐蔽战线题材早期作品的雏形，亦是难能可贵的探索。《松鼠》之后，党的隐蔽战线题材文艺作品延绵不断80多年，诞生了《永不消逝的电波》《敌营十八年》《暗算》《潜伏》等优秀作品。

1932年至1934年，是钱壮飞、胡底、李克农三人的创作高峰期，他们的作品数量多、类型广、影响大，有适合前线战场演出的小型活报剧、独幕剧，也有为大型晚会创作的多幕话剧，还有人民群众最喜闻乐见的双簧、哑剧等滑稽喜剧。特别是胡底，年轻有为、创作勤奋，才思敏捷、充满激情，不论在前方后方，总是千方百计地抽出时间来写剧本，多幕、独幕、讽刺、幽默、滑稽，他创作了大量类型多样的剧本，干部与群众都喜欢看他的戏，是苏区有名的戏剧家。在他短暂的艺术生涯中创作了数十部戏剧、相声、歌曲等文艺作品，是苏区最高产的戏剧作家。

其实，钱壮飞、胡底和李克农对红色文艺贡献不仅在于编创演出了一大批优秀作品，更在于参与创办了众多苏区文艺团体，为文艺人才培养作出了重要贡献。钱壮飞和胡底长期参与红校俱乐部、总政俱乐部等戏剧阵地的领导工作，是苏区重要文艺团体八一剧团和工农剧社的主要创建者之一。1934年，在瞿秋白的主持下，中央苏区成立了高尔基戏剧学校和中央苏维埃剧团，分别是艺术教育和艺术表演重要基地，苏区红色戏剧运动走向专业化和正规化。钱壮飞、胡底、李克农都是该校的教员。

高尔基戏剧学校校长是李伯钊，教学项目有业务课、政治课和形体训练课三方面内容。业务课，主要有唱歌、舞蹈、活报、戏剧理论等课程。政治课由中国革命史、苏维埃运动、反帝大同盟统一组织等课程。形体训练课有学习戏剧表演基础的艺术体操课等。此外，还有提升学员文化水平的文字课，教授读解和写字；有俱乐部问题课程，教授剧社、剧团、俱乐部组织管理工作。

李克农、钱壮飞、胡底都已经是苏区政治保卫部门和军事情报部门的重要领导干部，但同时他们对高尔基戏剧学校都非常关心，除了亲自参加演出讲课，还千方百计地帮助提高教员的教学水平。戏校刚刚成立，师资稀缺，钱壮飞和胡底承担着繁重的授课任务，是学校里开课最多的教师，每周每人要授课 24 小时[①]。

钱壮飞当时已是中革军委二局局长，繁忙的军事情报工作占用了他大多数时间。即使这样，他依然在百忙中到高尔基戏剧学校教课，他的到来给学员很大鼓舞。钱壮飞讲课深入浅出，农民出身的学员都能听得懂。据当时的戏校学员石联星回忆，钱壮飞经常穿一件深色长袍棉袄，围着围巾，高高个儿，长方脸形，风度潇洒，幽默和蔼，热情又严肃，对学员要求严格又耐心。他授课时一支自制粉笔，口授手绘，一边讲一边画，随手就将不同人物的表情、动作惟妙惟肖地画了出来，学员惊叹之余就很快领悟了讲课内容。

胡底讲课活跃随和，生动诙谐，大大小小的学员、教员都愿意听他的课。戏剧学校和俱乐部的演员大多是红军战士，文化水平较低。有人未到过城市，对剧中城市生活不了解，甚至连“市长”都要解释一番。至于“擦地板”这样的动作情节，更是需要胡底边讲边做示范，但是有的人还是做不来，于是只能更加通俗地解释为“用拿锄头的姿势，在地上一拉一推”。胡底不仅是“文明戏”的专家，旧戏功夫也相当了得，经常教大家唱戏拉胡琴。中革军委参谋长叶剑英对京戏感兴趣，胡底就教他唱《李陵碑》，音亮字准，有板有眼[②]。

钱壮飞、胡底和李克农以极大的热情投入到苏区戏剧运动当中。他们创作的《松鼠》《最后的晚餐》《沈阳号炮》《改选之前》《秘书长万岁》

① 李伯钊：《回忆瞿秋白同志》，《中央苏区文艺史料集》，长江文艺出版社 2017 年版，第 403 页。

② 潘望峰：《我在红军总政治部俱乐部》，《中央苏区文艺史料集》，长江文艺出版社 2017 年版，第 350 页。

《义勇军》《热河血》等剧目，已经成为苏区红色戏剧的经典作品，铭刻在中国共产党红色文化记忆深处。他们影响培养的一大批红色文艺工作者，后来大多成为社会主义文艺工作的中流砥柱。因为他们在文艺方面的卓越才能，主管苏区文化工作的李伯钊曾希望把他们留在文化部门，但是苏区中央局书记周恩来没有批准[①]。虽然他们继续战斗在党的隐蔽战线上，但他们仍然是苏区红色戏剧的重要先驱。

钱壮飞在参与戏剧运动之外，还在美术领域积极耕耘，留下了许多书法、漫画、建筑作品。

钱壮飞的书法在中央苏区久负盛名，各种大会标语、传单壁报、机关牌匾上常有钱壮飞那端庄厚重的笔迹。其中，最经典的作品当属报纸《红色中华》的刊头。

《红色中华》是中华苏维埃共和国临时中央政府机关报，后改为中国共产党、中央工农民主政府、中华全国总工会和中国共产主义青年团合办的中央机关报，创刊于 1931 年 12 月 11 日，是中国共产党在革命根据地

紅色中華

第一版

一九三三年十一月十一日

紅色中華

中華蘇維埃共和國臨時中央政府機關報

第一二四期

一九三三年十一月十一日

以戰鬥的勝利紀念十月節

活捉師長一隻

消滅敵王刀一營

湘鄂贛紅軍的勝利

蘇聯革命十六周年

钱壮飞题写的《红色中华》刊头

① 李力著：《从秘密战线走出的开国上将——怀念家父李克农》，人民出版社 2008 年版，第 31 页。

创办的第一张中央铅印大报，也是中央苏区发行量最大、传播最广、影响力最强的一份报刊，发行量4万余份，被誉为“中华苏维埃运动的喉舌”。

刊头是一份报纸的直观符号，直接体现着报刊的内在风格。钱壮飞为《红色中华》题写的刊头，遒劲凝重、端庄雄浑，随着报纸的发行走入千万工农红军和党政机关，被一代苏区人民所熟悉和喜爱，成为土地革命时期中央苏区一个经典的文化符号。

漫画作品也是钱壮飞艺术创作的重要领域。他是一位出色的漫画家，既为中革军委二局列宁室（俱乐部）主办的墙报画漫画，也给《红色中华》《红星报》等大型报刊创作漫画。钱壮飞才思敏捷，创作速度很快，作品题材广泛内容丰富，苏区生活点滴、红军战斗场景和宣传鼓动均有涉及，有的针砭时弊、幽默诙谐，有的寓意深刻、回味无穷，更多的是信念坚定、斗志昂扬，构思新颖、针对性强。

例如，由于敌人的封锁，苏区物资极其紧缺，军民生活艰难。为了改善生活，组织上号召大家养鸡，既养公家的，也养个人的。但是有些人只顾着喂自己的鸡，对公家的鸡不管不顾，造成公瘦私肥。钱壮飞就画了一幅漫画，一只母鸡没粮吃，在伤心哭泣，一只小鸡吃得挺饱，在高兴地笑，题写“只管小鸡笑，哪管大鸡哭”，发表后大家一看，都感到很惭愧，以后就先喂公家的大鸡了。

即使在作战行军途中，钱壮飞也坚持创作。据红校俱乐部的潘望峰回忆，钱壮飞曾在漂白布上画了两幅漫画：一张画了一棵老枯树，树上有一些鸟巢，巢中住着一些戴帝国主义帽徽（如日、英、美、德、法、意等）的帝国主义分子。树根处有工农各一人用锯子在锯树，锯条是铁的，表示是铁的红军的意思。树根处已锯开了裂口，表示大树一倒，帝国主义分子就会摔死。另一张画的是空中悬挂着一串食品，如鸡、鸭、鹅和猪、羊肉等，每一块食品上写着一个殖民地或半殖民地国家的名字。食品最下面挂着一颗大炸弹；食品两旁画着一些戴帝国主义帽子的帝国主义分子，都伸长脖子想吃这些食品，寓意若食品一断，炸弹就会爆炸，帝国主义就会统统完蛋。部队行军打仗每到一处，就将白布挂在街路口，供往来群众观看，战士们向路人作讲解，宣传反帝反蒋的革命道理[①]。

钱壮飞一度兼任红军总政治部机关报《红星报》的特约漫画家，定期为《红星报》创作漫画作品。有时也在《红色中华》投稿创作。钱壮飞发表在《红色中华》《红星报》的漫画作品保存下来的有27幅，均未署名，但是在画中都作了繁体字“飛”的标记，因而可以被后人所辨识[②]。

这些作品中，有的是针对红军队伍和中央苏区存在的一些问题，用直观的画面，幽默的态度，予以抨击和揭露。如1933年12月15日《红星报》第22期1版发表的漫画，是针对当时瑞金在扩红的过程中出现的开小差现象，配文直接提出质疑，“我们应该怎样杜绝这一漏洞？”生动形象，发人深省。

有的是用浅白简明的画面，讲述深刻的革命道理。如1934年2月11日《红星报》第28期1版发表的漫画，用水车比喻红军的战斗力来源于源源不断的政治工作，形象地说明了政治工作是红军队伍的力量之源。构思巧妙，别出心裁。

有的是针对当时的革命工作需要，做一些宣传动员。如1934年5月5日《红星报》第41期2版发表的漫画，一群老乡欢送子弟参加红军，党的旗帜迎风飘扬，红军战士威风凛凛。用简明的笔触，勾勒出极具感染力的画面。

有的是揭露国民党反动派和地方军阀的残暴黑暗。如1934年5月15日《红星报》第42期3版发表的《广昌的今昔》，通过4月28日敌人占领广昌以后，人民群众遭受白匪军蹂躏的悲惨状态，和之前广昌苏区的人民群众生活状态做了对比，用六组十二幅画面，展现了原本快乐的农民被抓壮丁修建堡垒，活泼的妇女被强奸致死，美丽的村庄被烧杀一空，群众的房屋被拆去修建堡垒，家里的门板被抢走架了浮桥，家中鸡猪被脑满肠肥的白军杀尽吃光，深刻揭露了国民党反动派祸国殃民的本来面目，激发了大家的战斗意志。

---

① 潘望峰：《忆1932年春在总政在俱乐部》，《中央苏区革命文化史料汇编》，江西人民出版社1994年版，第532页。

② 2019年访问钱泓记录。

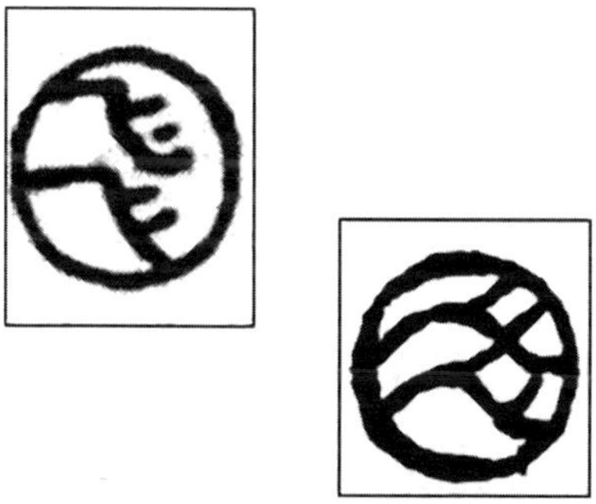

钱壮飞漫画作品所用的
“飞”字标记

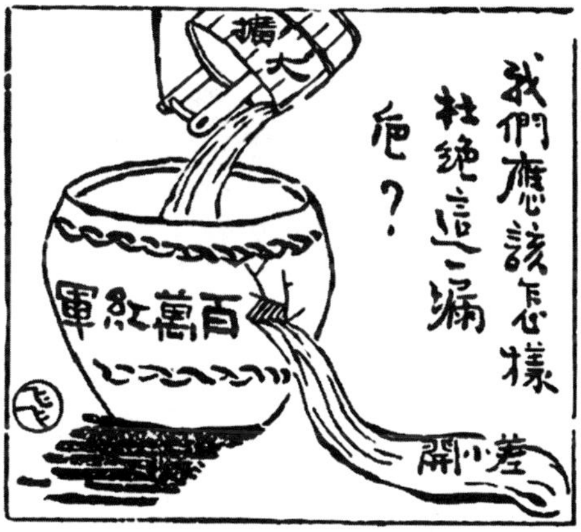

漫画《我们应该怎样杜绝这一漏洞？》

漫画《力量之源》

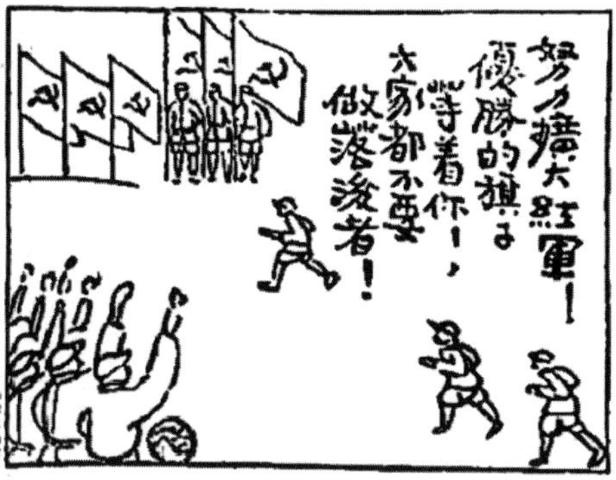

漫画《努力扩大红军》

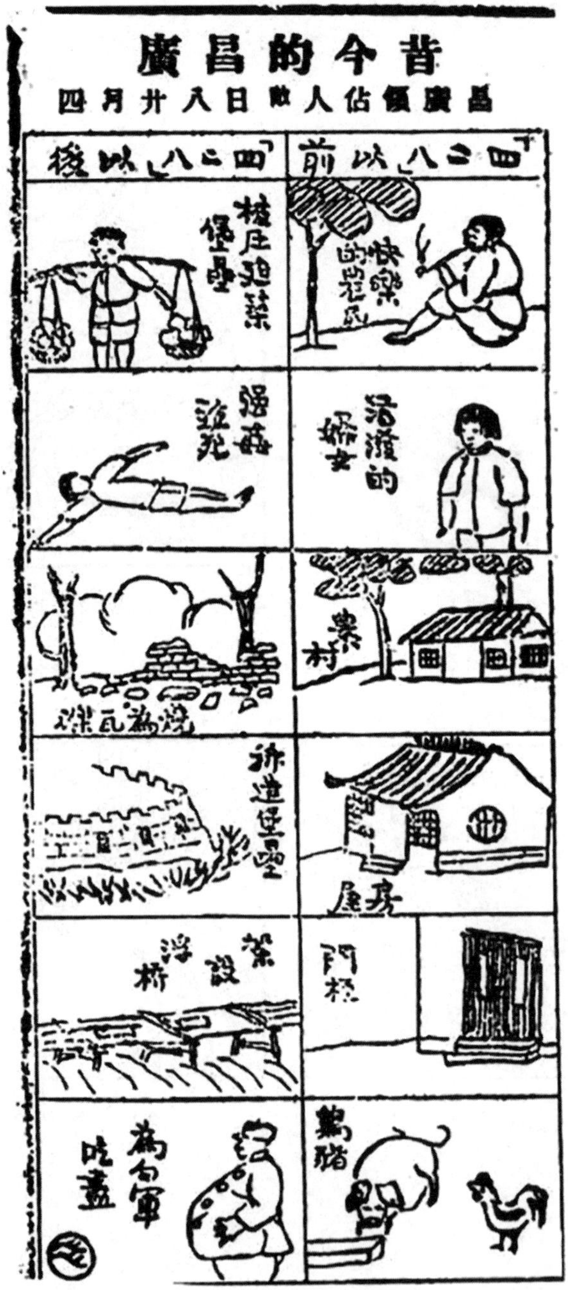

廣昌的今昔
四月廿八日敵人佔領廣昌
「四二八」以前
「四二八」以後
快樂的農民
活潑的婦女
農村
燒為瓦礫
房屋
築造堡壘
門板
架設浮桥
雞豬
為白軍吃盡

漫画《广昌的今昔》

有的是普及红军的军事知识，讲授一些战术战法。如1934年6月15日《红星报》第48期6版发表的漫画，一个人用一条棍子戏弄一条毒蛇，配文是“游击队与敌人作战要灵活机动，触动其一小部分而牵动他的全局”，讲的就是红军开展游击战的技巧和方法，既生动形象、直观明了，又幽默乐观、积极向上，让人一目了然，心领神会。

有的是宣传党的路线方针政策。如1934年8月1日《红星报》第56期2版发表的《工农红军北上抗日》《红军抗日先遣队北上抗日》的漫画，就是根据当时第五次反“围剿”斗争失败，党中央决定“北上抗日”，实施战略转移的重大决策而创作，用红军战士喜闻乐见的形式，宣传党的最新路线方针政策。

有的是鼓舞士气，号召红军战士英勇杀敌。1934年9月13日《红色中华》第233期1版发表的《粉碎敌人乌龟壳》的漫画，将进犯苏区的国民党反动派军队比作一只冲进围墙的乌龟，红军新战士在老红军的带领下迎面顶上，持刀枪将乌龟壳打烂。既讽刺了敌人第五次“围剿”中“步步为营”的乌龟战术，又体现了广大红军战士的大无畏精神。

有的是教育大家提高警惕，防范暗藏在背后的敌人。如1934年2月18日《红星报》第29期1版发表的漫画，一位红军战士在作战，背后暗藏的敌人在打黑枪，揭示了红军内部防谍肃特的必要性。

钱壮飞的这些漫画具有鲜明的阶级性和革命性，从无产阶级的利益出发，体现工农大众的意志，以反帝反封建为中心，配合革命斗争的需要；同时，具有强烈的战斗性和针对性，从当时革命斗争的实际出发，围绕各项斗争任务的开展而创作，起到了团结人民、教育人民，揭露敌人、打击敌人的战斗作用。这些作品形象地反映了中央苏区政治、军事和生活的片段瞬间，让我们在数十年后，仍可从中领略到红军无所畏惧的战斗意志、苏区朝气蓬勃的生活气象。

钱壮飞不仅绘画出色，在美术设计上也颇有成就。1934年八一建军节，中革军委向有特殊战绩的红军指战员颁发的红星奖章，就是他构思设计的。中华苏维埃和人民委员会的各种印信，银质圆形，都是由他亲自设计和监造。这批银印，随着长征，经过抗战，现在完整地保存在中国革

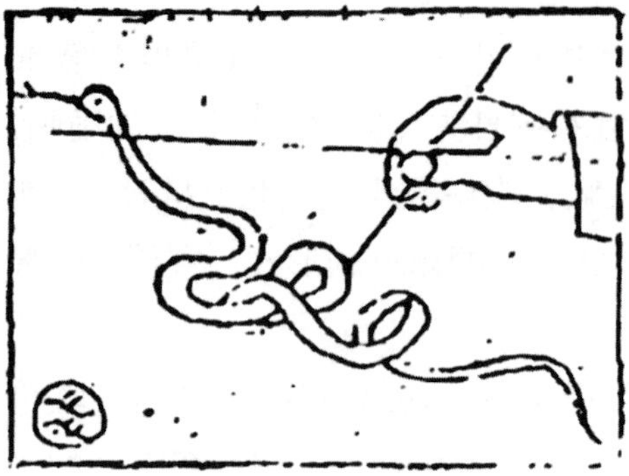

漫画《游击队》

漫画《工农红军北上抗日》

漫画《粉碎敌人乌龟壳》

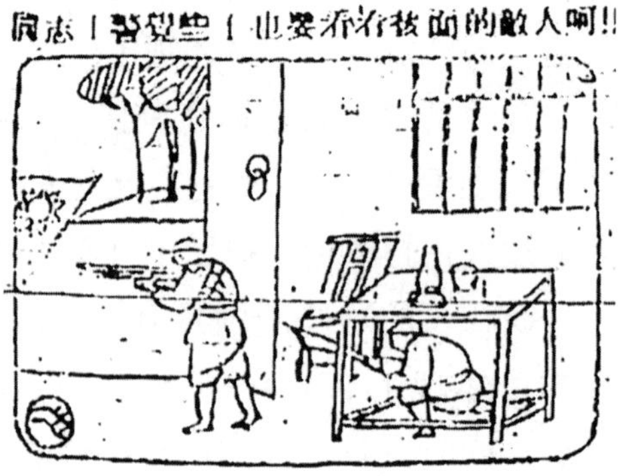

漫画《警惕身后的敌人》

命博物馆里，成为中国革命史上很有价值的文物[①]。

钱壮飞留给世人最为珍贵的美术作品当属建筑设计。尽管是在战火纷飞、经济艰难的革命年代，为了振奋苏区军民的革命斗争士气，纪念铭记无数革命先烈，中华苏维埃政府克服种种困难，充分发挥苏区艺术家和建筑专家的聪明才智，组织设计了一批堪称“国家工程”的纪念建筑。

1933 年，为迎接中华苏维埃共和国第二次全国代表大会的召开，苏维埃中央政府决定在瑞金沙洲坝新建一个大礼堂，供全苏二大开会使用。除了大礼堂之外，还建设了红军检阅台、红军烈士纪念塔、红军烈士纪念亭、公略亭、博生堡等建筑，人们称之为“苏区六大建筑”。这批坐落在红土地上的建筑，造型独具匠心，布局营造得当，处处体现着浓郁的战斗风格，它们的总设计师正是钱壮飞，从选址到构思，从结构到陈设，无一不凝结着钱壮飞的才华心血。

中华苏维埃临时中央政府大礼堂，坐落于瑞金沙洲坝老茶亭村的茂林当中，1933 年 8 月 1 日动工，同年 11 月竣工。大礼堂坐北朝南，占地面

中华苏维埃共和国临时中央政府大礼堂旧址

① 《李一氓回忆录》，人民出版社 2015 年版，第 110 页。

积1500平方米，造型为八角形，从高处俯瞰，犹如一顶红军的八角帽，外形高大宏伟、庄严厚重，艺术风格鲜明。礼堂共有两层，楼面为回廊式，并有阶梯式楼座，楼下成半圆形，可容纳2000多人，是中央苏区的地标性建筑。大礼堂有四个特点，一是隐蔽，在选址时，为了防止敌人空袭，特意选择了村边的茂林当中，附近还挖有可容纳千余人的防空洞。大礼堂用了48根木柱，有些木柱是直接使用原有的大树，树顶枝杈茂盛，敌人的空中侦察根本发现不了。二是门多，为了便于疏散，钱壮飞为礼堂四周设计了17道门，如有紧急情况，与会代表可在短时间内迅速撤离到礼堂北侧10米处的回形防空洞内。三是视野好，坐在大厅的任何位置，都可以看见主席台。四是回音效果好，台上不用麦克风，不同位置的听众依然可以清晰地听到台上的讲话。

红军检阅台，坐落于瑞金叶坪村红军广场，砖木结构，悬山顶，占地78平方米，是红军首长检阅部队、苏区群众观看演出的场所。始建于1931年11月，初为竹木结构。1933年8月由钱壮飞重新设计，二苏大筹委会组织改建。

钱壮飞设计的红军烈士纪念塔

红军烈士纪念塔，坐落于瑞金叶坪村红军广场东北端，与红军检阅台遥遥相对，塔高14米，炮弹形的塔身矗立在五角星形的基座上，像一颗射向天穹的炮弹。塔身正面朝西南，上面刻有朱德总司令手书“红军烈士纪念塔”七个醒目大字，塔身镶嵌了无数的小粒石子，象征着为中国革命牺牲的无数烈士。塔基为五角形体，五角形的十个边上，分别刻有毛泽东、朱德、周恩来、博古、项英、洛甫、王稼祥、凯丰、邓发等人的题词石碑；五个突出角，设计为五个台阶，每个台阶九级，可以从地面五个方向直达塔座，走到碑身前面。塔的正前方草地上，用石头铺写着“踏着先烈血迹前进”八个苍劲大字，与烈士塔形成了一幅完整的构图，表达了对先烈的无比崇敬和怀念。

公略亭，坐落于瑞金叶坪村红军广场，是为了纪念在中央苏区第三次反“围剿”中牺牲的红军将领黄公略。亭子形状是三角亭，寓意黄公略是在第三次反“围剿”斗争中牺牲，飞檐如翅，轻盈美观。亭中立了一块三菱锥体的石碑，刻有黄公略传略。“公略亭”三个大字由彭德怀题写，以示纪念。

博生堡，坐落于瑞金叶坪村红军广场，是为了纪念在中央苏区第四次反“围剿”中牺牲的红军将领赵博生。博生堡由青砖砌成，呈四方形，古朴厚重，巍峨庄严，寓意赵博生是在第四次反“围剿”斗争中牺牲。堡中立有《纪念赵博生同志》碑刻。“博生堡”三个大字由朱德题写。

红军烈士纪念亭，坐落在瑞金叶坪村红军广场，也称五角亭。是中华苏维埃临时中央政府为了悼念在土地革命战争中牺牲的红军指战员而建造。整个亭子为仿古建筑，典雅美观，古色古香，当时因叶坪红军广场

钱壮飞设计的红军烈士纪念亭

几大纪念建筑吸引了很多人前来观瞻，因此在此亭配有木板凳、石桌板、石墩等供参观者休息之用。

中央政府大礼堂、红军检阅台、红军烈士纪念塔、公略亭、博生堡和红军烈士纪念亭，均由苏二大筹委会组织筹建，由钱壮飞设计、梁柏台担任工程指导，中华苏维埃政府总务厅负责人赵宝成等组织实施，1933 年 8 月 1 日动工兴建，1934 年 1 月竣工落成。

1934 年 1 月 21 日，第二次中华苏维埃代表大会在中央政府大礼堂隆重开幕。这是我国苏维埃运动走上鼎盛发展的一次会议。出席大会的有 693 名正式代表和 83 名候补代表，以及 1500 名旁听代表，还有朝鲜、越南、印尼等地来宾。会议持续了十天，2 月 1 日举行了闭幕式。

1934 年 2 月红军烈士纪念塔落成典礼

2 月 2 日，在叶坪红军广场举行了红军烈士纪念塔、红军检阅台等揭幕典礼。参加典礼的有毛泽东、周恩来等出席全苏二大的全体代表和当地群众数千人。典礼上，朱德作了讲话，钱壮飞作了设计经过的报告。2 月 3 日的《红色中华》报道了这场活动：

踏着先烈血迹前进

——红军烈士纪念塔揭幕典礼

（一）壮 烈 的 塔

在叶坪——中央政府第一次驻在地的近旁屹立着一座塔，六丈来高，二丈多宽大，下面是用红石头砌成的一个五星，上面是一个大炮弹形，刻着“红军烈士纪念塔”七个大金字，这是一座巍峨的纪念塔啊！塔的前面建造了一个壮丽的红军纪念亭和一个“讲演台”，距六十米远的左边雄立着一座“博生堡”，距三十多米远的右边有一座秀丽的“公略亭”，塔脚前砌着八个大字“踏着先烈血迹前进”，这里我们表示着对革命先烈的哀悼。

（二）揭 幕 典 礼

在北风呼号的二月二号上午八时，从黎明动身到塔下参加揭幕礼的代表都到齐了。宣布揭幕礼后，接着是一阵炮声，军乐声，再是三分钟的静默，全场都悄悄地，在每个人的心坎中都在追悼着先烈的英勇的精神。

接着是钱壮飞同志关于设计经过的报告。

（三）我们奋斗　我们牺牲

朱总司令演说了：他说了红军从井冈山以来英勇斗争的经过，在几年斗争中被国民党屠杀了五六十万革命群众，以及红军领袖黄公略、赵博生、朱云卿等同志的牺牲情形，而且说了我们要怎样纪念烈士。要大家都握着铁拳，沸腾着热血上火线去把敌人的五次“围剿”彻底粉碎。

后来各代表演说了。一会儿，我们就摄影。在爆竹声中，揭幕典礼结束了。每个代表的心在跳动着——我们要踏着先烈血迹前进！①

中央红军战略转移之后，国民党反动派军队侵占瑞金，将这些体现着红军意志的建筑疯狂破坏，有的甚至被完全拆毁殆尽。新中国成立以后，政府按照原貌做了修复重建。1961 年 3 月 4 日，红军烈士塔等钱壮飞设计的苏区六大建筑被公布为首批全国重点文物保护单位。

中央苏区时期，是中共革命文艺繁荣发展的“黄金时期”，也是钱壮飞艺术创作的“黄金时期”。他把所有才华、激情都挥洒在苏区那片红色的土地上，满怀激情地歌颂信仰、宣传革命、赞美人民，用胸中蓬勃的热血，谱写出一曲曲荡气回肠的红色壮歌。如今，这些历经岁月淘洗的红色经典，正如血脉般滋养着党的隐蔽战线，构建了共产党人不朽的精神家园。

---

① 牛文：《踏着先烈血迹前进——红军烈士纪念塔揭幕典礼》，《红色中华》1934 年 2 月 3 日第 4 版。

第六章　长征——壮别天涯

(一) 雄 关 漫 道

1934 年秋，第五次反“围剿”斗争已经持续了将近一年。受“左”倾冒险主义错误路线影响，在李德等人错误教条的军事指挥下，中央红军在艰苦的作战中遭受了巨大损失，数万将士血战一年，却未能抵挡国民党军的步步紧逼。国民党军四面蚕食着红色的土地，一步步迫近中央苏区中心地带。大片土地沦陷敌手，社会生产遭到严重破坏，部队的供给和人民群众的生活已十分困难。在苏区面积不断缩小，人力物力已经匮乏的情况下，红军已无在原地扭转战局的可能。

到了 10 月前后，国民党北、东、南三路大军共 150 万兵力，以分进合击、铁壁合围的战术，从赣粤闽湘等方向形成包围圈，构筑了数道严密的封锁线，加紧向中央苏区的中心区推进，企图将我红军主力压缩在很小的圈子里一举消灭。

八面风雨，危机四伏。敌人重兵一旦合围，后果将不堪设想。党中央决定率领中央红军突出重围，实施战略转移。分散在各地的野战部队开始逐步集结，根据地大规模扩红征兵，兵工厂加紧生产弹药物资，各级党委、机关、学校集中整编，紧张地准备着一场当时尚不知道何等艰险遥远的战略转移。

按原计划，中央红军突围转移的日期应为 10 月底或 11 月初。但是形势急转直下，突围已经刻不容缓。军委二局从破译的敌电获悉：国民党军将提前发动大规模进攻，蒋介石指示把进攻日期提前了大约一个月。中央特科潜伏在江西的情报组，通过江西赣北第四行政督察专员兼“剿共”保安部司令莫雄获取了国民党庐山会议的绝密情报，拿到了蒋介石布置“围剿”苏区的“铁桶计划”，派情报员项与年穿越封锁送达瑞金。这份情报显示，蒋介石调集的各路重兵即将完成对苏区的战略合围，必须立即突围！

博古、周恩来、朱德等党中央、中革军委领导同志带领红军总司令部各职能局和各学校，军委直属炮兵营、工兵营、警卫营、运输队等4693人，整编组成军委第一纵队，亦称第一野战纵队、军委纵队，代号“红星纵队”，叶剑英任司令员兼政委。党中央各部门、中央政府机关和国家政治保卫局等单位9538人，整编组成军委第二纵队，又称中央纵队，代号“红章纵队”，李维汉任司令员兼政委，邓发任副司令员兼副政委。

钱壮飞所在的军委二局被编入军委纵队，跟随中央首长行动，负责服务保障军委首长指挥转移作战。

就在苏区紧锣密鼓地准备转移的时候，钱壮飞接到了一个特殊的任务——负责一次秘密谈判的无线电通讯保障。

原来，为了扫除突围障碍，使我红军队伍能顺利通过国民党的封锁线，中革军委和红军总部秘密谋划并实施了与国民党粤军首脑陈济棠部的“和平谈判”。谈判事项高度保密，地点设在粤军控制的白区境内，为了便于联络，中央抽调了政治可靠、技术过硬的钱壮飞负责随团保障通讯。

陈济棠是两广著名军阀，历来与蒋介石矛盾很深。1931年，他曾联合广西的李宗仁、白崇禧在广州成立西南国民政府，与蒋介石的南京政府抗衡。此时，他任国民党广州绥靖公署主任、第八路总指挥、赣粤闽湘鄂“剿匪”军南路总指挥。陈济棠在第五次“围剿”中，既不敢过于违抗蒋介石的命令，摆出一副打的架势，以应付蒋介石；又担心蒋介石“围剿”中央红军得手后会危及他的广东地盘，所以他决定对红军实行“外打内通”“明打暗和”的方针，多次派密使与中共方面联系，并派出代表准备和中共在筠门岭进行谈判。

周恩来和朱德立即意识到这是一个绝佳的机会，与陈济棠达成停战协议，可为红军主力即将开始的突围转移创造有利条件。朱德亲自起草了给陈济棠的回信，提出了“停止作战”等谈判协商的五条方针，最后表明：“日内，德当派员至门岭黄师处就近商谈。为顺畅通讯联络起见，务望约定专门密码、无线电呼号波长，且可接通会昌、门岭之间之电话。”①

10 月 1 日，陈济棠通过筠门岭的第七师给我方来电，建议先行会商军事问题，并催促我方“迅速派出军事负责代表去广州面商”。后经红军方面建议，谈判地点改为赣南寻乌。

朱德、周恩来经过慎重考虑后，决定选派赣南省委宣传部长潘汉年（当时叫潘健行）、粤赣军区司令员何长工二人为谈判代表。双方约定了电台的通讯代号，对方代号为 KSD。

红军同陈济棠的谈判是在极端保密的情况下进行的，双方都只有少数人知道。为保障谈判组与后方的通讯联络畅通无误，确保谈判事项严格保密，周恩来特地调来了钱壮飞、伍云甫等老无线电工作者负责无线电联络工作②。

钱壮飞自不用说，早在 1928 年即进入国民党官办上海无线电管理处工作，接受过专业系统的无线电业务培训，长期从事无线电报务、破译、管理等工作，业务非常娴熟和全面，是我党较早从事专业无线电工作的人员之一，也是我党早期的无线电专家之一。伍云甫，中央军委总参谋部通信局政委，中央特科无线电培训班首批学员，1930 年由长江局派往上海学习无线电技术，是我党首位报务员张沈川亲手教导的高徒，也是中央特科派往中央苏区的第一批无线电技术人员。在他们手上，实现了上海党中央和中央苏区之间的无线电通联。钱、伍二人，政治素质过硬、业务本领

---

① 中国工农红军长征史料丛书编审委员会编：《中国工农红军长征史料丛书 1 文献》，解放军出版社 2016 年版，第 53 页。

② 李新芝、谭晓萍主编：《朱德纪事（1886—1976）》，中央文献出版社 2011 年版，第 265 页。

高强，可以说是党的无线电工作者的优秀典范。

10月6日，潘汉年、何长工化装成商人装扮，带着朱德的亲笔信，动身前往寻乌。钱壮飞和伍云甫作为机要电讯人员，携带电台设备随行保障[①]。7日晚，他们到达筠门岭赤白交界处的羊角附近，与按约定等候在此的粤军特务连长接上了头。

粤军方面也十分注意保密，特地为他们准备了几顶四人抬的轿子。每过一道关卡有岗哨盘查时，就由特务连长出面高声吼道："这是司令请来的贵客！"喝退盘查的士兵。他们一路畅行无阻，赶了40里山路，到了寻乌县境的一个小山村罗塘镇，在一幢环境幽静、戒备森严的小洋楼前停下。潘汉年、何长工一行住楼上，粤军方面谈判代表就住在楼下。

8日一早，秘密谈判就在小楼上开始了，双方代表经过三天三夜的长谈，终于达成五项协议：（1）就地停战，取消敌对局面，继续协商共同抗蒋计划；（2）互通情报，用有线电通报，以防被蒋介石窃听；（3）解除对盐、布的封锁；（4）互相通商，必要时红军可在陈的防区设后方，建立医院；（5）必要时可以相互借道，红军有行动事先告诉陈，陈部退后四十华里，红军人员进入陈部防区使用陈部护照。这为后来中央红军顺利通过国民党军第一二道封锁线，创造了极为有利的条件。

谈判进行到第三天，潘汉年、何长工接到周恩来的密语电报："你喂的鸽子飞了"，意思是红军已经开始实行战略转移，暗示他们立即返回。粤军方面的谈判代表很敏感，问何长工："是否你们要远走高飞了？"何长工平静地说："不是，这是祝谈判成功，和平鸽上天了。"

他们在陈济棠部骑兵连的护送下回到会昌时，中央军委机关已经从瑞金转移到于都。周恩来特地派人在会昌等候，还给他们留下一封信："长工、健行，我在于都古田等你们。"他们又按照周恩来的指示赶往于都，详细地汇报了谈判情况。

此时，中共中央已经开始实施战略转移，率领第一、第二野战纵

① 李新、陈铁健主编：《中国新民主主义革命史长编：从内战到抗战1935—1937》，上海人民出版社1995年版，第279页。

队向于都河北岸的集结地开进，准备渡河突围。钱壮飞立即赶回军委二局。

和大多数单位一样，二局已经将所有人员分成两部分。曾希圣、钱壮飞带领多数人员随中央和军委长征。王震、严重、邬一之等少数人员，携带少数器材装备，留在中央苏区，随苏区中央分局坚持斗争。革命的战友情谊在这分别的一刻尽情流露。要去长征的同志们，把军委发的每人五钱食盐都留给了后方留守的同志。留在苏区的同志们，替要走的同志们值了最后一个班，好让他们在出发前好好睡上一觉。

10 月初的瑞金，正是寒露时节，秋意初显。山野茅草泛黄，桂花开遍街巷，十万子弟兵整装待发。于都河畔，人山人海。数以万计的苏区群众，男女老幼伫立在各个渡口，父母送儿，娇妻送郎，百姓送红军子弟兵。

再见吧，瑞金。再见吧，父老乡亲。出征的人们在悄无声息中回头朝着叶坪、沙洲坝方向凝望，多想再看一眼高耸的红军烈士纪念塔，多想再望一望巍峨雄壮的中央政府大礼堂，多想再喝一口红井水滋润心田。

马蹄声碎，喇叭声咽，雄关漫道真如铁。火把星星点点宛若游龙。在茫茫夜色的掩护下，随着一眼望不到头的人流，钱壮飞告别了战斗生活三年多的中央苏区，和二局的战友们踏上了不知终点的万水千山。

长征出发时，二局的组织序列是：局长曾希圣，副局长钱壮飞；一科负责破译，仅有科长曹祥仁，副科长邹毕兆 2 人；二科负责译电，科长李作鹏，译电员有段连绍、陈仲山、戴镜元、叶楚屏等；三科负责侦收，科长胡立教，侦收员有李力田、胡备文、雷永通、钱江、刘少宏、贺俊侦、李廉士、唐明、李行律、叶根等。全局共有侦察电台 6 部，技术人员 30 多人，另有警卫分队、运输队、炊事班等相关人员数十人。

长征从一开始，就面临着后有追兵、前有堵截的艰险局面。蒋介石命令几十万国民党军，不停地追击、围堵、绞杀，想趁机一举消灭红军。红军部队既要行军又要打仗。特别是进入白区以后，远离根据地大后方，部队处于快速机动中，人力情报很难保障中央指挥需要。这时候，以无线电破译为主要手段的技术情报就显得无比重要了。实际上，二局是长征期间红军最主要的情报来源。

长征出发前，周恩来、朱德明确指示：一局和作战科，要负责保证二局的情报机要人员、三局的电台报务人员的安全，在行军途中既要坚持工作，又不能落后掉队；二局实行前后两个梯队轮番工作的机制，解除了可能因连续作战而出现情报供应中断忧虑[①]。为了服务中央首长作战指挥需要，二局要不间断地对四周之敌开展侦察，既要随时掌握敌人动态，还得跟得上快速行军不能掉队。为了保障情报供给，二局将人员分为两个梯队，前面一个梯队行军，后面一个梯队就在工作；后面一个梯队行军，前面一个梯队就在工作。两个梯队交替工作，交替行军，保证 24 小时对敌侦控不间断。在有重大战役期间，甚至会分为三个四个梯队工作行军。据译电科长回忆：在长征行军途中，二局共有四部接收敌人电报的电台，每两部电台为一班，分做两班：一班驻扎开机侦听，一班赶路前行。等一班到达驻地，立即架设开机，另一班则关机上路，此停彼开，轮流值班，一天二十四小时不间断地接收周围敌人电台的电报。将敌军调动情况，源源不断地报告军委首长[②]。据长征中做电台侦听工作的钟夫翔回忆：“搞侦听的有好几个台，每台都抓住敌人一两个军，什么时候都听着它。那时敌人通报用密码，通话用明码，有时加点英文。他们在通话中什么都谈，部队行动到什么地方，都互相告诉。这样，我们起码可以知道敌人的动向和驻地。另外，当时敌人使用的密码也比较简单，很容易破译。”[③]可以说，长征走了二万五千里，二局的同志们工作了二万五千里。

因为工作性质的原因，二局的器材设备和机要文件特别多。机要文件不能丢失，器材设备也碰不得摔不得。那时的电台比较笨重，光是一个收报机和一个发报机就有 40 斤重，60 斤的蓄电池需要 6 个，体型巨大的充电机有 90 斤重，还有其他机器零件箱、发电机、汽油桶等。行军时，

① 曹冶、伍星：《周恩来领导创建红军无线电侦察事业》，《江淮文史》2017 年第 5 期。

② 赵福超：《遵义会议前后中央红军的情报工作探索》，《吉首大学学报》（社会科学版）2017 年 6 月。

③ 钟夫翔：《破译密电震敌酋》，解放军总参谋部通信部编研室编：《红军的耳目与神经土地革命战争时期通信兵回忆录》，中共党史出版社 1991 年版，第 118 页。

所有这些东西都由红军战士像宝贝一样抬着、挑着、背着，不敢有丝毫闪失。

长征途经之地尽是险境，崇山峻岭中上有悬崖下有绝壁，南方雨水又多，多数时候路很窄很陡，牲口几乎没法走，机器设备全靠人抬。抬发电机的同志们非常困难，走到半夜还只到半山腰，没有到达目的地。为了工作不间断，二局的同志们就在半山腰架设电台开始工作，及时将军事情报送给中革军委。有时正在工作，敌机扔下炸弹，尘土把人、文件和机器都埋上了，同志们爬起来把机器上的尘土擦干净，再找个隐蔽的地方继续工作。

总部的领导十分关心二局同志，每逢战斗有缴获，总会专门派人给二局送香烟、罐头等稀罕物资，以示慰问；还派遣了精干的警卫力量保卫二局同志们的安全。毛泽东、周恩来和朱德等中央领导对二局的工作高度关心和重视，对二局每天出发时间、行军路线、宿营地点、安全警卫等事项，均亲自过问。每当前面的部队打了大土豪，留下几斤猪肉或几只鸡送给毛主席时，毛主席总是要分送给二局一些，对二局同志给予了无微不至的关怀和爱护。

强渡湘江时，二局在连续五昼夜急行军后临时驻扎在一个只有四五户人家的小村子。机要员戴镜元曾回忆当时毛主席给二局同志送母鸡的故事：

二局一进村子就架线工作，炊事员就马上烧水做饭。正在这个时候，毛主席派来的管理员，手里提着两三只肥大的母鸡，跑得满头大汗，远远看到我们就高声喊起来："主席给你们送鸡来了！主席给你们送鸡来了！"大家听到这个喊声，心里顿时沸腾了起来。连忙向管理员簇拥过去。有的高兴地拉着管理员转了个大圈子，差点把管理员摔了个大跟头。有一位患急性疟疾在担架上躺了好几天没吃什么东西的同志，也猛地从担架上跳了下来，看到主席送来的几只肥鸡，顿时眼眶里充满了感激的热泪[1]。

---

① 戴镜元著：《难忘的岁月》，作家出版社 2004 年版，第 52 页。

李克农和胡底也参加了长征。1934 年 1 月，原红一方面军总部与中革军委机关合并。中革军委政治保卫局一度改称红军工作部，兼管红一方面军政治保卫，李克农担任红军工作部部长[①]。原红一方面军政治保卫局局长胡底任中革军委（红军总司令部）一局侦察科长[②]。

长征前期，国家政治保卫局行军序列编在军委第二纵队即中央纵队。李克农担任中央纵队驻地的卫戍司令，率领红军工作部侦察队随军委先头部队行动，任务是调查敌情、扫除敌探[③]。中央纵队和军委纵队合并后，中央领导几乎都集中在中央纵队，李克农的责任更大了。他每天精心组织行军设营，先行打前站，布置警戒，搜集情报，筹措安排后续部队的食宿等工作，尽心竭力地保卫着党中央的安全。

胡底率领的军委侦察科掌管地面侦察、把握敌友情况等工作，主要负责派谍报人员打入到敌人阵营中获得情报，捕捉俘虏审问敌情，搜集文件、报纸，分析敌人行踪，从起义、俘虏人员中了解敌情，在敌友军驻地居民中调查敌人情况等，目的是查明敌军的番号、实力、装备、官兵素质、动态，分析作出敌情判断，供首长作为指挥决策的重要依据[④]。

胡底

在长征途中，特别是在遵义会议以后，中央红军处于高速机动的急行军当中，无线电破译工作有时无法及时地破开当面之敌的密码，更无法了

① 徐平主编：《中国工农红军通览（1927—1937）》，解放军出版社 2017 年版，第 18 页。
② 吕黎平著：《红军时期参谋工作纪实》，军事谊文出版社 1995 年版，第 54 页。
③ 开诚著：《李克农——中共隐蔽战线卓越领导人》，中共党史出版社 2021 年版，第 70 页。
④ 吕黎平著：《红军总部的峥嵘岁月》，上海人民出版社 1993 年版，第 46 页。

解当地的社会、经济、政治情况，就会出现料敌不足、敌情不明等现象，中央就掌握不到及时、准确、全面的情报。为了弥补这一缺漏，中革军委加强了地面侦察工作，整编扩大了胡底领导的侦察科的人员力量，由总参谋长刘伯承直接领导。

当时侦察科的编制情况是：科长胡底，副科长毕占云，技术书记刘琦，科员钟能铮（即钟韵）；下设侦察队（又称徒步侦察队），队长张明远，指导员雷应声（即雷钦），将全军经过政治保卫系统训练的侦察员集中起来，编成四个组，每组 14 人，每人有一支驳壳枪或手枪。这是一支独特的徒步侦察的尖兵队伍。

长征中侦察科主要任务：一是提前进入转移地区调查敌情，对即将进驻地区及其附近敌情（包括人员、编制、装备等）作详细调查。二是绘制驻地周围的路线图（包括山、水、桥梁、船只、道路情况和距离等），并为后继部队找好向导。三是进行社会调查（包括沿途的村庄、人口、房屋、粮食、商店、社团等）。

胡底因为长期从事白区秘密工作，锻炼成临变不惊、乐观豁达的性格，身负千钧重任，遇事冷静、善于分析，思维敏捷、办事果断。他对工作非常认真，对上级的指示坚决执行。总部侦察科每到一地，他总是尽最大的努力搜寻各种情报资料，及时分析整理，送交总部供研究敌情参考。每接受一项重要侦察任务，他都缜密思考，精心安排，布置工作交代任务非常具体，再三嘱咐侦察员要有几手准备，以防万一。

在部队、机关出发前，胡底要率领侦察队随先遣部队从正面或侧翼搜索前进。有时为了便于侦察，侦察队员身着国民党军服，伪称为国民党军某部。到达宿营地后，他们要立刻展开紧张繁重的工作，调查时四面铺开，但也有侧重。最后约在当晚 11 时左右，将绘制的较为复杂的路线图和敌情报告等呈总参谋长参阅①。

长征途经云南时，胡底派遣侦察员四处开展侦察活动，抵近敌人周边侦察。新中国成立后任全国政协文史委员会军事组组长的刘琦，当时是红

---

① 刘琦：《我所了解的情报战线三杰之一胡底》，《党史文苑》2017 年第 7 期。

军总部侦察科技术书记。他回忆了一场精彩的战斗：

我率10余名侦察员化装为国民党军，突袭到昆明东北约40华里的杨林镇，一下子闯到了龙云部一个少校副官面前，他问："你们是哪个部队？"答曰："薛岳部打前站的。"他说："你们来得好快呀！"高兴得立刻电话报告龙云的副官长，并通过他把假军事情报传递过去，迷惑了敌人。未几，红军后续部队和机关到达了，街上熙熙攘攘，杂声不断传入，引起他的震惊，便问："你们到底是什么部队？"答曰："红军。"可把他吓坏了，意欲逃走。而他早已在我们的监视之中。我们对他说："不要怕，按照我们的意思回答昆明，决不伤害你。"后来，在他与副官长的通话中，对方说："据飞机侦察，共军已到杨林，你是在共军监视之下，是叛徒！"电话从此中断。这台戏就这样收场了。

1951年，原云南省主席龙云在香港宣布起义后到达广州，由广州乘火车来北京，龙云和夫人及其随行人员同我们来北京办事的人同坐一个包厢车内。途中闲谈时，龙云颇有感触地谈及当年红军在云南战斗的经过，并盛赞红军俘虏政策的宽大，提到在杨林被俘的那个少校军官被放回后颇有影响。我笑着说："老主席，对不起，那是小老弟干的。"龙云随即起身同我握手，表示敬意[①]。

中央纵队穿越湘滇公路，越过乌蒙山，威逼昆明，引起了昆明城内的极度恐慌。龙云部队一个副官携云南军用地图，乘小汽车送给国民党中央军，在昆明至贵阳的公路上行驶，经过曲靖县境内时，被我侦察队员截获。据侦察科下属侦察队指导员雷钦回忆，胡底立刻将侦察科捕获的敌少校副官、重要物资和军用地图等一并交给周恩来，为总部决策提供了重要依据[②]。

时任军委纵队政委的陈云，在以"廉臣"之名发表的《随军西行见

---

① 刘琦：《我所了解的情报战线三杰之一胡底》，《党史文苑》2017年第7期。

② 雷钦：《永远忘不了那座藏民小楼——忆长征途中遇害的胡底》，《福建党史月刊》2008年第5期。

闻录》一文中，记录了这段历史：

红军包围曲靖而向马龙前进时，截得由昆明来之薛岳副官所乘汽车，内满载军用地图并云南著名之白药（可医枪伤，极贵重）……车离曲靖 20 里时正遇红军。因此卫兵副官均被缴枪，军用地图未交薛岳，反而被红军用于渡过金沙江，白药、火腿、普洱茶均为红军享用。故红军兵士每谈至此，皆为捧腹。咸谓三国时刘备入川系由张松献地图，此番红军入川，则有龙云献地图[①]。

这份十万分之一云南地图，为红军巧渡金沙江指明了方向。中央纵队调集干部团、军委直属警卫营、国家政治保卫局和军委侦察科等单位的人员，组建了渡江先遣队，由总参谋长刘伯承率领，负责抢夺皎平渡口。在云南禄劝县属的团街，刘伯承召集干部团团长陈赓、国家政治保卫局红军工作部部长李克农、军委侦察科科长胡底、侦察队队长张明远等开会，布置迅速寻找船只过江事宜。刘伯承总参谋长下达命令后，胡底进行了工作布置，派张明远带侦察队前往完成任务。

张明远率领四名侦察员，化装成国民党军中央军，一路穿插到团街以北的皎西乡公所，先是控制了南岸渡口仅有的两只船和十四名艄公，之后又乘船过江，一枪未放解除了江北岸税警武装，夺得了江北渡口的两只船。加上其他部队找来的木船共七支小船，中央红军主力和中央机关约三万余人在六天之内渡过金沙江，又一次摆脱了大量敌军的围追堵截[②]。

为了能迅速完成找船任务，胡底还派遣刘琦率几名侦察员分头行动。刘琦带领的小分队还没等找到船，就接到星夜赶到皎平渡的上级命令，日行百余里，既累又饿，在离皎平渡约 10 里的地方休息吃饭。由于缺乏生活经验，刘琦等侦察员错把桐油当菜油炒菜吃了，一个个呕吐不止，行动困难，倒于路旁。刘伯承得悉后，立刻派人来接应。这就是传闻中的长征

① 中央党史研究室第一研究部编著：《红军长征史》，中共党史出版社 2006 年版，第 119 页。

② 张明远著：《雄关漫道——我的历程》，文津出版社 1996 年版，第 23 页。

中侦察员吃了桐油的故事。

胡底作风亲和，很尊重同事、下级和政治工作人员的意见。他布置工作，交代任务，总是以商量的口气。他关爱同志，体贴入微，生怕一个人掉队。开国少将、解放军总后勤部军械部原副政委雷钦回忆说：

我到侦察科不久，四渡赤水期间，患了疟疾。那时缺医无药，伤病员跟随部队走十分困难。见此情况，胡底把他的马匹让给我骑着，他自己拄着竹竿走山路、夜路。以他魁梧的身材，行走在陡峭的山路上是困难的，而我骑在马背上，心里很不是滋味，心想：我病得真不是时候，侦察科刚成立，工作正在繁忙之际，我不能工作，还让科长受拖累。我坚持从马背上下来自己走。他见我病重难以坚持，又派人找担架，请民夫，还特别嘱咐："千万不能掉队，掉队是很危险的！"

侦察科的同志们都很敬佩胡底，将他视作良师益友。大家虽然感到工作疲惫艰辛，但心情舒畅，干劲十足。在他的领导下，侦察科在长征中起到了应有的耳目和卫士作用。

胡底政治立场坚定，原则性强，斗争艺术高超。红一方面军和红四方面军会师以后，胡底跟随朱德等红军总部领导同志随张国焘领导的左路军行动。张国焘公然对抗党中央，四处散播分裂言论，擅自率左路军南下，还派心腹警卫员到侦察科任指导员，严密监视胡底等一方面军的干部。胡底心明眼亮，带领侦察科与之巧妙周旋，让大家干好工作，谨慎小心少说话，注重搞好团结。然而，1935 年 9 月前后，胡底因为误食毒蘑菇陷入昏迷，神志不清之际控制不住内心的愤懑和不满，说了几句"张国焘有野心，要用枪杆子要挟中央，企图篡党夺权，夺取红军的指挥权"的话。张国焘派来的心腹听到后密报，并公然叫嚣："总部侦察科，胡底是反张总政委的，胡底骂张国焘就是反党行为……"[①] 张国焘给胡底强加了"日

① 雷钦：《永远忘不了那座藏民小楼——忆长征途中遇害的胡底》，《福建党史月刊》2008 年第 5 期。

本天津驻屯军德田派来的侦探”的罪名[①]，指使红四方面军政治保卫局将胡底撤职关押，最后残忍杀害于松潘地区。

2018年11月6日，经中央批准，由四川省国家安全厅和阿坝州委州政府共同修建的胡底革命烈士纪念广场在四川省阿坝藏族羌族自治州马尔康市松岗镇落成。国家安全部将广场命名为“全国国家安全教育基地”，并举行了庄严隆重的揭幕挂牌仪式，以志永世纪念。昔日胡底牺牲时荒无人烟的草地，如今已是整洁宁静的现代小镇，人民安居乐业、幸福祥和。广场中心，一座纪念碑巍然矗立群山之间，胡底雕塑手拄木杖正在极目远眺，遥望着北上的党中央——雕塑名为《北望》。

长征时期敌情严峻，几乎天天都有战斗。情报侦破工作繁重紧张，几乎是一刻也不能停歇。曾希圣和钱壮飞两位局领导带领着二局的同志们，紧紧跟在总部领导左右，随时将获取的情报上报，供首长决策参考。电台人员“歇人不歇马”，他们身背沉重的无线电器材，在行军队伍中总是一路小跑，行色匆匆。到了休息的地方，再累再乏也不能马上休息，要立即架机工作。在重大战役期间，更是废寝忘食地连续工作。由于缺少睡眠，很多人在行军时走着走着就睡着了，撞上路边的障碍、掉进土沟泥塘的事情时有发生，惊醒后，又赶上部队继续行军。

在无线电情报侦破中，密码破译是最核心的工作。红军总部参谋部吕黎平曾回忆说：毛泽东、周恩来、叶剑英、刘伯承等首长挑选了一批对党忠诚、革命事业心强，有业务能力而又肯钻研的同志，担负这项极其重要的工作，如曾希圣、钱壮飞、曹祥仁等同志就是我军最早的情报专家。但是，无线电侦察工作是一项系统整体工作，除密码破译之外，电报抄收、电文翻译的工作也非常繁重。为了让曾希圣、曹祥仁、邹毕兆等同志能够全身心投入到最重要、最艰难、最辛苦的破译工作，钱壮飞身先士卒，在亲自参加二局的破译业务工作同时，还承担了大量的领

① 刘统著：《北上——党中央与张国焘斗争始末》，生活·读书·新知三联书店2016年版，第207页。

导管理工作，既要安排同志们梯队轮流行军和工作，确保不间断盯住敌人动向，还要关心队伍宿营休息、设备安全等事务。此外，在遵义会议之前，博古、李德一直是红军的实际指挥者，钱壮飞还要承担党中央交赋的保障李德情报翻译、地图标注等事务工作。整个长征途中，钱壮飞都在默默地承担着各项工作，事无巨细地替曾希圣局长分担分忧。

长途行军作战，战士们体力和精神都很疲乏。部队开始出现逃兵和掉队的现象。二局是党中央和红军的“耳目与卫士”，承担着重大使命，掌握着党和红军的重要机密，是决不能有闪失的。钱壮飞见缝插针地开展思想政治工作，不断鼓舞队伍士气。

长征开始时钱壮飞已经 39 岁，党组织考虑他年龄比较大，就给他配了一匹骡子，但他很少骑，多用来给局里驮机器设备、给同志们驮行李或者给有病的同志骑。作为一名医生，他还负责给伤病的同志治疗。二局的译电员李德元过湘江后得了痢疾，钱壮飞亲自给他看病开药方；见他行军走路困难，就把骡子给他骑。

行军途中是做政治工作的最好机会，爬山走累了，唱上两支雄壮的歌曲，顿时就好像减去了几分疲乏；中途休息了，就给年轻战士讲白区战斗的典故轶事。驻扎宿营时，钱壮飞还将一同行军的军委侦察科科长胡底请来，一起为大家演上一场生动的活报剧、说上几段笑话。有时途经大山需要分批翻越，队伍集拢在山下走不开，他就带头唱起歌来，鼓舞同志们的情绪。有时在平地休息，他就给大家讲笑话，直讲得大家笑得前仰后合，消除了大家的疲劳。

二局的胡备文曾回忆道：

那时比较辛苦，比较疲劳，只要有闲的时候，他就给我们讲故事。他的故事可多了，有些已经记不得了。有一次，他给我们讲天上的故事，讲星星。他讲这是什么星，那是什么星。对北斗星讲得很细，你可以看着它走路。讲系，说我们是太阳系。银河系有很多太阳。我们这个太阳系还不是大太阳系。我们是太阳系下面的一个星球，叫地球。他说太阳系有“金、木、水、火、土”五大行星，有地球。地球上有人，有生命，其它星球上是不是也有人呢？还不清楚，据讲火星上是有人的。在我们的太阳系，火星上的人可能在科学上比我们地球上的还发达，就是还没有联系上。他说在银河系里，有的星球可能有人，并不是只有地球上才有人。这大概是在贵州，是在休息的时候讲的。那个时候只要没有事，我们就希望听他讲故事。那时候的官兵关系、同志关系确实亲密得很。他同我们确实是平等的，我们都很愿意接近他，经常围着他，想听他讲。这样确实消除疲劳，也是兴奋剂。他的天文知识是很丰富的，所以我们听他讲的时候，都不愿意离开[①]。

在炮火硝烟弥漫的长征途中，钱壮飞和曾希圣一道，领导军委二局追随党中央、服务党中央、保卫党中央，出色完成了党赋予的神圣使命。他党性原则极强，注重搞好团结，业务工作出色，为人和风细雨，作为副职与曾希圣局长配合默契，作为领导与下属同志打成一片。正是因为这样细致入微的工作，二局始终保持着高昂的战斗热情，大家都以高度的政治责任感，不论多么疲劳，不论多么危险，工作都抢着干，从不怕累叫苦、互相推脱，保持着饱满的情绪。钱壮飞同志也得到了全局同志的认可。红军“破译三杰”之一的邹毕兆在几十年之后，仍深情地回忆道：“（钱壮飞）在二局的工作非常得人心，我们总是怀念着他。”[②]

（二）听 风 万 里

长征是中国革命的英雄史诗。十万工农红军长驱二万余里，纵横十余省，天上有几十架飞机侦察轰炸，地下几十万大军围追堵截，历经了说不尽的艰难险阻。军委二局一路抬着机器设备行军，冒着枪林弹雨工作。从瑞金梅坑出发，突破四道封锁线，血战湘江，四渡赤水，两过乌江，

① 胡备文：《多才多艺的钱壮飞》，中共湖州市委党史研究室编：《钱壮飞》，中共党史出版社 2013 年版，第 69 页。

② 邹毕兆：《回忆钱壮飞同志》，中共湖州市委党史研究室编：《钱壮飞》，中共党史出版社 2013 年版，第 96 页。

钱壮飞的足迹遍及赣、闽、粤、湘、桂、黔各省。他和二局的同志们一道破译“天书”，于无声处听惊雷，以情报服务中央，以技术克敌制胜，一次次洞悉敌踪、力挽狂澜，一次次料敌先机、出奇制胜，于无形处建奇功。

1934 年 10 月 20 日，中央红军主力全部渡过于都河，到达指定集结地，完成了突围准备。这时，国民党南路军陈济棠部为配合北路军、东路军对中央苏区的进攻，在赣西南安远至信丰一带构成了第一道封锁线。

其实，党中央尚在筹划突围的时候，就已经派潘汉年、何长工带领钱壮飞、伍云甫等人前往陈济棠部开展秘密谈判，达成了就地停战、相互借道等协议。红军突围之时，将路线告知了陈济棠，声明只借道而行，保证不进入广东腹地①。当时，中央指定二局负责与陈济棠的无线电联络工作，具体由邹毕兆执行②。陈济棠遵守协定，让开大路 20 公里。红军顺利突破由粤军防守的第一道“钢铁封锁线”，继续向西前进。

突破第一道封锁线后，蒋介石摸不清红军的战略意图，举棋不定，一面电令北路军主力集结待命，一面电令南路军和西路军火速调兵，在湘粤边境组成第二道封锁线，阻止红军西进。这时，南路军陈济棠部主力已经撤回，采取守势，以防红军进入广东。西路军何键部队正处于分散“清剿”状态，湘中、湘南兵力空虚。

10 月 27 日至 11 月 8 日，二局提供了国民党北路军及湘军无力顾及粤湘边地区防堵空隙的情报。中央红军趁蒋介石兵力尚未部署停当、封锁线上仅有地方武装防守之机，由汝城、城口之间快速通过敌人第二道封锁线，进入湘南地域。13 日至 15 日，一举突破国民党军的碉堡防线，通过了敌人第三道封锁线。

中央红军突破国民党军第三道封锁线时，蒋介石已判明红军西进的战略意图，立即调派湘、粤、桂、黔军阀和中央军各路兵马，构筑了第四道封锁线，企图将红军歼灭于湘江、漓水以东地区。

敌军频频调动，二局牢牢咬住敌军各部的无线电台，即收即破、即译

---

① 中央党史研究室第一研究部编著:《红军长征史》，中共党史出版社 2006 年版，第 52 页。

② 伍星:《军委二局长征中无线电侦察立奇功》，《党史博览》2011 年第 5 期。

即报，随时掌握着敌人的动态，不断获取上报关于李宗仁、白崇禧、何键、周浑元等部队的情报。特别是破译了蒋介石与“追剿”军总司令何键之间的通联电报，获取了关键战略情报。

23日和24日，二局连续截获数份国民党军电报，确悉桂军主力已向东南方向的恭城转移，何键正调整部署——这表明国民党军的湘江防线，从兴安至全州一段，出现了一个暂无重兵设防、约50公里宽的大缺口。24日22时30分，红军总部据此向全军通报敌情指出：“桂军主力已移向恭城方向。”总部决心抓住桂军主力撤离、湘军尚未补防之机，从防守空虚的兴安至全州一段江面渡江。25日，朱德总司令向全军下达抢渡湘江的命令。

在11月25日至12月1日抢渡湘江期间，二局不断将周边何键、周浑元等敌人的具体位置、行军方向甚至兵力部署等情报及时上报给红军总部。总部首长据此指挥各路红军一面快速抢占渡口，一面抵抗各路迫近渡口之敌，为主力渡江争取时间和空间。

12月1日，国民党军全线进攻，红军在湘江两岸血战，付出了伤亡近半的惨重代价，掩护中央机关和主力部队渡过湘江。红军虽然受到重创，但中央和主力大部总算是渡过了湘江。如果没有二局的情报，使红军能够选择在基本没有设防的50公里江面渡江，并使红一、三军团先敌抢占渡口，后果将更加不堪设想[①]。

渡过湘江之后，红军即向越城岭及其以西的西延地域前进集结休整，决定“继续西进至通道以南及播扬所、长安堡地域”，北出湘西与红二、红六军团会合。这时，蒋介石已经制定了所谓“湘水以西地区剿匪计划大纲”，企图将红军歼灭于湘江以西，力图防止红军进入贵州，与红四方面军和红二、红六军团会合。

12月11日，红军翻越老山界后占领通道一带。此时，敌“剿匪”主力军已分别进到城步、绥宁、靖县、洪江、武冈等地，构筑工事，张网

① 伍星：《军委二局长征中无线电侦察立奇功》，《党史博览》2011年第5期。

以待。如果中央红军继续北出湘西，同红二、红六军团会合，就会陷入敌军重围，后果不堪设想。二局根据连日不断截译的国民党军密电，上报了当前我军面临形势的情报：蒋介石针对中央红军要在湘西与红二、六军团会师的意图，已调集重兵在城步、靖县、武冈一带，布成一个口袋形的阵势，等待红军往里钻；湘军主力在中央红军通往红二、六军团的必经之路上，正在修建和加固四道堡垒封锁线；薛岳的第二兵团迅速跟进；各路国民党军总兵力有15个师，是红军五六倍之多。此时中央红军已经疲惫至极、弹药不足，如硬向国民党军设伏的防线推进，无异于自投罗网。然而，掌握红军领导权的博古、李德等人，一意孤行，顽固地坚持由通道北出湘西的行军路线。

紧急关头，毛泽东力主放弃同红二、红六军团会合的原定计划，改向敌军兵力薄弱的贵州前进，争取主动，拯救危局。12月12日，中央几位负责人在通道县境内召开了非常会议，李德在《中国纪事》中称之为“飞行会议”，旨在研究处于危机情况下的行军路线和战略方针问题。会上，李德坚持要按照原定战略方针行军，毛泽东则根据二局的情报，提出了西进贵州的主张，得到了周恩来、朱德、张闻天和王稼祥等大多数同志的赞同。

红军总部参谋部的吕黎平回忆道：

12日，党中央与军委领导同志到了通道，仍准备按原计划向北进军。毛泽东看到二局送给他的情报和我军次日的行动计划时，非常生气，立即来一局找到周恩来、博古，激动地说：“我军如继续北出湘西，正中敌人的下怀，不是往死洞里钻吗？哪有把红军投入蒋介石设计好了的陷阱里去自寻灭亡之理？”当晚，应毛泽东的要求，中革军委召开了紧急碰头会，在朱德、周恩来、张闻天、王稼祥的支持下，博古、李德被迫同意毛泽东的主张，向敌人兵力比较薄弱的贵州黎平方向进军，避免了一场自投罗网被歼灭的厄运[①]。

① 伍星：《军委二局长征中无线电侦察立奇功》，《党史博览》2011年第5期。

短促的通道会议，是第五次反“围剿”以来，毛泽东第一次在中央有了发言权，也是他的意见第一次得到中央多数同志的赞同。二局的情报为党中央和毛泽东正确决策提供了及时准确的参考依据，促使周恩来、朱德坚定地支持毛泽东转兵贵州的主张。13 日，中革军委命令中央红军“迅速脱离桂敌，西入贵州，寻求机动，以便转入北上”。当日，中央红军依照中革军委命令，突然改变行军路线，转兵贵州，暂时脱离了险境。12 月 18 日，中共中央在黎平召开政治局会议，否定了博古、李德的错误战略方针，采纳了毛泽东的灵活机动的战略思想，决定中央红军分左中右三路，向以遵义为中心的黔北前进。黎平会议是一次事关红军命运和中国革命前途的重要会议。二局提供的情报，为毛泽东和中革军委作出掉头西进的正确决策提供了保障依据，在生死关头改变了中央红军的前进方向，绕开了蒋介石军队布下的口袋阵，使红军避免了可能覆灭的危险。

1935 年 1 月 5 日，朱德、周恩来、王稼祥根据二局“各路敌军要在 12 日左右才能对红军组织起新的围攻”的敌情报告，指示部队在渡过乌江后迅速进行休息，整理补充开始进入反攻战斗，争取首先在黔北发展。6 日，中央红军全部渡过天险乌江。7 日，红军总司令部随红一军团二师占领遵义城。9 日，中共中央和中革军委率军委纵队进驻遵义。至此，敌军围歼红军于乌江南岸的企图化为泡影。

红军迅速占领遵义，把尾追的国民党军远远地甩在了乌江以南。红军总司令部从二局破译的敌人电报中得知，蒋介石指挥进攻遵义的各路敌军犹在缓慢地行军调动，尚未部署完成：北方的川军害怕孤军深入，逡巡不前；南方的中央军正趁机与王家烈抢地盘，无力北渡；东边的湘军被二六军团牢牢咬住，难以入黔。此时，经过十多天的征战，红军已经控制了以遵义为中心的黔北地区。这一态势，为遵义会议的召开和红军的休整，争取到了时间和空间，红军部队转为短期休整。

1 月 15 日至 17 日，中共中央政治局扩大会议在遵义旧城柏辉章的公馆内召开，史称遵义会议。会议总结了第五次反“围剿”以来红军失败的教训，系统地阐明了中国革命战争的特点和相应的战略战术，深刻地批评了“左”倾冒险主义在军事上的错误，实际确立了毛泽东在党中央和红军的领导地位，在生死攸关之际，挽救了党，挽救了红军，挽救了中国革命。

遵义会议期间，二局的同志坚守工作岗位，日夜战斗在机房，密切关注着敌军动态，确保中央放心开会。二局工作人员、新中国成立后担任邮电部部长的钟夫翔同志在《一条看不见的战线》中回忆道：

我们必须夜以继日地守在电台前，细心地分辨捕捉每一个可疑的信号，并且要马上把收到的信号破译出来，随时为部队首长提供情报。

……

贵州军阀王家烈不断派飞机轰炸、袭扰遵义。敌机依仗他们空中无敌手的优势，有恃无恐地超低空飞行。有时几乎是擦着屋顶飞过，震得瓦片都落下几片。在这种情况下，电台工作人员仍然坚守岗位，没有一次停止工作去躲避空袭。一天，一分队报务员左静轩和见习员袁以辉值班时，敌机突然俯冲下来，一颗炸弹投在隔壁的房子上，接着就是一阵扫射，隔壁房子墙倒屋塌被炸毁了。电台所在的房子里也是尘土飞扬，几乎看不见人了。就是在这样危险的时刻，这两位同志仍然是不顾个人的安危，一面用身体掩护机器，一面继续拍发电报[①]。

遵义期间，根据二局情报，中央军委分别于16日、17日、18日、20日，四次向各军团通报敌情：蒋介石令刘湘速派潘文华二十四军，郭勋祺教导师（应为旅）、范绍导模范师进到长江南岸；南面薛岳的七个旅（应为师）已离开贵阳向北开进，现已过息烽，准备渡过乌江；蒋介石已亲飞重庆指挥……[②]接连的情报表明，大量的敌人向遵义方向涌来。

原来，在红军进入黔北地区之后，蒋介石就判断中央红军的行动方向

---

① 金紫光、靳思彤主编：《伟大的长征》，陕西人民出版社2006年版，第791页。

② 伍星：《军委二局长征中无线电侦察立奇功》，《党史博览》2011年第5期。

可能有两个，一是北渡长江与红四方面军会师，二是东出湘江[①]与红二红六军团会师。蒋介石纠集40万兵力向遵义地区进逼，企图围歼中央红军于乌江西北、川黔边境地区。

面对十倍之强敌，中共中央和中革军委在遵义会议之后，决定迅速脱离敌军重兵压境的遵义，北上渡江进入川南。

在进军川南的途中，红军遭到国民党军前后夹击，特别是四川军阀，采取了猛烈的攻势防御。此时，二局对新遇川军的电台尚未严密地侦察布控，对川军兵力也还未完全弄清楚。1月27日20时，根据二局上报的敌情，军委发出1月28日行动部署时通报：川敌潘文华26日令郭勋祺旅、廖泽旅及穆肃中旅、潘佐旅各部速向东皇场猛追。依此判断，今日进占枫村坝、青杠坡地域之敌约四个团，或有后续四个团左右兵力于明后日赶到的可能……[②]

1935年1月27日下午，红军总司令部到达土城。毛泽东决定依托土城以东两侧有利地形，痛击尾追的川军。二局开始布控尾追川军郭勋祺旅的电台，发现郭勋祺使用的密码是较为复杂的自编来去本，曾希圣、曹祥仁和邹毕兆三人彻夜突击破译。28日，红军在土城与川军激战，双方均损失惨重，川军一度逼近军委指挥所前沿，形势危机四伏。

28日下午，经过一天一夜努力，二局破开了郭勋祺的来去本密码——“正密”，侦悉的敌情令人心惊肉跳：周围布满敌军，正在收紧包围，包围圈只有一个小口子尚未合拢。下午5时左右，战斗仍在激烈进行之中。中央收到二局的准确情报后，立即在土城召开政治局和军委负责同志紧急会议，根据毛泽东的意见，果断作出决定：改变作战和行军计划，立即撤出战斗，西渡赤水河。中央红军遵照中革军委命令，分三路摆脱当面之敌，29日凌晨从猿猴场、土城渡口等处，西渡赤水河（即一渡赤水），向川南古蔺、叙永地区前进，跳出重围。

土城战斗是中央红军的生死之战，虽然二局在前期没能侦控到郭勋祺

① 指遵义地区乌江北岸的支流湘江。

② 曹治：《四渡赤水中的无线电技术侦察》，《党史博览》2007年第7期。

的情报，导致了料敌不足的情况[①]，但仍在关键时刻破译了川军密码，搞清楚了敌人兵力部署，中央据此及时改变决策，使红军抢在敌人最后收紧包围之前撤出战斗。

红军西渡赤水后，进入叙永、古蔺、扎西一带狭小地区。向北、向西、向南的路都被国民党军堵住。二局截获的情报反映，蒋介石打算压迫红军于长江以南、横江以东、乌江以西以北的狭窄地区，进行合围聚歼：川军潘文华部主力由高县、珙县、长宁等地自北向南推进，滇军孙渡纵队由镇雄、毕节向扎西以南的大湾推进，南北两面敌军与中央红军的直线距离仅有几十公里——地方军阀唯恐红军入境，更怕蒋介石尾追而来抢地盘，都拼了老命动了真格作战；但这时国民党中央军行进迟缓，薛岳部周浑元、吴奇伟两个纵队尚在赤水河东南地区逡巡前进——敌在古蔺、叙永南部地域的布防十分空虚。红军身处危地，但尚有生机，不容片刻迟疑！

根据上述敌情，毛泽东等于 2 月 10 日决定，中央红军迅速转兵东进，回师二渡赤水河，再次挺进黔北，以摆脱川军、滇军的夹击和国民党中央军的追击。11 日，中央各纵队由扎西地区东进。其间二局侦获的敌报显示，国民党军尚不明红军主力去向，仍在按原计划向扎西进军。18 日至 21 日，中央红军遵照中革军委的命令，由太平渡、二郎滩等渡口东渡赤水河（即二渡赤水），跳出正在收紧的包围圈，回马杀向敌人兵力比较空虚的桐梓地区。

渡河之后，二局严密监视沿途周边之敌，紧紧将王家烈、吴奇伟各部看死盯牢，随时上报动向情报。转战之中，蒋嫡系及地方军阀不断变换通信密码，二局不断跟踪破译，通报了上至蒋介石作战意图，下至各路敌军具体部署和行动的情报，协助配合中央指挥红军在五天之内取桐梓、克娄山关、再夺遵义城，歼敌两个师又八个团，毙伤敌 2400 多人，俘敌 3000 余人，缴获大批军用物资。这是长征以来第一大胜利，极大鼓舞了全军

① 钱江：《回忆长征前后毛主席的几件往事》，《缅怀毛泽东》，中央文献出版社 1993 年版，第 121 页。

的士气，红军声威大振。毛泽东说，红军东返贵州，走活了一盘棋。他禁不住喜悦之情，赋词《忆秦娥·娄山关》，抒发“雄关漫道真如铁，而今迈步从头越”的豪迈情怀。蒋介石则承认这是“国军追击以来的奇耻大辱”。

遵义战役后，蒋介石飞抵重庆，亲自制定“追剿”部署，要求川滇各路人马“概由本委员长统一指挥”，将战术改为长追稳打，从各个方向对黔北的红军合围。

3 月 5 日，中革军委成立前敌司令部，朱德任司令员，毛泽东任政委。中央军委意图趁吴奇伟部新败，集中主力寻歼仁怀、鲁班场的周浑元纵队，力争再打一个胜仗。然而，二局连日来侦获敌报表明，蒋介石已经知晓红军主力在鸭溪—白腊坎一线，“将折经打鼓新场、黔西、安顺之线窜逃”，在打鼓新场一带部署重兵严密布防堵截。很显然，打鼓新场、黔西一线已是国民党军图谋聚歼红军的预设战场。

毛泽东根据二局提供的情报，与周恩来一道说服中央政治局的同志。中央据此及时改变了作战策略，避免了与敌人硬碰硬，并成立了由周恩来、毛泽东、王稼祥组成的三人团，全权指挥军事，进一步确立了以毛泽东为核心的最高军事指挥机构。

3 月 15 日，二局情报侦悉各路国民党军迅速向鲁班场进逼合围，中央为了避免被动，再寻战机，主动放弃进攻鲁班场，转兵西进。16 日至 17 日，中央红军在茅台镇西渡赤水河（即三渡赤水），向古蔺、叙永方向前进，跳出了正在合围的包围圈。

红军三渡赤水，蒋介石判断红军又要北渡长江，急忙调各路部队向川南疾进，企图围歼红军于古蔺地区。二局不断侦获敌军调动布防的情报，保障中央领导随时掌握形势变化。敌军云集川南，说明红军已经顺利将此前“调集”到黔西北的国民党军再次向北“调动”到了川南一带，为红军南渡乌江做好了铺垫。毛泽东当机立断，毅然决定东渡，夺取战略主动权。

3 月 21 日至 22 日，中央红军主力以隐蔽神速的动作，分别经二郎滩、九溪口、太平渡东渡赤水河（即四渡赤水），从敌重兵集团右翼突出重围。毛泽东从二局提供的密息情报中得悉，蒋介石坐镇贵阳指挥，贵阳周围防备空虚，守敌仅有第九十九师的四个团，乌江两岸兵力也很单薄，只有少量部队防守。在毛泽东的指挥下，红军四渡赤水后迅速掉头南下，避开黔北，向南疾进，剑指贵阳。

28 日，红军突破敌人封锁线，把敌军甩在赤水河两岸，在狂风暴雨中逼近乌江北岸的沙土、安底地区，开始集结部队，准备南渡乌江。30 日，二局截获国民党军的密电显示：周浑元、吴奇伟两个纵队正由茅台向金沙方向前进，距红军只有 30 公里的路程；同时，乌江南岸 20 余公里处有国民党军 3 个师守备。这表明，中央红军主力在客观上已经处于北有追击、南有阻截的危险境地。

红军主力部队安全渡江，至少需要三天时间。可乌江天堑水深浪急，重兵追击迫在眉睫，如果应对不周，就会出现背水作战的境地，血战湘江的不利局面将会重演，疲弱的红军已经再也经不起这样的消耗了。

深夜，红军总指挥部里灯火通明，中革军委在研究应对之策。二局曾希圣提出，利用我方掌握的国民党军的口令、密码和电文格式，冒充正在贵阳督战的蒋介石给周浑元、吴奇伟发电，命令他们向洋水、新场方向前进，从而将两部主力敌军调开，避免敌我两军遭遇，确保我军南渡乌江。

毛泽东、周恩来等领导人听后拍案叫绝，同意了这个方案。由于蒋介石经常越级指挥、朝令夕改，假电报发出后，周、吴部居然毫不怀疑，果断执行，向偏离红军渡江地点的方向前进。红军由此争取了宝贵的三天时间渡过了乌江，避免了一场不利的血战，巧妙地跳出了蒋介石苦心设计的在乌江以北、川黔边境地区消灭红军的包围圈，将几十万国民党军队甩在了乌江以北地区①。

四渡赤水之战，是人类战争史上以少胜多、变被动为主动的光辉范例，是中央红军长征中最惊心动魄、最精彩的军事行动，是毛泽东军事生涯中的“得意之笔”。四渡赤水的胜利，也是毛泽东妙用二局情报的结果。

---

① 《曾希圣传》编委会著：《曾希圣传》，解放军出版社 2019 年版，第 97 页。

遵义会议之后，大约在2月中，党中央任命钱壮飞担任红军总政治部副秘书长。但由于情报工作的需要，他暂时未能上任，仍坚持战斗在二局的岗位上。

红军征战万里而不溃，屡陷绝地又逢生。在敌情紧迫、敌人重兵围追堵截的险恶环境中，钱壮飞和二局同志们以高度的革命责任心，殚精竭虑、夜以继日地工作，严密监控敌人举动，源源不断地向中央提供军事情报，为党中央和毛泽东的指挥提供了及时、准确、可靠的参考依据。

邹毕兆曾说过，二局“对长征起到了很重大的作用……整个工作的成绩，是二局全体同志勤劳的结果”①。钱壮飞作为二局副局长，与曾希圣同志一道，参与了对二局的领导指挥；和全体战士一起，参加了二局的每一场战斗。曾希圣、钱壮飞、曹祥仁、邹毕兆、戴镜元、胡立教、李力田、胡备文、钱江……这一个个红色“听风者”，听于无声、见于未形；还有那无数个未能在历史上留下名字的二局警卫排、运输队的战士，都为中国革命作出了不可磨灭的特殊贡献，写下了一曲曲荡气回肠的英雄壮歌。对于二局在长征中的功绩，毛泽东给予了极高评价：“没有二局，长征是很难想象的。有了二局，我们好像打着灯笼走夜路。”②

（三）壮 别 天 涯

1935年3月底，四渡赤水后的中央红军挥师南下，抵达贵州省金沙县的沙土、后山一带的乌江北岸地区，准备择机渡江。30日至31日，乌江两岸狂风大作暴雨倾盆。红一军团从大塘、红三军团从江口、中央纵队从梯子岩先后强渡乌江，冒着敌人的飞机轰炸，歼灭了守敌和援敌各一个营，进至息烽西北地区。过江后，大部队行军至贵州息烽县流长一带时，大家发现钱壮飞掉队失踪了。曾希圣立即派人四处寻找，但终未能找到。

钱壮飞的失踪，牵动着毛泽东、周恩来、朱德等总部首长的心。钱壮

① 伍星：《军委二局长征中无线电侦察立奇功》，《党史博览》2011年第5期。

② 《曾希圣传》编委会著：《曾希圣传》，解放军出版社2019年版，序言第2页。

飞是党的有功之臣，在关键时刻保卫过党中央的安全；长期从事保卫情报工作，在保卫系统有“钱（壮飞）李（克农）胡（底）三才子”的美誉，是党的隐蔽战线不可多得的人才；后期又担任二局领导，掌握着党和红军的很多重要机密。毛泽东非常重视钱壮飞掉队一事，指示负责后卫的红五军团，一定要找到钱壮飞。

红五军团首长将这一任务交给政治保卫局局长欧阳毅。欧阳毅与钱壮飞是政治保卫战线上的老战友，二人在政治保卫处时期就在一起共同战斗，在邓发的领导下开创了的苏区政治保卫工作。欧阳毅回忆道：

毛泽东很重视此事，他不仅知道他掌握着重要的机密，而且也了解他是个多才多艺的干部。所以，他指示一定要找到这个人。五军团把这一任务交给了我。我是了解钱壮飞的，不但了解他的功绩、才能、为人，也了解他的性格。在瑞金时，这位在白区深入敌人巢穴的孤胆英雄，却怕飞机。长征途中，他被调到军委二局任副局长（作者注：应为1934年1月），也许军委首长太多，对他照顾不够，只给他配了匹“驴狗子”，影响行军速度。他大概没有跟上大队，敌机来轰炸，不知他到哪里躲起来了。敌机飞走后，大队已经过了乌江，才发现他没有跟上。我很为他的安全而担心，接受任务后，我迅即带了一支保卫部队，返回河对岸寻找他。我们在树林里村庄里，找了一个多小时，连搜带喊，最终没有找到他的踪影，我很懊丧，可又不能多停留，怕脱离部队，只得又返回北岸向总部报告①。

除毛泽东派欧阳毅带队寻找以外，周恩来也派了警卫连的两个排回到北岸找了一天一夜②，但依旧杳无踪迹。据潘望峰回忆：“钱壮飞失踪的那一天，总部参谋黄鹄显骑着骡子从前进的队伍中急促地向后走。他见着我便问，看见钱局长没有？我说，没有。他二话没说，又向后寻去。这时，

① 《欧阳毅回忆录》，中共党史出版社1998年版，第152页。

② 彭峥铕：《关于钱壮飞失踪并牺牲问题的考证》，《毕节地区第四届社科评奖获奖成果选》，第93—108页。

大家才发现钱壮飞失踪了”[①]。1942年，钱壮飞儿子钱一平在延安时，周恩来向他讲述了当时寻找钱壮飞的情形：“你爸爸在第二次过乌江时遭敌人袭击，展开了激烈的战斗，等国民党飞机停止轰炸后，队伍集合走了一段路，我发现他不在身边，就下令一支队伍回去找”[②]。

刘少奇当时和周恩来、钱壮飞编在一个小队一起行军。1939年，张沈川在重庆八办听刘少奇讲述了当时的情形：

长征时，他（钱壮飞）和周恩来、刘少奇等七八个人编成小队行军。过了贵阳，碰上敌机轰炸，大家就分散隐蔽起来。当时钱壮飞和一个勤务兵一起往山上跑。钱还带了一些光洋，由那个勤务兵背着。警报解除以后，大家又集合起来往前走。走了一段路，才发现钱壮飞不在队伍里。马上回头找，却再也找不到了，又没有充裕的时间等待，队伍只好径直向前[③]。

当时敌我双方都在快速机动，战斗形势胶着、敌情复杂，钱壮飞独自一人掉队，多方寻找未果，恐怕凶多吉少。中央首长们对此深感痛心和不安。当时同在中央纵队的军委一局参谋吕黎平在其回忆录《红军总部的峥嵘岁月》中写道：

3月下旬的一天，四渡赤水后，我军在贵州息烽县境内行军，突遭敌空袭。二局副局长钱壮飞跑进原始森林隐蔽，从此再未见他出来。虽经多方寻找，也未找到下落。当时判断有两种可能：一时被敌机炸中牺牲；二是被深藏在山区森林里的反动民团杀害。钱是侦破敌人情报的专家，立场坚定，埋头苦干，思路敏捷，机智灵活。但性格内向，爱静，听到机器声也心烦。平时也不摆龙门阵，不说笑话，有空就钻研情报业务，能写一手

① 潘望峰：《忆钱壮飞同志》，《中央苏区革命文化史料汇编》，江西人民出版社1994年版，第598页。

② 钱一平：《紧急关头》，中共湖州市委党史研究室编：《钱壮飞》，中共党史出版社2013年版，第64页。

③ 张沈川：《回忆钱壮飞同志》，中共湖州市委党史研究室编：《钱壮飞》，中共党史出版社2013年版，第87页。

好字。那时我们几乎天天同他打交道，不是他和曾希圣来一局向朱德、周恩来、刘伯承汇报敌情，就是我们去二局查询情况，但他从未透露过在白区工作的情况，真是守口如瓶。这样一位卓越的情报人才失去了，中革军委首长都很痛心和不安，对我们参谋进行了严肃的批评，因为没有保卫好这位局长的人身安全，使情报工作遭受了损失。

胡底得知钱壮飞失踪的消息后，心情低落，一直不愿相信这是真的，久久难以释怀。据长征时期与胡底一起行军的雷钦回忆：

四渡赤水之后，部队日夜兼程百余里南渡乌江，沿途不断遭敌机袭扰。总部渡江后，遇到敌机一次大轰炸，损失很大。据说总部三局局长（注：原文如此，应为二局副局长）钱壮飞在这次敌机轰炸中失踪了。胡底得知后，心情非常难过，自言自语地说：不会吧？不会！我相信他不会出事的……很长时间他都不愿相信这会是真的。后来听说，周恩来副主席对钱壮飞失踪一事十分关心，曾派人前往出事地点寻找，但未获得钱壮飞的下落。胡底因此很长时间心情一直很沉重。胡底与钱壮飞、李克农并称我党对敌情报工作的三杰士，在长期地下工作中建立了深厚的战友情谊。后来，在行军途中，胡底给我们讲了他与钱壮飞在敌人心脏做地下工作的一些故事。他说，钱壮飞是经过白色恐怖严峻考验的坚定优秀的共产党员，是一位才智横溢、胆略过人、我党不可多得的杰出战士。我很敬佩他深入虎穴，机智勇敢地同敌特面对面进行斗争，作出卓越贡献的革命精神。他遭不幸，真是我党的一大损失呀！①

因为战事紧张，尚未脱离险境的中央红军没有再寻找下去，只能立即朝着贵阳方向奔袭。但是钱壮飞的生死，却成为让党中央一直牵挂的事情。

抗日战争期间，南方局和重庆八路军办事处曾派人到贵州金沙一带多

① 雷钦：《永远忘不了那座藏民小楼——忆长征途中遇害的胡底》，《福建党史月刊》2008年5月。

方寻找钱壮飞的下落，但都没有找到[①]。1945 年，党中央确认钱壮飞已不幸牺牲。但具体牺牲在何时何地，是在空袭时阵亡，还是在只身掉队后被当地土顽分子杀害，则长期无法做出结论。

1951 年 8 月 16 日，中国人民革命军事委员会直属队政治部向钱壮飞亲属颁发的《革命军人牺牲证明书》中，填写的牺牲地点是“贵州省息烽县沙土附近”，填写的安葬地点为“不明”。1984 年 5 月 9 日，解放军总参某部曾邀请有关的老红军，就钱壮飞牺牲时间、地点问题召开专题座谈会，问题仍然没有解决。此后，中央军委、国家安全部和中央党史研究部门，特别是贵州省党史部门的同志们，都对这件事进行了长期的实地调查和文献考证。

革命軍人犧牲證明書

烈字第〇〇四五號

錢壯飛同志於一九二五年，月參加革命工作在軍委第二局任付局長不幸於一九三五年三月 日在貴州息烽縣沙土附近光榮犧牲除由我軍奠祭英靈外特懷哀悼之情敬報貴家屬並望引榮節哀持此證明書向南京市人民政府領取撫卹金及革命犧牲軍人家屬光榮紀念證其家屬得享受烈屬優待為荷

此致

錢張振華先生

中國人民革命軍事委員會直屬隊政治部主任

一九五一年八月十六日

钱壮飞的《革命军人牺牲证明书》

① 《李一氓回忆录》，人民文学出版社 2015 年版，第 110 页。

1985年5月2日，中共贵州省息烽县委向中共中央党史资料征集委员会报送了份《关于钱壮飞烈士牺牲问题的调查报告》。

据查：中央红军于1935年3月29日夜，从金沙县沙土、后山一带南渡乌江；30日晨，大部队进入息烽县流长一带。31日，中央纵队和红一、三、五军团在息烽的流长、鹿窝、九庄等地活动；当天中午，三、五军团的部队在九庄遭到四架敌机轰炸扫射，有一百多名红军指战员殉难。当时钱壮飞所在的中央纵队虽未在九庄，但在此期间因各种原因掉队而流散在流长一带的29名红军干部、战士中，现经查明，已有18人系被当地地主土顽武装杀害。其中有位自称名叫“夏树云”的“营部秘书”，在红军大部队离开流长的第二天（即1935年4月2日），来到流长乡的客户寨、宋家寨一带。据现尚健在的当时目击者们回忆，这位红军干部的脸上气色很不好，走路很吃力，好像有病；年约四十岁左右，瘦高个子，留“东洋头”（分头），外省口音，身上背有一个包袱，手拿布雨伞。当天晚上，他就被国民党的反共“清乡委员”、区长宋子桢及其爪牙罗少安等人（全国解放后宋、罗已被人民政府镇压枪决）密谋，骗说愿带路帮助追赶红军部队，在宋家寨右侧约一华里的山脊上，将他强行推下一个名叫“没良坑”的约有五六十公尺深的山洞，并用大石块砸下洞底，当即将其害死。前些年当地曾组织人员下洞去寻找过这位红军烈士的遗骨，但因事隔几十年之久，什么也未能找到。这位红军干部随身所携带的物品，均被凶手罗少安掳去，书籍、印章等当即被罗烧毁，只有一床黄绒军毯，现尚保存在遵义会议纪念馆内，编号八四五①。

中共息烽县委的报告认为：经过反复调查和综合分析上述遇害红军干部的身材、年龄、口音、行李，以及目击者回忆其相貌，可以比较有把握地断定：1935年4月2日在息烽县流长乡没良坑殉难的自称夏树云的红军干部，即当时担任中革军委二局副局长、遵义会议后调任红军总政治部副秘书长（未到职）的钱壮飞同志。

---

① 叶炳南：《钱壮飞》，中国中共党史人物研究会编：《中共党史人物传》第34卷，中国人民大学出版社2017年版，第123页。

1986年1月10日，中共金沙县党史部门向中国人民解放军总参谋部报送了《关于钱壮飞同志牺牲情况的调查报告》和证人证言。《报告》所述：

……各路红军已渡完乌江，这时还有一位红军同志沿着主力红军过江路线，单独一人向乌江边上走去，当他走到乌江北岸离梯子岩渡口大约二华里的彭桂容家时，即沙土区后山乡岩口队，当时名叫彭家寨，他走向彭桂容屋子去，向彭桂容买东西吃。这位红军身着青色军装，背一个黄布包和一个小皮包，手里还拿着一包东西，随身带着支手枪，是露在外面的，身高1.7米或1.71米左右（与后山乡党委书记刘朝富同志身高差不多，即刘的身高是1.71米），长脸型，外省口音……可惜他没有买到充饥的东西，又见这一带山势险峻，道路崎岖，天色已晚……返身往江边走去。他走了不到一华里，便经过黎崇山家门口，由于路不熟，便到黎崇山家去找人带路……黎崇山就是当地恶霸地主刘家的帮凶、狗腿子，为非作歹的土匪。这时黎崇山见这位红军单身一人，身上既有手枪又背有包裹，心生歹意，便积极为这位红军带路。一边走一边盘算，走到梯子岩附近的堰田岩时（今金沙县岩口队），看见江面上已经没有过江的浮桥，他见抢枪的时机已到，就站在堰田岩顶上，佯装指点这位红军过江的路线，就在这一瞬间，黎崇山趁这位红军集中精力观看路径时，便双手将他推下岩去……并抢走了这位红军的手枪和所有东西。黎崇山回家后，他的侄子黎志修见他得到红军的一件绫绸（黑色发亮）衣服，一条灰色裤子，二件毛线衣，一支手枪。后来，黎崇山用手枪给沙土区员何中培换了两石谷子、一匹马。红军过江后，在大塘渡口丢了一匹骡子，非常凶，见生人要咬，被后山乡贵山村古坟坝的王执兵拣着，又交给何中培。

黎崇山谋杀了这位红军几天以后，当地群众将这位红军的遗体原地埋葬，后因乌江电站库区水位升高，这块地方要被淹没，又将这位红军的遗骨搬到离后山乡政府约1公里的官田坝公路边埋葬，还竖了一口石碑，碑上刻着红军烈士墓[①]。

① 彭峥铕：《关于钱壮飞失踪并牺牲问题的考证》，载《毕节地区第四届社科评奖获奖成果选》，第96页。

中共金沙县委的报告则认为，根据村民彭桂容等证人描述的形象特征、随身携带物品等，综合论证，认为被土顽分子黎崇山杀害于后山乡堰田岩的这位红军，才是中革军委二局副局长、红军政治部副秘书长钱壮飞。

此外，钱壮飞生前战友戴镜元、邹毕兆、贺俊侦等人，也都分别根据自己的记忆，在座谈会、回忆录、纪念文章和媒体采访中不断回忆钱壮飞牺牲前后的情形。

2000年至2001年，中共贵州省委党史研究室与贵州省国家安全厅组成联合调查组，再一次进行了深入调研。调查组深入实地考察，走访亲历者知情人，查找调阅大量文献资料，召集有关专家分析论证，最后形成的意见是：在发现新的确定的根据以前，将钱壮飞烈士牺牲地确定在“贵州省金沙县沙土的后山乡”，牺牲时间为“1935年4月1日”[①]。意见分别上报中央党史研究室和国家安全部，经中央党史研究室和国家安全部认真研究后，分别复函确定：钱壮飞于1935年4月1日，牺牲在贵州省金沙县后山乡[②]。

钱壮飞牺牲后，党组织对他的遗属给予了无微不至的关爱。

女儿钱椒椒，曾与丈夫刘杞夫一起在南京敌营掩护配合钱壮飞从事隐蔽斗争。钱壮飞暴露以后，钱椒椒夫妇被捕入狱，出狱后转移到刘杞夫湖南老家，在当地从事教育工作。钱椒椒的母亲徐双英，一直留在上海。上海地下党组织和潘汉年情报系统会时常接济一些钱物，补贴她的生活。

1949年4月，上海解放前夕，周恩来专门指示即将南下接管上海的杜宣说：“进入上海后，设法找到钱壮飞同志的爱人。她有困难的话，要给以适当的照顾。”上海解放后，杜宣完成了总理的指示，找到了徐双英并作了妥善安置。后来，陈毅市长根据周恩来的指示，将钱椒椒调回上

① 《钱壮飞传略》，中共湖州市委党史研究室编：《钱壮飞》，中共党史出版社2013年版，第26页。

② 中共金沙县委党史研究室编：《人民的怀念：纪念钱壮飞烈士牺牲67周年》，第1页。

海工作。李克农还和杜宣一起陪同徐双英找了一所大房子，亲自安排装修好，让徐双英和孩子们住，安度晚年①。

邓颖超也一直记挂着她们，1979 年在一次会上问："钱壮飞烈士的夫人'文革'中受冲击，后来怎么样了？"参会的隐蔽战线女杰沈安娜回答说："钱壮飞烈士在上海的亲属，我们一直是关心照顾着的。'文革'中钱夫人双英大姐受到冲击，后来组织上派我进行复查。开始主管单位还给她留尾巴，经过一番努力，才告彻底平反。组织上还给她经济补助，现在她已经过世了。她女儿钱椒同志，过去做地下工作，身体很不好，我们也照顾着她。"②

邓颖超与钱壮飞家属在一起

女儿钱蓁蓁，即黎莉莉。钱壮飞暴露转移之时，黎莉莉已经在文艺界崭露头角。钱壮飞在苏区非常牵挂黎莉莉，曾三次辗转写信给她，信中教

① 李柏华：《钱椒家世惊人》，《文博鸿业——李鸿业文博生涯》，学林出版社 2013 年 1 月。

② 沈安娜：《安娜的忆》，金瑞英主编：《邓颖超——一代伟大的女性》，山西人民出版社 1989 年版，第 444 页。

导女儿“善用艺术，足以救国；误用艺术，诱人堕落”。这成为黎莉莉终生的座右铭，晚年时她讲道：“如果说我的一生还没有虚度年华，总算做出一些成绩的话，那是我父亲给我确定了目标。”

黎莉莉很早就承担了家庭的重担。钱壮飞去苏区后，张振华以妇产科诊所作掩护从事党的地下交通工作，收入微薄，还要养活婆婆和儿子。黎莉莉刚开始月薪只有 50 元，全部拿来养家糊口都不够。为了赚更多钱，她引荐家人担任临时演员，大弟钱江、小弟钱一平都曾在电影《火山情血》《迷途的羔羊》中出演角色。后来黎莉莉名声日盛，收入增加不少，才让一家人过上了正常的生活。抗战期间，黎莉莉要去大后方从事抗战文艺工作，临行前将多年积攒的数千元存款都交给母亲张振华，并专门给祖母准备了一份养老金。老祖母多年来思子心切，天天摸着三十二张骨牌卜算钱壮飞的归期和吉凶，至死也不知道儿子是一名功勋卓著的共产党员。上海沦陷后，张振华将老太太转移至安徽老家亲戚家妥善安置奉养，直到 1940 年老人去世。黎莉莉为祖母养老送终，也算替父亲尽了一份孝心。

黎莉莉从 20 世纪 30 年代起，就在党组织的关怀和影响下，从事爱国文艺运动。抗战以后，她坚定地奔赴大后方，与郭沫若、阳翰笙、陈波儿、凌子风等党的左翼文艺工作者一道，为中华民族抗日救亡运动奔走鼓呼，拍摄了《孤岛天堂》《狼山喋血记》《塞上风云》等优秀电影作品，塑造了一个又一个中国电影史上的经典艺术形象。

陈赓是钱壮飞在中央特科的直接领导，一起出生入死历经艰险，与钱壮飞感情很深。钱壮飞暴露转移以后，也一直挂记着钱壮飞的家人。1932 年底，陈赓在鄂豫皖反“围剿”作战中腿部受伤，经组织批准潜入上海秘密治疗。转年 3 月，腿伤痊愈，受命转赴中央苏区。临行前一天晚上，他专门去上海租界丽都大舞台找正在演出的黎莉莉，想知道她和家里的近况，看她有什么话捎给钱壮飞。结果在剧院被中央特科的叛徒、顾顺章的徒弟“小白脸”陈莲生认出，因腿伤新愈未久没能顺利逃脱，被敌人逮捕，在宋庆龄等人的营救下，被关押了四个月后脱险①。1949 年 4 月

① 苏策、马京生著：《陈赓传》，当代中国出版社 2003 年版，第 69 页。

下旬，陈赓率雄师饮马长江。他豪迈地说起：“到上海我要去看看钱壮飞同志的女儿黎莉莉，她现在生活得怎么样？”1955 年，黎莉莉出演的戏剧《仇敌》在人民剧场上演，陈赓专门去观看，并去后台看望黎莉莉，风趣地说：“今天我可以大模大样地看你的演出了，再没有人抓我了！”黎莉莉晚年深切地回忆陈赓：“对他的厚爱，我常怀念心中。”

1941 年，黎莉莉在重庆中国电影制片厂工作。周恩来和邓颖超到中国电影制片厂参观，专门向黎莉莉了解家里的情况。同年，黎莉莉赴内蒙古拍摄电影《塞上风云》，周恩来安排她们秘密前往延安停留参观，感受了根据地的自由氛围。年底，黎莉莉的爱人罗静予要赴美深造，周恩来亲笔写信勉励道：“兄远行不克践行为憾，惟祝早达太平洋彼岸，宣扬国光，艺术猛进，至所祈祷！”行前，周恩来专门与罗静予谈话，向他讲述了钱壮飞烈士的革命经历和光荣牺牲，勉励他要继承父辈革命遗志，完成先烈未竟的事业。1944 年，得知黎莉莉要前往美国，周恩来和邓颖超邀请她去曾家岩 50 号面谈，详细询问了去美国的目的和计划，亲切地祝福她好好学习、努力工作，做好调查研究，开阔眼界。解放前夕，周恩来专门指示阳翰笙通知罗静予、黎莉莉北上参加第一届文艺界代表大会，投身新中国建设，成为新中国电影事业的创业人①。

儿子钱江，我国著名电影艺术家，摄影师、导演，创作有《中华儿女》《白毛女》《林家铺子》《金陵之夜》等经典电影作品。钱江幼年曾随父亲钱壮飞在南京生活。父亲暴露以后，随母亲和姐姐辗转多地谋生。抗战期间，一家人撤到了大后方重庆。皖南事变后，周恩来和邓颖超千方百计派人寻找钱江和钱一平。不久，钱江兄弟在组织的护送下，见到了周恩来和邓颖超。周恩来和邓颖超在见到钱江兄弟后深情地说：“我们找你们找了好久了，现在总算把你们找到了。你们的父亲已在长征中英勇牺牲了，以后，你们就叫我们周伯伯和邓妈妈吧！你们这些年过着颠沛流离的生活，没能很好地学习，受苦了。现在我送你们去延安，那儿生活安定

① 黎莉莉著：《行云流水篇：回忆、追念、影存》，中国电影出版社 2001 年版，第 14 页。

有很好的学习环境，在那里你们可以安心地学习和生活。”① 在周恩来的安排下，钱江和钱一平在除夕夜化装成八路军办事处的警卫战士，乘坐宋庆龄给延安送药的卡车去了延安。

在延安，钱江被分配到鲁迅艺术学院学习。周恩来每次从重庆回延安，总是邀钱壮飞的两个孩子到他那里做客，嘘寒问暖，关心他们的学习、生活和政治进步。据钱江回忆：

每当周恩来和邓颖超回延安开会时，总要派人把我们叫到杨家岭，询问我们的生活、学习和身体情况，给我们讲当时的形势和大后方的近况，鼓励我们要好好学习，跟上时代的步伐，把毕生的精力献给革命。1941 年，延安受国民党胡宗南部队的重重封锁，生活条件很艰苦。他们怕我们在生活上不习惯，总是请组织上在尽可能范围内给我们一些照顾，有时还把他们吃的馒头留给我们。要知道，在延安馒头是过年过节时才能吃到的啊！还有一次，我清早到了周伯伯处。他见我来了，爱惜地把他的早点牛奶也让我喝了。他知道我是学美术的，还特地从重庆为我买了画笔、颜料和有关无线电理论的书，对我的关怀真是无微不至！② 最使我难忘的是一次他送给我一本亲笔题字的革命小说，当时总理语重心长地对我说：这本书我看过，现在送给你。一个青年人要跟上时代的步伐，要有革命的理想，要把一生的精力献给革命。几十年来，总理的话一直铭刻在我心头，鼓舞我不断前进③。总理在政治上关心我，在其他方面对我也是无微不至地关怀和照顾。1944 年 5 月，我生病发高烧，处于休克状态，住到延安的中央医院。周伯伯和邓妈妈知道后，亲自打电话给傅连暲和何穆大夫说：钱江是钱壮飞烈士的后代，他的父亲对革命立下特殊功勋，明天我们就要去重庆，现在把他托给你们，希望一定设法给他治好，不然我

---

① 钱江：《泪别邓妈妈》，《忆邓大姐》编辑组编：《忆邓大姐》，中央文献出版社 1994 年版，第 378 页。

② 钱江：《泪别邓妈妈》，《忆邓大姐》编辑组编：《忆邓大姐》，中央文献出版社 1994 年版，第 378 页。

③ 钱江：《幸存者的纪念》，《丙辰清明纪事》，人民日报出版社 1980 年版，第 231—234 页。

们将无颜见他的母亲了。在延安那种困难的医疗条件下，经过何穆大夫的精心治疗，终于把我从垂危中救了过来[①]。

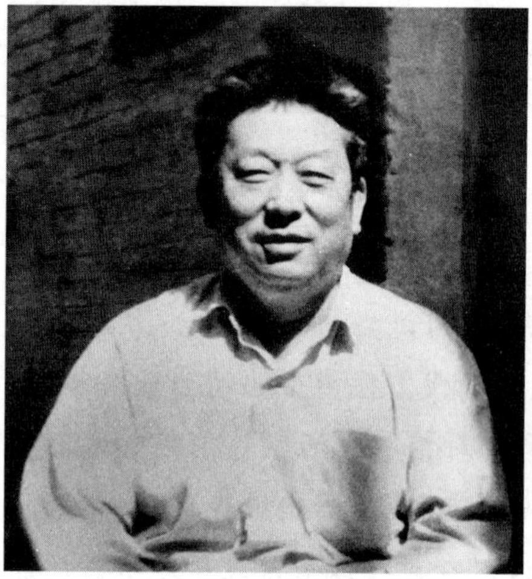

新中国成立后的钱一平

在延安，钱壮飞的子女得到了党的精心哺育，使他们在政治上、文化上得以不断提高，成长为共产主义战士。

儿子钱一平，高级工程师，长期在纺织部门工作，是一位专长机械、化纤的专家人才。钱一平到达延安后，在周恩来的关心下进入延安自然科学院机械系学习，毕业后由李强安排到延安兵工厂工作。抗战胜利后，钱一平根据周恩来的指示到国统区开展工作。在组织的安排下，经人介绍到救济总署烟台办事处工作。周恩来为此专门给张云逸、黎玉发电报，委托他们妥善安排好钱一平的学习问题：钱壮飞（云逸同志知道）之子钱镗（现改名钱一平），非党员，曾在延安大学学习过，今春外出，现困难于立足，已复乘救济船由王师亮介绍至烟台工作，请通知该处负责者予以照顾，如有可能可送至大连学机械[②]。寥寥数语，殷殷嘱托，对烈士子弟的关爱之情溢于言表。

1946年，周恩来率领中共代表团在上海设办事处。其间，专门会见了徐双英，详细地询问了她的生活情况和居住条件，因为聊得太晚了，还请徐双英、张沈川等人到锦江饭店吃了一顿简朴的夜饭。1946年春，周恩来和邓颖超特地请张振华、罗静予、钱江、史平（钱江夫人）、钱一平等全家去曾家岩吃饭，郑重地向张振华和全家人宣布了钱壮飞在长征途中

---

① 钱江：《泪别邓妈妈》，《忆邓大姐》编辑组编：《忆邓大姐》，中央文献出版社 1994年版，第 378 页。

② 中央档案馆编：《周恩来手迹选第四卷：文电批示》（上册），北京出版社 1998 年版，第 188 页。

壮烈牺牲的情况。他对张振华说："你多次托我打听钱壮飞同志的情况，我都没说，钱壮飞同志早已光荣牺牲了。他的牺牲是为党、为革命，人民和党是不会忘记他的。"张振华听了悲痛地哭了起来。周恩来又安慰她说："你不要太难过，你还有任务，要做些力所能及的工作。你已经把子女都教育成人，为革命工作了。还应该把孙子也培养起来，革命要一代接一代地传下去。"周恩来恳切地说：在战争年月里，党对烈士家属没有力量照顾，现在孩子们都成长起来了，应当感到安慰。革命总是会有牺牲的。我们是幸存者，只要有一口气，就要为党工作[①]！

新中国成立后，党和国家对钱壮飞遗属做了妥善安置，在政治上、生活上、工作上给予了充分关心。周恩来、邓颖超同志经常派人慰问看望，每逢张振华生日，总要派人送来一些安徽的茶叶、芝麻饼等土特产。陈赓、李克农、李强、张沈川等钱壮飞生前战友，也长期关心钱壮飞遗孀徐双英、张振华，经常去探望她们，帮助她们解决生活困难。每次去看望，都要塞给家属三五百元钱。那时候，三百元钱就可以过两年，这都是他们自己掏的腰包。1954 年，李克农在日记中写道："上午去了钱双英（即徐双英）家里，分别十二年，旧地重逢，不禁感伤，特别壮飞消息沉寂，生死不明，尤为伤感。"[②]

钱壮飞的子女后代，都成长为新中国的栋梁之才。钱椒椒建国后在上海历史博物馆工作，担任保管部保管组第一任组长。黎莉莉先后在八一电影制片厂、中央电影学院从事表演、教学工作，是新中国电影事业的奠基人之一。钱江成为新中国著名电影摄影师和导演，创作的许多优秀电影作品，成为一代人的光影记忆。钱一平建国后从事纺织业，是新中国纺织行业的高级工程师和管理专家。钱壮飞一家遵照党的教导，肩负起革命的重担，继续完成钱壮飞和无数革命先烈未竟的事业。钱壮飞英灵有知，也可告慰。

---

① 钱江：《幸存者的纪念》，《丙辰清明纪事》，人民日报出版社 1980 年版，第 231—234 页。

② 杨潇慧：《红色特工钱壮飞》（钱一平专访实录），解放日报编：《长征亲历者实录》，上海三联书店，第 147 页。

钱壮飞牺牲后，他的同志和战友长久地怀念着他。新中国成立后，毛泽东曾说起：李克农、钱壮飞等同志是立了大功的，如果不是他们，当时许多中央领导同志，包括周恩来这些同志，都不存在了①。周恩来总理曾多次怀着深切追念的真挚感情说起：“要不是钱壮飞同志，我们这些人都会死在国民党反动派手里。钱壮飞同志在对敌斗争中立下的丰功伟绩，的确使我们的党少走了弯路，全党将永远纪念他！”②聂荣臻专门为钱壮飞烈士题词“壮志凌云谱春秋”，以纪念他的丰功伟绩，并评价说：“钱壮飞同志非常能干”。李强回忆说：“我们都深深感激钱壮飞同志，没有他的忠诚、机警和及时报告，我们的遭遇将不堪设想。”戴镜元题词写道：“钱壮飞同志是对敌斗争隐蔽战线的无名英雄，忠诚的共产主义战士。他对党忠心耿耿，对人民无比热爱，他全心全意为人民利益而献身的崇高革命精神，无私无畏、机智勇敢、光明磊落的高尚品德和革命情操，永远值得我们学习。”他的战友钱江、张文碧、张沈川、李伯钊、胡备文、潘望峰……不断回忆钱壮飞的点滴事迹，缅怀他们之间的真诚情谊。钱壮飞的崇高品格，让许多战友历久难忘、终生感怀。

钱壮飞牺牲后，党和人民始终没有忘记他。1935 年，贵州金沙县后山乡的群众悄悄将钱壮飞的尸骨掩埋于堰田岩下，并将埋骨之地称为“红军坟”。解放后，群众在此立碑“红军烈士之墓”。1945 年，中国共产党第七次全国代表大会召开前夕，中共中央组织部和中央军委总政治部组织编写了《死难烈士英名录》，将钱壮飞名字列入其中，昭告后人永世纪念。1951 年，中国人民革命军事委员会向钱壮飞亲属颁发了《革命军人牺牲证明书》。1962 年 2 月，李克农逝世后，根据周恩来的提议，中央特意在李克农的悼词中加写了这样一段话：“李克农同志在大革命失败后，在严重的白色恐怖下，坚强勇敢地同敌人进行了斗争，同为革命而壮烈牺牲了的钱壮飞、胡底同志一起，对保卫党中央领导机关的安全作出了卓越的贡献。”这就是党和人民对钱壮飞烈士和他的战友们一生的英雄业绩，

---

① 杨尚昆著：《追忆领袖战友同志》，中央文献出版社 2001 年版，第 262 页。

② 张沈川：《回忆钱壮飞同志》，中共湖州市委党史研究室编：《钱壮飞》，中共党史出版社 2013 年版，第 90 页。

所作的高度评价和定论[①]。70 年代，后山乡政府及群众正式建起钱壮飞烈士墓，墓前立三层台碑，碑文铭刻“钱壮飞烈士永垂不朽”。1990 年，金沙县委修建了“钱壮飞烈士纪念碑”，10 米高碑矗立青山，正面书写“钱壮飞烈士纪念碑”，背面铭刻“革命烈士永垂不朽”。1991 年，后山乡干部群众自发捐资出工、开山劈石，将钱壮飞的土筑坟墓修葺为青石墓，四周遍植松柏。2002 年 4 月 1 日，贵州省委党史研究室、贵州省国家安全厅联合召开了纪念钱壮飞烈士牺牲 67 周年座谈会，向社会公布了钱壮飞烈士牺牲的时间和地点，并到后山乡为钱壮飞烈士扫墓。2003 年，国家安全机关重新修建了钱壮飞烈士墓。2004 年，国家安全机关修建了钱壮飞烈士事迹陈列室。2005 年 4 月 1 日，贵州省委省政府、国家安全部在钱壮飞烈士墓地举行“钱壮飞烈士牺牲七十周年”纪念活动，并将钱壮飞烈士墓地和事迹陈列室命名为“贵州省爱国主义教育基地”和“全国国家安全教育基地”。2009 年 9 月，在新中国成立 60 周年之际，经中央批准，

钱壮飞烈士墓

---

① 叶炳南：《钱壮飞》，中国中共党史人物研究会编：《中共党史人物传》第 34 卷，中国人民大学出版社 2017 年版，第 125 页。

中央宣传部、中央组织部、解放军总政治部等11个部门组织评选“100位为新中国成立作出突出贡献的英雄模范人物”，钱壮飞作为党的隐蔽战线英烈的杰出代表入选名录。钱壮飞的烈士英名，永载中华民族史册！

钱壮飞虽然牺牲了，但是他的功绩永垂不朽。钱壮飞同志是中华民族的优秀儿女、中国共产党的杰出党员、隐蔽战线的忠诚战士、红色文化的卓越先驱。他立场坚定、旗帜鲜明，对敌斗争坚决勇敢，同帝国主义、封建军阀、国民党反动派等形形色色的反革命分子、特务、叛徒，进行了殊死斗争。不论在军阀统治的北京，还是在白色恐怖的上海；不论在虎狼环伺的敌营，还是在危机四伏的长征，都留下了他英勇战斗的身影。他绝对忠诚、大智大勇，为保卫党中央的安全，保卫毛泽东、周恩来等党的老一辈无产阶级革命家，保卫中国革命事业，作出了重大贡献。他和亲密战友李克农、胡底勇闯虎穴，巧妙周旋于敌人心脏，在危难时刻发挥关键作用，被周恩来誉为“保卫党中央安全的龙潭三杰”。他精干内行、能拼善赢，在党的隐蔽战线上埋头苦干，为党和人民事业进行了长期不懈的艰苦奋斗。他是中央特科的杰出情报人员、中华苏维埃国家政治保卫局的重要奠基者、中革军委二局的主要领导人，在白区情报保卫工作、苏区政治保卫工作和军事技术侦察工作等隐蔽斗争多个领域均作出了卓越贡献，是我党、政、军隐蔽战线的先驱，书写了许多传奇式的革命英雄事迹。他品行高洁、胸怀磊落，甘于奉献、慎独慎行，既能坚持真理，又善于团结同志。他在敌人营垒里“入污泥而不染”，“同流而不合污”，坚持了隐蔽战线的优良品德；在革命阵营里不计较地位名誉，能上能下，受气不叫、有苦不说，体现了共产党人的胸襟担当。他勤学笃行、多才多艺，在电影、美术、戏剧等方面具有很高的造诣，创作了许多不朽的作品。他是中国共产党内最早从事电影工作的人员，是中央苏区红色文艺运动的重要骨干力量，是党的隐蔽战线题材文艺的开创者之一。他的作品和精神已经融入中国革命文化的灵魂血脉，构建了共产党人不朽的精神家园。

钱壮飞虽然牺牲了，但是他的事业日月长新，为之付出心血和生命的伟大理想正在蔚然实现。隐蔽战线在以习近平同志为核心的党中央坚强领导下，无声地战斗在祖国和人民需要的地方，正在为实现“第二个百年”奋斗目标、实现中华民族伟大复兴的中国梦奋勇前进。

前进，踏着先烈血迹前进！

前进，向着伟大复兴前进！

前进，前进，前进进！

附录

钱壮飞大事年表

1895 年

9 月 25 日，出生于浙江省湖州府观风巷机塞弄 5 号，名“壮秋”，字“潮”，乳名彬生。

1902 年（7 岁）

进入爱山洋学堂读书，后转入当地一所官办新学堂就读，学业优异。

1908 年（13 岁）

小学毕业，考入湖州府中学堂（今湖州中学，1912 年改称浙江省立第三中学校）。

1911 年（16 岁）

11 月，辛亥革命爆发后，校长沈谱琴率领湖州中学学生军占领衙门府，光复湖州。

1913 年（18 岁）

父亲钱子如因丝绸生意破产，心情忧悒，身染沉疴。母亲范莲真托人作媒，钱壮飞与本城徐家女儿徐双英定亲并成婚。

1914年（19岁）

夏天，在浙江省立第三中学校肄业。

夏天，只身到北京求学，借住北半截胡同湖州会馆。

7月，考入国立北京医学专门学校，学习外科专业。

1918年（23岁）

与同学张振华相恋并成家。

1919年（24岁）

5月4日，北京爆发五四运动。

10月26日，北京医学专门学校毕业，在北京长兴街挂牌行医，住西城六铺炕附近。

年底，担任山西全省防疫处医官。

1920年（25岁）

1月，北京医学专门学校印发钱潮等毕业班学生《同学录》。

4月，协助方梦超筹办《北京晓报》，担任印刷人。

本年，直、鲁、豫、陕、晋亢旱成灾，担任北五省灾区协济会医员、河南新乡县红十字卫生事务所代理所长。

1921年（26岁）

7月23日，中国共产党第一次全国代表大会在上海召开。

9月，卸任《北京晓报》印刷人职务。

1922年（27岁）

4月，第一次直奉战争爆发，担任中国红十字会战场救护队队长。

秋，担任北京京师学务局学校医院医员。

本年，开始在国立北京美术专门学校任兼职教授，教《解剖学》。

1923 年（28 岁）

5 月，应聘在北平京绥铁路局附属医院当外科医生，帮医员。

本年，胡底考入中国大学，张振华二弟张暹仲考入中法大学。

1924 年（29 岁）

经同乡吴鹿鸣介绍，在北京安徽会馆与胡底相识，成为挚友。

张振华在张暹仲的影响下，加入中国共产党。

1925 年（30 岁）

受张振华和张暹仲影响，与胡底、董锦章一起加入中国共产党，以医生、教师等掩护身份，从事党的地下工作。

1926 年（31 岁）

9 月，胡底从中国大学毕业，住入西城平安里 13 号钱壮飞家里。

冬，与徐光华、赵续廛共同出资创办了光华影片公司，担任公司董事和绘题主任，筹拍并出演电影《燕山侠隐》。

1927 年（32 岁）

4 月，电影《燕山侠隐》拍摄制作完毕并上映。

4 月 6 日，李大钊被捕，中共北方区委遭受严重破坏。

4 月 12 日，蒋介石在上海发动反革命政变。

7 月 15 日，汪精卫在武汉叛变革命，大革命彻底失败。

下半年，党员身份暴露，遭到反动当局通缉。

11 月，党中央驻地迁回上海，中央特科成立。

年底，经组织安排，改名“壮飞”，离开北京，转赴上海工作。

1928 年（33 岁）

春，辗转谋生，曾在上海市公用局车辆登记所临时办差，为黄包车绘制车牌执照，在挑花厂绘制窗纱桌布图案。其间，陆续把家眷接到上海。

4 月，国民党将中央组织部调查科改组为专门的特务机关。

4、5 月，与张振华赴河南开封，在冯玉祥的西北军中应聘当军医。不久，由于欠饷重返上海，住法租界甘司东路新兴顺里。

6、7 月，与胡底接上头，并经胡底介绍认识李克农，通过李克农接上了党的组织关系，被编入中共法南区委所属的法租界支部。

7 月底，胡底随陈云前往金山浦南巡视农民运动情况，并留在当地协助开展农民运动。

8 月，组织安排郑绍文暂居钱壮飞家中亭子间。

9 月，考入国民党政府建设委员会无线电管理处开办的无线电训练班。结业后，在无线电管理处上海营业处就职，从事招揽生意、绘制广告等业务，得到无线电管理处营业科长、上海营业处主任徐恩曾器重。不久，徐恩曾担任主任的中央广播电台招收广播新闻编辑，李克农考入。

10 月，中央特科成立无线电通讯科，张沈川调入中央特科。

年底，经张沈川介绍，在甘司东路新兴顺里家中与李强相识。

1929 年（34 岁）

春，随徐恩曾前往杭州筹办“西湖博览会”，出任中央建设委员会驻西湖博览会陈列室主任，负责建委陈列室的设计展陈等工作。

4 月，张沈川专程去杭州，与之联系。

同月，国民党建委“加委”徐恩曾为无线电管理处副处长、钱壮飞为无线电管理处科员。同月，徐恩曾升任无线电管理处代理处长。

5 月，胡底因在金山、平湖一带领导农民运动，身份暴露遭到追捕，辗转转移至杭州，隐蔽在钱壮飞家里。

6 月 6 日，“西湖博览会”开幕。钱壮飞负责的特种陈列所无线电事业陈列室，因设计精巧、体验新奇，成为博览会亮点。

7 月，在《旅行杂志》第 7 期发表《特种陈列所概况》一文。

10 月 20 日，“西湖博览会”闭幕。钱壮飞处理完陈列所的善后事务后返回上海。不久，被徐恩曾任命为私人秘书。

年底，徐恩曾调任国民党中央组织部，以总务科长身份兼管调查科，并邀请钱壮飞随其赴南京上任。

年底，经中央同意，周恩来指示，李克农、钱壮飞、胡底三人顺势打入国民党特务系统，组成特别党小组，由李克农任组长，受中央特科领导。

年底，以秘书身份，随同徐恩曾赴南京就职。

1930年（35岁）

年初，协助徐恩曾建立调查科特务系统秘密指挥机关，对外称“正元实业社”。同时，规划了一套以“通讯社”形式出现的情报机构并负责日常工作，总部指挥机关对外称“长江通讯社”。

春，在南京建立隶属“长江通讯社”的情报机构“民智通讯社”并兼任社长。

4月，趁国民党调查科要求“调查东北地区军事”之机，会同陈赓、胡底前往沈阳，联络当地中共地下组织，带回一批重要情报。

下半年，派胡底前往天津日租界建立“长城通讯社”，作为调查科在北方的机构，隶属长江通讯社管辖。其间，赴北平请方梦超出面，协调土肥原贤二打通日租界当局关系，办理长城通讯社的电台执照。

冬，获取国民党军第一次“围剿”的情报，经李克农、陈赓报告党中央。

本年，与李克农设计获取了徐恩曾的专用亲译密码本。

1931年（36岁）

春，获取国民党军第二次“围剿”的情报，报告党中央。

3月28日，中央政治局召开常委会议，决定由张国焘担任鄂豫皖中央分局书记兼军委书记。周恩来派顾顺章护送张国焘赴鄂豫皖苏区上任。

3月31日，顾顺章和董健吾从上海出发打前站。

4月1日，张国焘、陈昌浩从上海乘坐祥泰木行货船出发赴武汉。

4月4日，张国焘、陈昌浩到达武汉，与早前到达的顾顺章汇合。

4 月 8 日，张国焘、陈昌浩随交通员转赴鄂豫皖苏区。

4 月 23 日，董健吾先行乘船返回上海。

4 月 24 日，顾顺章、张崧生被叛徒尤崇新当街指认逮捕。当夜，顾顺章承认身份并叛变。

4 月 25 日，上午，顾顺章出卖武汉有关党组织情况，敌人随即破坏了这些组织。

同日，晚上，国民党武汉行营主任何成濬和侦缉处长蔡孟坚向南京发密电报告顾顺章被捕叛变事。随后，用江新轮将顾顺章押解南京。

同日，晚上，钱壮飞截获何成濬和蔡孟坚的电报，得悉顾顺章叛变的情报，派女婿刘杞夫连夜赶往上海，经李克农向党中央报警。

4 月 26 日，李克农接到刘杞夫的情报，四处奔走寻找陈赓报警未果。

同日，钱壮飞发电通知胡底撤离，向张慎先报警。整理好金钱账目后，给徐恩曾留下警告信一封，准备撤离敌营。

同日，蔡孟坚乘飞机抵达南京，面见陈立夫、徐恩曾。

4 月 27 日，清晨，李克农通过江苏省委找到陈赓，将情报报告给了党中央。周恩来召开紧急会议，采取系列有力措施应变。

同日，上午，钱壮飞撤离敌营，乘火车返回上海，至真如下车换乘汽车进城，向组织作进一步报告。党组织将其安排在李宇超家中隐蔽。

同日，顾顺章抵达南京，面见蒋介石遭到冷遇，向敌人供出中央机关地址和中央领导同志住址等重要机密，出卖钱壮飞、恽代英。徐恩曾带领特务从南京乘火车前往上海开展大搜捕。

4 月 28 日，中共中央、江苏省委和共产国际的派驻机关全部转移，所有与顾顺章有联系的关系被切断。

同日，国民党军警特务抵达上海，会同租界巡捕房展开三天三夜大搜捕，但处处扑空。

5 月上旬，根据组织安排撤离上海，经中央交通线转赴中央苏区。

5 月 21 日，中共中央发出第 223 号通告，永远开除顾顺章的党籍，并号召全国同志消灭敌人顾顺章以及一切共产主义的叛徒。

6 月下旬，到达江西瑞金，分配至红一方面军司令部卫生所当军医。不久，任红一军团红三军军医处处长。

秋，调苏区中央局政治保卫处，任侦察科科长。

秋冬，成为红校俱乐部戏剧管理委员会委员，参与组建八一剧团，受邀担任业余演员，成为苏区“表演明星”。

11 月 7—20 日，中华苏维埃第一次全国代表大会在瑞金召开。会议期间，钱壮飞和政治保卫处的同志们负责会议安全保卫工作；与李伯钊、胡底等组成文娱小组，负责筹办大会文艺活动，创作参演《最后的晚餐》和《农奴》等剧目。

11 月 27 日，中华苏维埃共和国国家政治保卫局成立，并在各省和红军各部队中先后成立了政治保卫局或保卫分局。

同月，任中华苏维埃中央革命军事委员会政治保卫局局长。

12 月，根据毛泽东的指示，与李伯钊、胡底等编创大型话剧《为谁牺牲》，组织宣传队前往宁都起义部队慰问演出。

1932 年（37 岁）

春，胡底担任红军总政俱乐部主任，钱壮飞作为主要文艺骨干，积极协助和参与胡底开展文艺创作；为《红色中华》题写刊头。

上半年，中革军委政治保卫局兼红一方面军政治保卫局。

6 月，改任红一方面军政治保卫局局长，李克农接任中革军委政治保卫局局长。

9 月，兼任中革军委抚恤委员会委员；参与组建工农剧社。

年底，调任国家政治保卫局侦察部部长，胡底接任红一方面军政治保卫局局长。

1933 年（38 岁）

4 月，担任工农剧社总社蓝衫团学校“义务教员”。

5 月，受命组建中革军委总司令部二局（后方二局）并任局长。

7 月底，中央苏区举行了隆重的庆祝“八一”活动，与胡底、李克农共同创作的戏剧《杀上庐山》上演。

8 月，前后方二局破译密码共计 100 个，设计“百美图”并召开“百本纪念大会”，以示庆祝。

同月，根据中华苏维埃第二次全国代表大会筹备委员会要求，设计中央政府大礼堂、红军烈士纪念塔、红军检阅台等，“中央苏区六大建筑”。

9 月，根据中央与国民党第十九路军及福建有关方面谈判所需，受中革军委委托，为谈判代表张云逸、潘汉年编制专用密码本。

12 月，红军总司令部二局（前方二局）撤回瑞金，与中革军委总司令部二局（“后方二局”）合并，统称中革军委总司令部二局，曾希圣任局长，钱壮飞改任副局长。

1934 年（39 岁）

1 月 21 日至 2 月 1 日，中华苏维埃第二次全国代表大会在瑞金召开。其间，工农剧社举行文艺晚会，上演了钱壮飞导演、胡底编剧、李克农等主演的话剧《沈阳号炮》。

2 月 2 日，瑞金叶坪红军广场举行了红军烈士纪念塔、红军检阅台等揭幕典礼，钱壮飞作设计经过报告。

8 月 1 日，中革军委向红军中有特殊战绩的指战员颁发“红星奖章”。该奖章由钱壮飞构思设计。

10 月 6 日，中央派潘汉年、何长工赴寻乌与军阀陈济棠部秘密谈判，作为无线电人员随同保障。

10 月 10 日，与军委二局一道编入军委纵队，跟随中央参加长征。

1935 年（40 岁）

1 月底至 2 月中，遵义会议之后不久，调任红军总政治部副秘书长，因战事紧张未到职，坚持战斗在二局岗位上。

3 月 30 日至 31 日，在红军主力南渡乌江时掉队失踪。毛泽东、周恩来等派人多方寻找无果。

4 月 1 日，牺牲于贵州省金沙县后山乡一带。贵州金沙县后山乡的群众将钱壮飞尸骨掩埋于堰田岩下，并称埋骨之地为“红军坟”。

抗战期间

南方局和重庆八路军办事处派人到贵州金沙一带多方寻找钱壮飞的下落，但均未找到。

1945 年

4 月，中国共产党第七次全国代表大会召开前夕，中共中央组织部和中央军委总政治部组织编写了《死难烈士英名录》，将钱壮飞名字列入其中。

1951 年

8 月 16 日，中国人民革命军事委员会向钱壮飞亲属颁发了《革命军人牺牲证明书》。

1962 年

2 月，李克农逝世后，根据周恩来的提议，中央特意在李克农的悼词中加写了这样一段话："李克农同志在大革命失败后，在严重的白色恐怖下，坚强勇敢地同敌人进行了斗争，同为革命而壮烈牺牲了的钱壮飞、胡底同志一起，对保卫党中央领导机关的安全作出了卓越的贡献。"

1990 年

金沙县委修建了"钱壮飞烈士纪念碑"。

2002 年

4 月 1 日，贵州省委党史研究室、贵州省国家安全厅联合召开了纪念钱壮飞烈士牺牲 67 周年座谈会，向社会公布了钱壮飞烈士牺牲的时间和地点。

2003 年

重新修建钱壮飞烈士墓。

2004 年

钱壮飞烈士事迹陈列室建成。

2005 年

4 月 1 日，中共贵州省委省政府、国家安全部在钱壮飞烈士墓地举行“钱壮飞烈士牺牲七十周年”纪念活动，并将钱壮飞烈士墓地和事迹陈列室命名为“贵州省爱国主义教育基地”和“全国国家安全教育基地”。

2009 年

9 月，在新中国成立 60 周年之际，经中央批准，中央宣传部、中央组织部、解放军总政治部等 11 个部门组织评选“100 位为新中国成立作出突出贡献的英雄模范人物”，钱壮飞作为党的隐蔽战线英烈的杰出代表入选名录。

2015 年

10 月，浙江湖州钱壮飞纪念馆开馆，被命名为“全国国家安全教育基地”。

后　记

2020年4月4日清明节当晚，中央电视台播放了文献纪录片《国家荣光之赤胆忠心钱壮飞》。伴随着节目中深沉悠远的讲述，拙作《钱壮飞传》终于画上了句号。

正如片中所说，一切为中华民族摆脱外来殖民统治和侵略而英勇斗争的人们，一切为中华民族掌握自己命运、开创国家发展新路的人们，都是民族英雄，都是国家荣光。钱壮飞是党的隐蔽战线无名英雄的杰出代表，为党和人民事业作出了重大贡献。他的事迹、功绩和精神，需要在新的时代予以不断总结、传承和弘扬。作者以业余身份用业余时间，斗胆为英雄立传，虽是自不量力，却也与有荣焉。

本书写作目的，在于为先烈立传、为后人存史。书中内容全部依据已经公开发表的历史资料、文献档案、人物传记、回忆文章和研究成果，着重参考了湖州党史研究室编著的史料集《钱壮飞》、穆欣先生的《隐蔽战线统帅周恩来》、开诚先生的《李克农——中共隐蔽战线卓越领导人》等权威著作，吸收了钱泓等钱壮飞家属后代以及吴江等党史工作者提供的大量资料、线索和观点。在此，对钱泓、吴江等同志和有关作者表示诚挚感谢！

本书是一部非虚构读物，没有采取文学传奇的写作模式，书中记叙的历史事件、人物言行均不加渲染演绎，力求真实准确地将钱壮飞烈士的人生经历、历史功绩和品德作风如实呈现给读者。作者笔头笨拙，不会妙笔生花也不能涉笔成趣，希望主人公事迹本身所具有的传奇色彩，能够吸引广大读者。此外，因为隐蔽斗争的特殊性，许多历史资料已经湮没在岁月深处，加之作者政治理论和历史水平的局限，难以全面、精准、得当地反映钱壮飞烈士生平事迹，书中如有错漏与不妥之处，敬请读者批评指正。

本书从搜集资料到完成初稿，前后用了将近两年时间。开始筹划准备时，小女刚呱呱坠地尚在襁褓，深夜里小心翼翼翻书敲字的情景犹如昨日。封笔完结之时，她已经是一个天真烂漫的小小姑娘，自己也会“翻书”了。创作期间父母妻女对我帮助甚多，为我付出甚多，在此衷心感谢。

为有牺牲多壮志，敢教日月换新天。成千成万的先烈，为着人民的利益，在我们的前头英勇地牺牲了。理想之光不灭，信念之光不灭。我们一定要铭记烈士们的遗愿，永志不忘他们为之流血牺牲的伟大理想，高举起他们的旗帜奋勇前进。在此，特地抄录 1945 年中国共产党第七次全国代表大会时，举行烈士公祭仪式上的祭文片段，以致敬钱壮飞以及所有为实现中华民族伟大复兴而牺牲的烈士：

“革命的先烈们！愿你们安息吧！你们的事业已深印在人民的心中，你们的牺牲流血已有结果。你们光荣的名字是在照耀着我们，你们的英雄主义是在激励着我们，我们一定会像你们一样奋不顾身，继续踏着你们的血迹前进。我们相信，不管任何反革命的势力，最后都将被中国人民革命的力量打成粉碎，中国人民根据自己的战斗必将取得全部的胜利！”

杨敏瑞

2021 年 4 月